本书是国家社科基金特别委托项目"未成年人心理健康及服务状况调查研究"（18@ZH004），及"南京未成年人心理健康研究院"重点新型智库的研究成果。

未成年人心理健康及服务状况 (2019)

Mental Health and Service Status of Chinese Juveniles (2019)

任其平　万增奎　王申连　崔诣晨　著

社会科学文献出版社
SOCIAL SCIENCES ACADEMIC PRESS (CHINA)

目　录

第一章 未成年人心理健康及服务状况的研究背景

第一节 研究背景

一 基本概念

（一）未成年人的含义

在我国，未成年人是指未满十八周岁的儿童青少年。根据《未成年人保护法》第二条的规定：未成年人是指未满十八周岁的公民。可见，年龄维度是划分成年人与未成年人的重要指标。具体来说，未成年人包括上学的和未上学的儿童青少年，而上学的儿童青少年指在中小学的中小学生和在幼儿园的儿童。

考虑到调查数据的可获得性和便利性，本次调查研究的对象"未成年人"，主要是指在中小学上学的小学生、初中生和高中生。所以，在本研究中"未成年人"和"中小学生"在外延上具有一致性。

（二）心理健康的含义

世界卫生组织（WHO）于1946年在《世界卫生组织宣言》中给健康下的定义为："健康是一种身体上、心理上和社会适应上的完好状态，而不仅是没有疾病及虚弱现象。"从世界卫生组织对健康的定义中可以看出，健康包含了三个基本要素：躯体健康、心理健康和具有社会适应能力。1990年，世界卫生组织是这样给健康下的定义：一个人只有在躯体、心理、社会适应和道德四个方面都健康，才算是完全健康。[①] 可见，心理健康的内涵越来越丰富。

关于心理健康，第三届国际心理卫生大会于 1948 年明确指出："心理健康是指在身体、智能以及情感上与他人心理不相矛盾的范围内，将个人心境发展到最佳的状态。"[②] 世界卫生组织在 2001 年就指出：心理健康是一种健康或幸福状态，在这种状态下，个体可以实现自我价值、能够应对正常的生活压力、工作富有成效，以及有能力对所在社会做出贡献。《关于加强心理健康服务的指导意见》（国卫疾控发〔2016〕77 号）明确指出，心理健康是人在成长和发展过程中，认知合理、情绪稳定、行为适当、人际和谐、适应变化的一种完好状态。心理健康是健康的重要组成部分，关系到广大人民群众的幸福安康，影响社会和谐发展。可见，心理健康是动态的发展过程，是有标准的，也是可以通过一定手段进行测量的。

（三）心理健康服务的含义

通俗地讲，为提高人们的心理健康水平所开展的工作都是心理健康服务工作。《关于加强心理健康服务的指导意见》明确指出，心理健康服务是运用心理学及医学的理论和方法，预防或减少各类心理行为问题，促进心理健康，提高生活质量，主要包括心理健康宣传教育、心理咨询、心理疾病治疗、心理危机干预等。

心理健康服务是一项专业性很强的工作。在实际工作中，未成年人心理健康服务的主体是学校里的专兼职教师和有专业资质的心理咨询人员。未成年人心理健康服务的具体范围包括心理健康宣传教育和促进、心理健康辅导和心理咨询、心理治疗、心理危机干预等。其中，心理健康宣传教育和促进工作的目的是发展未成年人的心理素质和提升未成年人的心理健康水平；心理健康辅导和心理咨询工作的目的是预防未成年人成长中的心理问题或改善未成年人心理问题产生后

---

① 姚本先.学校心理健康教育新论［M］.高等教育出版社.2010：4.
② 姚本先.学校心理健康教育新论［M］.高等教育出版社.2010：7.

的心理状态；心理治疗工作的目的是矫治未成年人不良的心理和行为，主要由有专业资质的精神卫生系统的专业人员来完成；心理危机干预工作的目的是及时给予那些处于心理危机状态的个人以适当的心理援助，使之尽快摆脱困难。

二　国家政策导向

党和政府高度重视儿童青少年心理健康教育工作。1994 年，发布了《中共中央关于进一步加强和改进学校德育工作的若干意见》，明确指出，学校要"通过多种方式对不同年龄层次的学生进行心理健康教育和指导，帮助学生提高心理素质，健全人格，增强承受挫折、适应环境的能力"。1999 年，在《中共中央国务院关于深化教育改革，全面推进素质教育的决定》中，再一次指出："针对新形势下青少年成长的特点，加强学生的心理健康教育。"同年，教育部专门颁发了《关于加强中小学心理健康教育的若干意见》，明确指出"中小学开展心理健康教育是素质教育的重要组成部分，是教育现代化的重要举措，是倡导素质教育的必然产物"。并对中小学心理健康教育工作做了非常具体的要求和规定。2000 年 12 月，中共中央和国务院再次发布了《关于适应新形势进一步加强和改进中小学德育工作的意见》，又一次指出："中小学都要加强心理健康教育。"2002 年，教育部发布了《中小学心理健康教育指导纲要》（以下简称《纲要》），对中小学心理健康教育工作的指导思想、原则、任务与目标，不同年龄阶段的教育内容，开展心理健康教育的途径和方法，以及组织和实施过程中应注意的问题等都做了明确规定，不仅具有较强的规范性，还具有可操作性。纲要的贯彻和实施对学生的心理健康起到积极的维护和促进作用。2004 年，中共中央和国务院在《关于进一步加强和改进未成年人思想道德建设的若干意见》中指出：要加强未成年人的心理健康教育，培养他们具备良好的心理品质。2006 年 10 月，《中共中央关于构建社会主义和谐社会若干重大问题的决定》指出："注重人的心理和谐，加强人文关怀和心理疏导，引导人们正确对待自己、他人和社会，正确对待困难。"2012年，教育部对《中小学心理健康教育指导纲要》进行了修订，新版《纲要》的总目标发生了变化，首次提出"促进学生身心和谐可持续发展，为他们健康成长和幸福生活奠定基础"。"正确认识自我"成为各个年龄段中小学生首要的心理健康教育内容。《纲要》要求每所中小学校至少配备一名专职或兼职心理健康教育教师，心理健康教育教师享受班主任同等待遇。这些政策和制度的制定，为未成年人心理健康服务工作的顺利开展奠定了坚实的基础。2013年5月正式实施的《中华人民共和国精神卫生法》明确要求，各级各类学校要开展心理健康教育，配备专业教师及心理辅导室，同时通过教师培训保障心理健康教育的实施。在《国家中长期教育改革和发展规划纲要（2010—2020年)》中也明确提出要加强心理健康教育。2015年7月，根据《中小学心理健康教育指导纲要》的精神和国家有关中小学心理健康教育工作的基本要求，教育部办公厅下发了《中小学心理辅导室建设指南》，提出："通过向学生提供发展性心理辅导和心理支持，提高全体学生的心理素质，培养他们积极乐观、健康向上的心理品质，促进学生身心和谐可持续发展，有效适应学校生活和社会公共生活，为他们快乐学习、健康成长和幸福生活奠定坚实基础。"该指南对心理辅导室的功能定位、基本设置、管理规范等都做了明确的规定。

近年来，党和政府越来越重视心理健康服务体系建设。2016年8月，习近平总书记在全国卫生与健康大会上发表重要讲话，强调"要加大心理健康问题基础性研究，做好心理健康知识和心理疾病科普工作，规范发展心理治疗、心理咨询等心理健康服务"。2016年，中共中央国务院印发《"健康中国2030"规划纲要》。在《"健康中国2030"规划纲要》中有专门一节提到"促进心理健康"，明确提出：

"加强心理健康服务体系建设和规范化管理。加大全民心理健康科普宣传力度，提升心理健康素养。"2016年12月，国家卫生计生委、中宣部、中央综治办、国家发改委、教育部等22部委联合发文，颁布了《关于加强心理健康服务的指导意见》，这是我国首个加强心理健康服务的宏观指导性意见。《关于加强心理健康服务的指导意见》提出的基本目标是：到2020年，全民心理健康意识明显提高；到2030年，全民心理健康素养普遍提升。《关于加强心理健康服务的指导意见》明确提出"全面加强儿童青少年心理健康教育"，对学前教育机构、特殊教育机构、中小学校和高校都提出了具体要求。2017年10月，习近平总书记在党的十九大报告中指出，加强社会心理服务体系建设，培育自尊自信、理性平和、积极向上的社会心态。2018年11月，国家卫生健康委、中央政法委、中宣部、教育部等10部委联合发文，颁布了《全国社会心理服务体系建设试点工作方案》，指出工作目标是"到2021年底，试点地区逐步建立健全社会心理服务体系，将心理健康服务融入社会治理体系、精神文明建设，融入平安中国、健康中国建设"；并且提出了具体工作指标，对村（社区）综治中心、高等院校、中小学、各党政机关、企事业单位、新经济组织、精神专科医院等都提出了具体要求。

三 国内研究现状

（一）国内未成年人心理健康状况研究

我国18岁以下未成年人达3.67亿人，其中，中小学生有2.6亿人。未成年人正处于身心发展迅速、人格特征易于塑造的关键时期，他们的精神状态、心理素质将会直接影响其人生观、价值观、世界观的形成和发展，会直接影响他们今后的学习、生活和工作。未成年人是国家的未来，他们的身心状况在很大程度上关系到国家的前途和民族的命运。

当前，我国处于经济社会快速转型期，人们的生活节奏明显加快，竞争压力不断加大；个体心理行为问题及其引发的社会问题日益凸显，引起社会各界广泛关注。随着社会压力和心理负荷不断增大，未成年人在学习、生活、社会适应等方面遇到的问题越来越多；随着互联网的普及，未成年人对手机和网络的依赖越来越明显，他们的生活方式、学习方式和社会适应方式的变化也越来越大。可以说，社会的快速发展明显地影响着未成年人的心理健康发展。

心理问题普遍地存在于我国未成年人群体中。2000 年北京师范大学课题组在北京、河南、重庆、浙江、新疆抽样选取 16472 名中小学生开展调查，调查结果表明，小学生有异常心理问题倾向的比例是 16.4%，有严重心理行为问题的比例是 4.2%；初中生有异常心理问题倾向的比例是 14.2%，有严重心理行为问题的比例是 2.9%；高中生有异常心理问题倾向的比例是 14.8%，有严重心理行为问题的比例是 2.5%。[①] 辛自强和张梅对我国 1992～2005 年青少年心理健康的相关文献进行分析发现，青少年心理健康水平逐年缓慢下降。[②] 俞国良等人对我国中部地区山西、河南的两个地级市的调查发现，小学生中有心理行为问题的占 10%，初中生中有心理行为问题的占 15%，高中生中有心理行为问题的约占 20%。[③] 李天然考察了近十年来我国青少年心理健康水平的变化，结果显示，我国青少年心理健康水平的变化趋势发生了逆转，由 1992～2005 年的缓慢下降变为逐渐提升。[④]

未成年人心理健康表现的特征值得关注。傅宏于 2008 年对江苏省未成年人的心理健康状况进行了系统的调查，结果发现未成年人的

---

① 俞国良. 我国中小学心理健康教育的现状与发展 [J]. 教育科学研究. 2001.（7）.

② 辛自强，张梅.1992 年以来中学生心理健康的变迁：一项横断历史研究 [J]. 心理学报.2009.（1）.

③ 俞国良，李天然，王勍. 中部地区学校心理健康教育状况调查 [J]. 中国特殊教育. 2015.（4）.

④ 李天然. 青少年心理健康的新特点与自我抽离的关系 [D]. 北京：中国人民大学，2016：37－48.

孤独感、郁闷情绪、自残、自杀、逃学、网络成瘾等心理行为问题普遍存在。[①] 俞国良认为，学生群体的心理健康水平有待提高，他们的心理行为问题主要表现为学业问题、人际交往问题、自我意识问题、情绪问题以及求职就业问题等几个方面。[②] 廖彩之的研究认为，四川省成都市 29% 的学生有明显的厌学心理，50% 以上的中学生心理脆弱、抗挫能力差，30% 的学生存在任性、偏激、冷漠、孤独、嫉妒、自私、自卑等不同程度的心理问题。[③] 路洁等对河南郑州某外语学校一、四、七年级学生进行的调查发现，有 76.0% 的学生心理健康；存在心理健康偏离的学生占 24.0%，其中有明显心理问题的占 5.0%。[④]卫萍等对安徽省合肥市的调查显示，有 2.6% 的学生有较严重的心理健康问题，存在一定心理问题的总检出率为 55%，检出率最高的是学习焦虑；农村中小学生在孤独倾向上得分显著高于城市中小学生。[⑤]

　　对未成年人心理健康问题的影响因素和对策的研究更为深入。2000 年以来，对由于社会变迁而出现的特殊群体，诸如留守儿童、流动儿童和处境不利儿童的研究越来越多；对由于社会转型所产生的未成年人心理和行为问题，诸如异常情绪、异常品行、网络成瘾等的研究越来越多。张阔等对青少年网络成瘾的机制进行研究，提出了青少年网络成瘾的交互系统模型，该模型强调"挫折体验"、"社会功能失调"和"网络活动"三种因素的交互作用，并认为自尊在这一过程中扮演着中介变量的角色。[⑥] 北京教育科学研究院德育中心联合

① 傅宏. 江苏省青少年心理健康和心理健康教育蓝皮书：2008［M］. 南京：南京师范大学出版社，2009：2.
② 俞国良，董妍. 我国心理健康研究的现状、热点与发展趋势［J］. 教育研究. 2012.（6）.
③ 廖彩之. 城市化背景下成都市中小学心理健康教育可持续发展机制研究［J］. 教育与教学研究. 2014.（11）.
④ 路洁，刘俊娜. 中小学生心理健康现状调查与教育策略分析［J］. 人才资源开发. 2016.（2）.
⑤ 卫萍，许成武，刘燕，郭缨. 中小学生心理健康状况的调查分析与教育策略［J］. 教育实验与研究. 2017.（2）.
⑥ 张阔，林静，付立菲. 青少年网络成瘾机制的交互系统模型［J］. 心理研究. 2009.（2）.

北京大学第六医院等于 2017 年 5 月 15 日发布了《2016 年北京市中小学学生心理成长指数白皮书》，白皮书指出，近年来北京市中小学生心理健康教育取得了积极成效，但孩子们身上仍存在一些行为问题，其中约有 8.96% 存在异常情绪症状问题，约有 10.65% 存在异常品行问题，约有 9.61% 存在多动问题，同伴交往问题异常比率偏高，约为 31.25%，需要得到学校和家长的重视。① 不少学者现在都从生态视角来研究探讨未成年人心理健康问题。俞国良等人指出，社会转型对青少年心理健康的影响依赖生态系统中各子系统间的传导，并提出社会转型影响青少年心理健康的社会生态模型。②

（二）国内未成年人心理健康服务状况研究

总体上看，我国未成年人心理健康服务工作有很大进步。在向未成年人提供心理服务的机构中，学校占 70.5%，医院占 17.3%，社会机构占 9.9%，政府部门占 2.3%；从资金来源方面看，政府补贴占 81.6%，服务收费占 5.8%，个人出资占 3.5%，基金会占 3.1%，其他占 6.0%；从是否对来访者收费来看，收费的占 18.8%，免费的占 81.2%。③ 可见，我国的未成年人心理健康服务主要通过学校实施，同时社会机构提供服务和政府购买服务的方式也开始呈现。

东西部地区未成年人心理健康服务工作发展不平衡。经济发展落后地区的未成年人心理健康服务工作还处于起步阶段，未成年人心理健康服务处于低水平上。主要表现为学校内没有设立心理健康教育的机构、社会上缺少心理健康服务的机构；或者设置了相应的机构，却没有发挥机构应有的功能。近年来，未成年人心理健康教育情况有所改善。2014 年，俞国良等人对我国中部两个地区的心理健康教育状况进行调研，结果发现：中部地区心理健康教育的普及率和效果有较

---

① 《2016 年北京市中小学学生心理成长指数白皮书》发布 ［R］. 中国教育报，2017 年 5 月 18 日。
② 俞国良，李建良，王勍. 生态系统理论与青少年心理健康教育 ［J］. 教育研究. 2018.（9）.
③ 李智聪. 未成年人心理健康服务状况调查及体系建构 ［D］. 苏州大学，2010：20.

大改善；90% 以上的学校开展了心理健康教育工作，大多数心理健康教育专兼职教师能感受到学校领导对他们工作的支持；城市中小学在设置心理辅导室和开设心理健康教育课程方面较好，学生的评价也更高，而农村中小学心理健康教育相对落后。①

师资队伍的专业化水平有待提升。我国未成年人心理健康服务的主要阵地是学校，但学校的心理健康教育教师的专业资质状况并不令人满意。学校里从事心理健康教育工作的师资队伍无论在数量上还是在质量上都存在不足。有研究结果显示，我国中小学心理健康教育教师的专业化水平有待提高，仅 39.8% 的教师具备心理学专业背景。② 而且全国各地发展不平衡，相对来说，经济发达地区师资队伍专业化水平较高。浙江省有专职心理健康教育教师的学校占抽样学校的 34.9%，有兼职心理健康教育教师的占 100%；在专职心理健康教育教师中有心理学专业背景的占 64.5%，在兼职心理健康教育教师中有心理学专业背景的占 18.2%。③ 上海市有 70% 的学校有专兼职心理健康教育教师，30% 的学校没有专兼职心理健康教育教师。心理健康教育教师中，专职的占 30.1%，兼职的占 69.9%。在专职心理健康教育教师中，57.2% 的教师有心理学专业背景；在兼职心理健康教育教师中，12.7% 的教师有心理学专业背景。心理健康教育教师中，有劳动部证书的占 43.5%，有学校心理咨询师证书的占 22.8%；两类都没有的占 38.4%。④ 而在经济落后地区，师资队伍专业化水平令人担忧。吉林省心理健康教育教师中，专职心理教师占近 30%，兼职心理

①　俞国良，李天然，王勍. 中部地区学校心理健康教育状况调查 ［J］. 中国特殊教育. 2015. （4）.
②　邓林园，马博辉，伍明明，王工斌. 不同专业背景的中小学心理健康教育教师工作现状对比研究 ［J］. 教师教育研究. 2014. （3）.
③　陈永胜. 浙江省中小学心理健康教育现状调查 ［J］. 中国特殊教育. 2010. （6）.
④　沈之菲. 上海市中小学心理健康教育师资队伍现状调查与对策研究 ［J］. 思想理论教育. 2013. （3）下.

教师占约 70%；兼职心理教师中有 44.92% 的属于学校行政教辅人员；有心理学和教育学背景的占 30.47%。[①] 对广西农村 44 名国培教师的调研显示：只有 1 名是专职心理老师，18.9% 的教师是兼职教师，其他教师根本没有参与过心理辅导活动。[②] 四川省资阳市专兼职心理健康教育教师中，具有心理学专业背景的占 3.34%，持证上岗的仅占 15.51%。[③] 值得关注的是，社会机构中从事未成年人心理健康服务的人员队伍的专业化水平更令人担忧。有研究显示，其人员队伍中有专业资质证书的占 47%，无证书的占 53%。[④]

目前，我国未成年人心理健康服务状况由"从上到下"的被动参与状态转变为"上下同心"的协同参与状态。所谓"从上到下"，主要指未成年人心理健康服务工作更多的是从国家和政府层面重视开始，逐步促使基层积极参与这项工作；所谓"上下同心"，主要指政府和基层均积极主动参与未成年人心理健康服务工作。

四 国外研究现状

（一）国外未成年人心理健康状况研究

国外对未成年人心理健康状况的研究主要集中在临床心理学和精神病学的诊断和治疗领域。心理卫生问题普遍存在于所有人群。据世界卫生组织统计，全世界有 4 亿人正在受到各种精神疾病的折磨，抑郁症患者达到 2 亿人，精神分裂症患者多达 4500 万人，每年有 100 万人因此自杀，到了 2020 年这个问题可能会加严重；有 30% ~ 40%

---

① 裴娜．浅议中小学心理健康教育教师的专业发展——以吉林省为例 [J]．吉林省教育学院学报．2016．（8）.

② 温小珍．广西农村中小学心理健康教育发展现状及对策研究——基于"国培"中西部骨干教师（心理健康）培训项目的调查与思考 [J]．科教导刊．2014．（12）上.

③ 刘怀明，伍建清．农村地区中小学心理健康教育保障性条件现状调查——以四川省资阳市为例 [J]．教育科学论坛．2014．（12）.

④ 李智聪．未成年人心理健康服务状况调查及体系建构 [D]．苏州大学，2010：21.

的求医者有精神卫生问题，20%的人存在心理卫生问题和精神障碍，全世界完全没有心理疾病的人口比例仅为9.5%。在世界范围内，10%~20%的儿童和成人存在心理障碍。在所有地区，神经精神疾病是年轻人残疾的首要原因。如果不对儿童心理问题加以治疗，将会严重影响儿童的发展、儿童的受教育程度，以及儿童获得充实而富有成效的生活的潜力。有心理障碍的儿童所面临的主要挑战是污名化、隔离和歧视，以及缺乏足够的医疗保健和教育资源，而这都是与他们应享有的基本人权相违背的。①

美国人患精神疾病的比例较高。一年中大约每5个成年人中就有1个人罹患精神疾病，也就是说罹患精神疾病的总人数有4380万人，占美国总人口的18.5%；一年中大约每25个成年人中就有一个人患有严重精神疾病，也就是980万人，占美国总人口的4%。而这些严重的精神疾病基本上干扰或限制了病人的一项甚至多项生活能力。在13~18岁的青少年中，大约每5人中就有1人（21.4%）在他们生命中的某个时刻经历了一些精神障碍；对于8~15岁的青少年儿童来说，精神障碍的患病率据估计为13%。全美18岁以下的青少年和儿童约有140万人需要进行心理治疗。②

美国未成年人心理问题发生率较高。在9~17岁的孩子中，心理问题的发生率为20.9%；贫困地区和市中心贫民区孩子心理问题的发生率相比富裕地区的孩子要高。在发生心理问题的儿童中，约80%的人集中表现为四种类型的心理障碍——言语障碍、语言障碍、智力缺陷和严重情绪困扰。每年大约有21%的儿童和青少年接受心理卫生服务，其中大部分服务是由学校提供的。③

---

① https://www.who.int/mental_health/maternal-child/en/.
② https://www.nami.org/Learn-More/Mental-Health-By-the-Numbers.
③ 〔美〕默里·莱文，道格拉斯·D.珀金斯，戴维·珀金斯著，杨莉萍译.社区心理学原理：观点与应用（第三版）[M].上海教育出版社，2018：20-21.

　　未成年人心理问题的表现较为多样。20 世纪末，美国在复杂的文化背景和多元的价值观下，社会问题不断增多，如虐待儿童、自杀、辍学等问题已不容忽视。美国学校心理咨询协会因此规划了行动纲领——《孩子是我们的未来：2000 年学校心理咨询》，要求美国学校心理教育工作者在 21 世纪扮演极为重要的角色，使学校心理教育发挥更大的作用。[①] 现在，美国校园中越来越多的学生存在不同程度的心理健康问题，这些问题包括：压力过大、焦虑、担心被恐吓、家庭或朋友问题、孤独、抑郁、酒精或物质滥用、进食障碍、能力缺陷、学习困难、自杀或自伤倾向、性沉迷、害怕暴力或恐怖行为、适应困难、失学等。虽然这些心理健康问题的表现与严重程度不一，但都在一定程度上影响学生的学习与生活。

　　影响未成年人心理健康的因素是多维度的。Kieling 等人的研究报告指出，心理健康问题影响着全球 10% ～ 20% 的儿童和青少年；影响青少年心理健康的风险因素包括家庭、同伴、学校、发展中的行为问题、物质滥用等，保护性因素包含行为和情绪的自我调节、高质量的养育及同伴关系。[②] 加拿大安大略省有五分之一的人受精神疾病及毒瘾的影响。这不仅严重影响个人生活和工作，也影响到安大略省医疗保健制度的正常运作，甚至对社会和经济的发展造成危害。[③] Rothon 等人对英国家校互动与青少年心理健康的关系进行了分析，结果表明，家长参与学校活动的程度越高，青少年的心理健康水平也越高。[④]

① Stunley B. Baker. School Counseling for the Twenty first Century（2nd ed.）［M］. Prentice Hall, Inc，1996：369 - 371.

② Kieling，C.，et al. Child and Adolescent Mental Health Worldwide：Evidence for Action［J］. Lancet，2011，（9801）.

③ Ministry Reports：Open Minds，Healthy Minds. Ontario's Comprehensive Mental Health and Addictions Strategy［EB/OL］. http://www. health. gov. on. ca/en/public/publications/ministry_reports/mental_health2011/mental health. aspx，2011 - 06 - 22/2011 - 11 - 02.

④ Rothon，C.，et al. Family Support，Community "Social Support" and Adolescents' Mental Health and Educational Outcomes：A Longitudinal Study in England［J］. Social Psychiatry & Psychiatric Epidemiology，2012，（5）.

Stormshak 等人的研究发现，当整个家庭都参与学校的干预项目时，青少年表现出了更少的反社会与物质滥用行为。[1] 可见，良性家校互动对青少年心理健康和人格健康发展具有积极正向作用。

（二）国外未成年人心理健康服务状况研究

发达国家的心理健康服务体系是全面且复杂的，已经形成了较为完善的心理健康服务机制。首先，发达国家重视未成年人心理健康服务的制度建设，通过出台系统的法规，对未成年人心理健康服务工作做出了全面具体的规定。2001 年，美国卫生部颁布了《儿童心理健康国家行动议程》，指出青少年心理健康教育应以改善青少年心理健康状况，以及为心理疾病患者提供及时有效的治疗为主要任务。具体来说，强调增进公众对青少年心理健康状况的了解，开发并推广科学、有效的矫治手段，加强对青少年心理健康的评估监测，重视对青少年心理健康从业人员的培训，关注少数族裔青少年的心理健康，等等。[2] 英国于 2004 年 3 月出台《儿童法案》，明确提出要为儿童青少年提供心理健康服务。英国政府还要求青少年心理健康服务者证明他们提供的服务是有效的，并且只对有效服务提供资助。[3] 2002 年 6 月，德国通过了新的《青少年保护条例》，为塑造身心健全的德国人提出了要求，如为了培养未成年人的意志品质，举办"磨难营"活动。[4] 加拿大政府对未成年人保护工作的重视主要体现于坚持"儿童优先"的原则。加拿大于 2005 年 2 月首次发起了"心理健康月"活

[1] Stormshak, E., et al. An Ecological Approach to Promoting Early Adolescent Mental Health and Social Adaptation: Family-centered Intervention in Public Middle Schools [J]. Child Development, 2011, (1).

[2] Kenneth W. Merrell, Ruth A. Ervin, & Gretchen Gimpel Peacock. School Psychology for the 21st Century Foundations and Practices [M]. The Gulfford Press, New York, London, 2012: 118 - 122.

[3] 俞国良，王勍. 比较视野中青少年心理健康教育与服务的发展路径[J]. 中国人民大学教育学刊. 2015. (2).

[4] 李智聪. 未成年人心理健康服务状况调查及体系建构 [D]. 苏州大学，2010: 11.

动，通过政府资助的方式进行，其目标是唤起人们对自身和居住社区的心理健康功能的重视。①

其次，学校十分重视对学生心理问题的预防工作。美国学校现在服务的重点已转移到全体学生方面，转移到每个学生的认知、情感和行为的方方面面。近年来，美国研究者提出青少年的心理健康教育应进一步与学校教育相结合，其目标应该定位在培养学生在现实生活中良好的发展功能，聚焦于全体青少年社会适应能力的发展。② 英国的一个项目以促进学生的积极行为及情绪幸福感为目标，以培养学生的自我认识、自我控制、共情能力、社会技能，以及激发学生学习动机为主要内容，取得了良好的教育效果。③ 日本规定心理健康教育主要解决中小学生对学习生活不适应、与人交往有困难和家庭内部不和谐等问题，以及常出现的与精神有关的病症和心理问题，维护和促进学生的身心健康，培养学生适应社会变化的能力，改善其人际关系，促进个性的开发与成长，使学生形成适应未来社会的价值观等。④ 芬兰学者通过调查研究，指出能够提高学生心理健康水平的学校，需要优美的校园环境、丰富的校园文化、支持性的人际关系，并为学生提供自我实现的平台。⑤ 澳大利亚学者也指出，如果学校能够建立良好的校园文化、积极支持的师生关系，同时做出给予学生参与学校管理的机会等环境及制度上的改变，就能够增强学生对于学校的认同感，从

① 李智聪. 未成年人心理健康服务状况调查及体系建构［D］. 苏州大学，2010：12.

② Atkins, M. S., Hoagwood, K. E., & Kutash, K., et al. Toward the Integrationof Education and Mental Healthin Schools［J］. Administration and Policyin Mental Healthand Mental Health Service Research, 2010, 37（1－2）：40－47.

③ Lendrum, A., Humphrey, N., & Wigeslworth, M. Social and Emotional Aspects of Learning（SEAL）for Secondary Schools：Implementation Difficulties and Their Implicationsfor School Based Mental Health Promotion［J］. Child and Adolescent Mental Health, 2013, 18：158－164.

④ 王建平. 学校教育咨询室：日本实施健康教育的重要场所［J］外国教育研究. 2006，（3）.

⑤ Puolakka, K., Haapasalo-Pesu, K-M., & Konu, A., et al. Mental Health Promotion in a School Community by Using the Results From the Well-Being Profile：An Action Research Project［J］. Health Promotion Practice, 2014, 15（1）：44－54.

而提升学生的学习动机、心理健康水平，并且推迟、减少风险行为的发生。①

社区心理健康服务体系日趋完善。社区心理健康服务体系主要是为有心理障碍的儿童青少年及其家庭提供心理服务，确保家庭能够充分参与到儿童青少年的社区心理健康服务中。美国共有社区服务组织100万个左右，其中，55%的社区有咨询专家，41%的社区有心理专家，21%的社区有社会工作者。② 正是这些组织使美国的社区服务给青少年生活和心理健康发展带来了极大便利，并将许多不稳定因素消除在社区内。美国为儿童及其家庭设立的广泛的社区心理健康服务项目是促进青少年心理健康更有效可行的办法。该项目通过主导"系统护理"的家庭，与儿童心理健康项目联合构成一个独立方案，努力为有严重情感障碍的儿童、青少年及其家庭提供心理健康服务。③ 澳大利亚为需要心理帮助的青年人设立社区生活技能中心，主要提供训练和支持服务。这种生活技能中心的一个明显特色就是强调预防，重视为社区服务机构、健康与福利部门、学校和法院等提供较多的咨询服务。④ 澳大利亚研究者开展了"积极教养项目"，通过提升家长制订、执行计划和控制情绪等方面的能力，来提升他们自身的自律水平，从而培养青少年的自律能力。加拿大联邦政府向心理健康服务部门及地方组织提供健康及社会服务基金。政府通过心理健康协会开展"心理健康月"活动，最大限度地利用所有可以利用的社区资源，提供更好和更广泛的服务，来改善青少年的心理健康状况。⑤ 近

① Chapman, R. L., Buckley, L., & Sheehan, M., et al. School-Based Programs for Increasing Connectedness and Reducing Risk Behavior: A Systematic Review [J]. EducationalPsychology Review, 2013, 25 (1): 95 – 114.
② 马云荣，王建平. 美国中小学的心理咨询和社会服务 [J]. 中小学心理健康教育. 2003. (3).
③ 曹智荣. 国外青少年社区心理健康促进及其借鉴意义 [J]. 中国校外教育. 2009. (2) 下旬刊.
④ 李敏. 澳大利亚两大心理健康服务组织简介 [J]. 基础教育参考. 2005. (2).
⑤ 曹智荣. 国外青少年社区心理健康促进及其借鉴意义 [J]. 中国校外教育. 2009. (2) 下旬刊.

年来，加拿大在安大略省全面实施"提高儿童和青少年心理健康服务计划"，之所以如此，是基于以下认识：70% 的心理健康问题发生在儿童和青少年阶段。[①] 欧洲社区心理健康服务的出现比美国约晚十年，但发展一样成熟。德国政府鼓励社区开展活动，如"邻里之家""邻里节"活动、"联邦儿童和青年计划"活动。"邻里之家"为青少年举办许多活动，其目的是改善青少年的生活条件，提高青少年的生存能力，特别是帮助青少年通过自己的努力去争取自己的利益。[②]

第二节　研究思路

一　问题的提出

《关于加强心理健康服务的指导意见》明确指出："心理健康是健康的重要组成部分，关系广大人民群众幸福安康，影响社会和谐发展。加强心理健康服务、健全社会心理服务体系是改善公众心理健康水平、促进社会心态稳定和人际和谐、提升公众幸福感的关键措施，是培养良好道德风尚、促进经济社会协调发展、培育和践行社会主义核心价值观的基本要求，是实现国家长治久安的一项源头性、基础性工作。"未成年人是祖国的未来，是国家的希望。未成年人的心理健康水平将直接决定数年乃至数十年后中华民族的整体素质，关系到国家的前途和命运，关系到中国梦是否能够更好更快实现的问题。

国内外的研究显示，未成年人心理健康状况并不令人乐观，未成年人心理健康服务工作需要进一步发展和完善。发达国家未成年人心理健康服务体系在服务理念、专业队伍、服务路径等方面都较

---

① 姜峰，王建刚. 加拿大安大略省"提高儿童和青少年心理健康服务计划"述评[J]. 外国教育研究. 2013. （7）.

② 曹智荣. 国外青少年社区心理健康促进及其借鉴意义[J]. 中国校外教育. 2009. （2）下旬刊.

为完备，我国未成年人心理健康服务在体制机制、专业队伍和地区平衡等建设方面有待进一步提升。所以，提高未成年人心理健康水平、完善未成年人心理健康服务体系，成为一项非常重要而迫切的任务。

国内外关于未成年人心理健康状况及服务状况的研究还存在一定的不足，难以真正为完善我国未成年人心理健康服务体系建设提供指导。这些研究不足主要表现为：缺乏时代性、整体性和权威性。不少研究都是十年前甚至更早期的研究成果，不能真实反映当代未成年人心理健康的实际和当下中国的实际；不少研究限于研究视角，研究的是国外或本地区的极少样本，不能整体反映中国文化背景下的未成年人心理健康服务工作的全貌；不少研究限于资料的可获得性和调查范围的狭小，研究成果不具有权威性。

鉴于这样的思路，要做好我国未成年人心理健康服务工作，就必须对当下我国未成年人心理健康状况和未成年人心理健康服务状况进行有代表性的调查研究。具体来说，通过对全国未成年人心理健康状况和服务状况进行调研，探索当今大社会背景下全国未成年人心理健康的水平、特征，揭示未成年人具有时代特征的积极心理品质，探讨全国未成年人心理健康师资队伍和未成年人心理健康辅导站点的服务特点，为进一步完善全国未成年人心理健康服务体系和运行管理机制提供依据。

二　调研目标

本课题选择我国华北地区、东北地区、华东地区、华中地区、西北地区、西南地区、华南地区进行取样。从经济、文化、教育等维度考虑，选定了北京、内蒙古、吉林、山东、上海、江苏、江西、湖南、广东、海南、四川、西藏、陕西、新疆14个省（自治区、直辖市）作为样本地，尝试对全国未成年人心理健康总体状况、发展特

点、影响因素等方面进行调查和分析，对全国未成年人心理健康服务
状况及特点进行调查和分析，并相应提出建议，最后形成调查报告。
本次调研的具体目标如下：

①抽样调查全国未成年人心理健康状况，

②抽样调查全国中小学心理健康教育师资状况，

③抽样调查全国未成年人心理健康服务站点状况。

对于如何实现这次调研目标，课题组进行了更为详尽的表述。

（1）全国未成年人心理健康状况的调研目标包括：①通过调查分
析得出全国未成年人心理健康状况的总体水平和各内容维度的差异；
②探讨未成年人积极心理品质及其与心理健康的关系；③通过问卷，
从学生自己的视角获取资料，探索影响他们心理健康成长的因素。总
之，通过对研究结果的分析，全面了解全国未成年人的心理健康状
况，并对提高全国未成年人心理健康水平提供调查依据。

（2）全国中小学心理健康教育师资状况的调研目标包括：①通过
问卷调查和访谈，了解全国中小学心理健康教育师资状况及特点；
②对全国中小学已有的心理健康教育师资配置及服务模式进行总结，
并探索成功经验，发现存在的不足；③提出解决我国当前中小学心理
健康教育师资队伍建设及服务工作中存在问题的对策。总之，通过调
查研究，为最终构建契合我国国情的中小学心理健康服务体系提供调
查依据。

（3）全国未成年人心理健康服务站点状况的调研目标包括：①调
查各站点的基本信息，包括工作人员信息；②调查各站点的服务信息
和运营机制；③调查各站点的管理机制和应急预案。总之，通过调
查，对全国的未成年人心理健康服务站点的机构状况、专业队伍组
成、服务类型和质量、管理机制等形成基本了解，并针对这些信息进
行分析研究，发现当前站点服务的优势和不足，并提出对策建议。

三　调查方法

（一）调查对象的界定

本次调查的"未成年人"主要指中小学生，包括中职学校学生；所调查的"教师"指在中小学校从事心理健康教育工作的教师；所调查的"站点负责人"指未成年人心理健康服务站点的负责人。具体来说：

1. 小学生指就读于调查城市及周边地区的小学三、四、五、六年级的在校学生；

2. 中学生指就读于调查城市及周边地区的中学生，包括初一、初二、初三、高一、高二、高三的在校学生；

3. 教师指 14 个省（自治区、直辖市）所选样本地学校从事心理健康教育工作的专兼职教师；

4. 站点负责人指 14 个省（自治区、直辖市）所选样本地未成年人心理健康服务站点（或未成年人成长指导中心）的负责人。

（二）计划调查对象和方法

1. 中小学生心理健康状况的调查

（1）计划调查对象包括小学三年级至高中三年级的学生（共 10 个年级），共计 71550 个学生。

（2）抽样方法采取整群随机抽样方式，分为省的抽样方案、自治区的抽样方案和直辖市的抽样方案。

省的抽样方案安排如下。每个省选择 3 个地级市抽样 12 所学校，共 5400 个学生。3 个地级市包括省会城市和另外 2 个地级市（经济和教育条件一般的地级市 1 个，经济和教育条件较差的地级市 1 个）。省会城市抽选 6 所学校（小学、初中、高中各 2 所，其中以进城务工子弟为主的小学、初中、高中各 1 所）；另外，2 个地级市抽选小学、初中、高中各 1 所（经济和教育条件较差的地级市至少选 1 所农村学校）。所选学校每个年级各选择 3 个完整班级（每班 45 人左右，实际人数以一个完整班级人数为准）。

直辖市的抽样方案安排如下。每个直辖市选择 3 个区抽样 12 所学校，共 5400 个学生。按照经济和教育条件很好、一般和较差选择 3 个区。经济和教育条件很好的区抽取 6 所学校（小学、初中、高中各 2 所，其中进城务工子弟为主的小学、初中、高中各 1 所）；另 2 个区选小学、初中、高中各 1 所。所选学校每个年级选择 3 个完整班级（每班 45 人左右，实际人数以一个完整班级人数为准）。

自治区的抽样方案安排如下。每个自治区选择 3 个地区抽样 9 所学校，共 4050 个学生。按照经济和教育条件很好、一般和较差选择 3 个地区。每个地区抽取 3 所学校（小学、初中、高中各 1 所）。所选学校每个年级选择 3 个完整班级（每班 45 人左右，实际人数以一个完整班级人数为准）。

（3）调查内容主要包括中小学生心理健康基本信息问卷、心理健康量表和积极心理品质量表。

（4）调查方法是问卷调查和量表测量，以班级为单位集中网上测验为主（网络条件具备区域），纸笔测验为辅（不具备网络条件的农村地区）。调查工作在一个月内完成。

2. 未成年人心理健康服务状况的调查规划

（1）调查对象指有代表性的中小学的心理健康教育专兼职教师及有代表性的心理健康服务站点负责人，学校教师为 300 人，站点负责人为 150 人。

（2）抽样方法采取方便抽样方式，分为教师抽样和站点负责人抽样方案。

中小学心理健康教育专兼职教师的抽样方案安排如下。每个省、直辖市选取 24 所学校，每个自治区选取 12 所学校。每个被选取的学校选派 1 名熟悉本校心理健康教育情况的专兼职教师参加座谈会。其中，在第一部分确定的被调查学校的心理健康教育负责人必须参加。

心理健康服务站点负责人的抽样方案安排如下。每个省、直辖市选取 12 个站点，每个自治区选取 6 个站点。每个被选取的站点选派 1 名熟悉本站点心理健康服务情况的负责人参加座谈会。

（3）调查内容分为问卷调查内容和访谈内容。问卷调查内容为学校心理健康教育的基本信息和心理健康服务站点的基本信息，访谈内容主要围绕队伍建设、工作机制、特色亮点等开展。

（4）调查方法主要是问卷调查和集体访谈，以网上测验为主（具备网络条件区域），纸笔测验为辅（不具备网络条件的农村地区），调查工作在一个月内完成。

（三）调查内容框架

调查内容和工具分为中小学生心理健康问卷及量表、中小学心理健康教育师资队伍状况问卷与访谈提纲、未成年人心理健康服务站点问卷与访谈提纲。

1. 中小学生心理健康问卷及量表

为方便研究，本研究把未成年人的概念界定为中小学生。中小学生心理健康状况问卷包括以下两部分内容。第一部分是个人特点信息。问卷信息涉及人口统计学、流行病学信息，其中个人信息包括性别、年龄、家庭经济状况、父母职业、父母文化程度、父母婚姻状况、学校有关情况、学习成绩等多个项目。第二部分是心理健康相关行为调查，包括未成年人自己认为的影响心理健康成长的因素、人际关系、学习、青春期、心身、成瘾、品行、人生观等问题。

中小学生心理健康量表包括两部分内容。第一部分采用华东师范大学修订出版的《心理健康诊断测验（MHT）》。该量表适用于对中小学生心理健康的整体测查，它共有八个维度：学习焦虑、人际焦虑、孤独倾向、自责倾向、过敏倾向、身体症状、恐惧倾向和冲动倾向。第二个部分采用《中国中小学生积极心理品质量表》。该量表包括创造力、求知力、思维和洞察力（简称洞察力）、真诚、执着、爱、友善、领导力、合作力、宽容、谦虚、持重、心灵触动、幽默、信念希望 15 项积极心理品质。

2. 中小学心理健康教育师资队伍及服务状况问卷与访谈提纲

心理健康教育师资队伍及服务状况问卷主要包括四个内容模块，即基本信息模块、条件保障模块、服务状况模块和专业成长模块。基本信息模块主要了解中小学心理健康教育师资的基本信息情况，条件保障模块主要了解中小学心理健康教育工作的基本条件保障情况，服务状况模块主要了解中小学心理健康教育教师开展服务工作的基本情况，专业成长模块主要了解中小学心理健康教育教师自身的专业成长情况。

为了更深入了解中小学生心理健康教育的师资队伍建设和服务状况，本研究对被选定的心理健康教育教师进行访谈。访谈提纲围绕基本信息、取得的成功经验、存在的问题和不足、自己的希望和建议等维度设置 4 ~ 6 个半结构式问题，通过面对面交流，获取真实信息，做好录音，并于访谈后做进一步的质性分析。

3. 未成年人心理健康服务站点问卷与访谈提纲

未成年人心理健康服务站点调查问卷由站点基本信息、人员信息、专业服务信息、管理运营机制信息四个部分组成。站点基本信息主要包括站点的工作场所、主管单位、挂靠单位等信息；人员信息主要包括人员的性别、年龄、职称、学历专业、薪资待遇、心理咨询专业资质、受训情况、督导情况等信息；专业服务信息主要包括站点的服务对象、心理服务形式、服务频率、服务对象的心理问题等信息；管理运营机制信息主要包括站点的经费来源、规章制度、志愿者管理、对外宣传等方面的信息。

为了更深入了解未成年人心理健康服务站点状况，本研究对被选定的未成年人心理健康服务站点站点负责人进行访谈。访谈提纲围绕服务站点信息、工作特色和成功经验、存在的问题与不足、自己的希望与建议等维度设置 4~6 个半结构式问题，通过面对面交流，获取真实信息，做好录音，并于访谈后做进一步的质性分析。

第二章　未成年人心理健康状况的
调查与分析

第一节　调查设计

一　问题的提出

未成年人正处于身心迅速发展的重要时期。随着生理、心理的发育和发展，社会阅历的提升以及思维方式的变化，特别是面对日渐加剧的社会竞争，他们在学习、生活、人际交往、升学就业和自我意识等方面，会遇到各种各样的心理困惑或问题。有些问题如不能及时解决，将会对他们的健康成长产生不良的影响，甚至导致行为障碍或人格缺陷。因此，对全国未成年人进行心理健康状况抽样调查，是疏通其心理困境、推进心理健康教育的必然前提。

积极心理品质是人类文明和民族传统美德积淀在人内心深处并与时俱进、体现时代精神和核心价值观的一系列心理特质的总和。这些心理特质具有鲜明的正向性、主动性、进步性、稳定性和建设性等特点，从而展示出认知方式、情绪情感、意志与习惯、人格、心态、学习与工作意识、组织关系与人际关系等方面的善意、美德和建设性。面对日渐加剧的社会竞争，未成年人的心理健康状况如何？他们会遇到什么样的心理困惑或挑战？他们有着怎样的积极心理品质去应对这些挑战？学校、家庭、社会应当如何引导青少年全面发展、健康成长？

面对上述一系列问题，本次调研考察了未成年人的心理健康状况和积极心理品质，分析影响未成年人积极心理品质生成的因素。通过调查分析，一方面为探索未成年人具有时代特征的积极心理品质、培养塑造其健康人格提供对策指导，另一方面为和谐社会心态建设提供理论参考。

二　调查对象、方案与内容

（一）调查对象

"未成年人"这一概念在法律上是以年龄为划分标准的，根据《未成年人保护法》第二条的规定：未成年人是指未满十八周岁的公民。本次调查依据两个维度对未成年人进行了划分。第一个维度是学龄，据此可分为学前儿童、小学生、初中生、高中生。第二个维度是地域文化，在此选择了有代表性的两类未成年人：城市流动儿童、农村留守儿童。其中，城市流动儿童指分布在城市中的进城务工农民子女；农村留守儿童分布在农村地区，主要是指父母双方或一方外出打工，而自己留在农村生活的未成年人。

本次调查在全国范围内采用分层随机抽样的方法抽取了全国 14 个省、自治区、直辖市（具体为北京、内蒙古、吉林、山东、上海、江苏、江西、湖南、广东、海南、四川、西藏、陕西、新疆，包括农村偏远地区）的小学生（小学三、四、五、六年级在校学生）18946 人、初中生（初一、初二、初三在校学生）14965 人、高中生（高一、高二、高三在校学生）13758 人，且按照所在年级、性别比例做了平衡，共计调查了 47669 名未成年人。其中，农村地区未成年人占抽样总人数的约 40%，约 75% 以上的未成年人与父母关系融洽（抽样对象人口统计学特征见表 2.1）。

表 2.1　抽样对象人口统计学特征

性别	人数（人）	比例（%）	年级	人数（人）	比例（%）
女	24792	52.01	小学	18946	39.75
男	22877	47.99	初中	14965	31.39
民族	人数（人）	比例（%）	高中	13758	28.86
汉族	41991	88.09			
非汉族	5678	11.91			
户口	人数（人）	比例（%）	家庭经济	人数（人）	比例（%）
城市	28189	59.13	富裕	3541	7.43
农村	19480	40.87	一般	41218	86.47
			困难	2910	6.10
亲子关系	人数（人）	比例（%）	学习成绩	人数（人）	比例（%）
融洽	35930	75.37	好	10493	22.01
一般	10245	21.49	一般	32996	69.22
较差	1039	2.18	差	4180	8.77
没有联系	455	0.96			

（二）调查方案

1. 省抽样方案。每个省选择 3 个地级市抽样 12 所学校，共 5400 个学生。3 个地级市包括省会城市和另外 2 个地级市（经济和教育条件一般的地级市 1 个，经济和教育条件较差的地级市 1 个）。省会城市抽取 6 所学校（小学、初中、高中各 2 所，其中以进城务工子弟为主的小学、初中、高中各 1 所）；另外，2 个地级市选小学、初中、高中各 1 所（经济和教育条件较差地级市至少选 1 所农村学校）。所选学校每个年级选择 3 个完整班级（约 45 人，实际人数以一个完整班级人数为准）。

2. 直辖市抽样方案。每个直辖市选择 3 个区抽样 12 所学校，共 5400 个学生。按照经济和教育条件很好、一般和较差选择 3 个区。经济和教育条件很好的区抽取 6 所学校（小学、初中、高中各 2 所，其中以进城务工子弟为主的小学、初中、高中各 1 所）；另 2 个区选小学、初中、高中各 1 所。所选学校每个年级选择 3 个完整班级（约 45人，实际人数以一个完整班级人数为准）。

3. 自治区抽样方案。每个自治区选择 3 个地区抽样 9 所学校，共4050 个学生。按照经济和教育条件很好、一般和较差选择 3 个地区。每个地区抽取 3 所学校（小学、初中、高中各 1 所）。所选学校每个年级各选择 3 个完整班级（约 45 人，实际人数以一个完整班级人数为准）。

（三）调查内容

为方便调查，本研究把未成年人的概念界定为中小学生。"中小学生心理健康状况问卷"包括以下两部分内容。第一部分是个人特点信息。问卷信息涉及人口统计学、流行病学信息，其中个人信息包括性别、年龄、家庭经济状况、父母职业、父母文化程度、父母婚姻状况、学校有关情况、学习成绩等多个项目，来获取全国未成年人心理健康基本信息。第二部分是心理健康相关行为调查，包括未成年人自己认为的影响个人心理健康成长的因素、人际关系、学习、青春期等问题。

"中小学生心理健康量表"包括两部分内容。第一部分是采用华东师范大学修订的《心理健康诊断测验（MHT）》量表，该量表适用于对中小学生心理健康的整体测查，它共有八个维度：学习焦虑、人际焦虑、孤独倾向、自责倾向、过敏倾向、身体症状、恐惧倾向和冲动倾向。第二个部分是采用《中国中小学生积极心理品质量表》，该量表包括创造力、求知力、思维和洞察力、真诚、执着、爱、友善、领导力、合作力、宽容、谦虚、持重、心灵触动、幽默风趣、信念与希望 15 项积极心理品质。

三 调查方法与工具

（一）调查方法

采用问卷调查法，以网上测验为主（具备网络条件区域），纸笔测验为辅（不具备网络条件的农村地区），施测时间为 2018 年 5 月 6 日 ~ 2018 年 5 月 31 日。

（二）调查工具

1. 心理健康诊断测验（MHT）

该量表由 8 个内容量表（包括 8 个维度：学习焦虑、人际焦虑、孤独倾向、自由倾向、过敏倾向、身体症状、恐惧倾向、冲动倾向）和 1 个效度量表（即测谎量表）组成。每个题项后有"是"和"不是"两个答案，要求被调查者根据自己的真实情况进行选择。内容量表的总分表示个人焦虑的一般倾向，得分越高表明心理健康状况越不好。

测验的计分规则是：凡是选"是"答案记 1 分；选"不是"答案记 0 分。在整个问卷项目中，组成效度量表的项目共有 10 项，它们是第 82、84、86、88、90、92、94、96、98、100 项。如果它们的得分合计起来比较高，则可以认为该被调查者是为了获得好成绩而作假的，所以测验结果不可信。在解释测验结果时，对得高分的人需要特别注意，尤其是得分在 7 分以上者，可考虑将该份答卷作废，并在适当时候重新进行测验。

除去效度量表项目，将余下的全部问卷项目得分累加起来，即可得到全量表分。全量表分从整体上表示焦虑程度、焦虑范围。全量表分在 65 分以上者，即可认为存在一定的心理障碍，这种人在日常生活中有不适应行为，有的可能表现为攻击和暴力行为等，因而需要制订特别的个人指导计划。

由测验项目组成的八个内容量表的组成与含义如下。

（1）学习焦虑

由第 1、2、3、4、5、6、7、8、9、10、11、12、13、14、15 项组成。高分（8 分以上）表示：对考试怀有恐惧心理，无法安心学习，十分关心考试分数。这类被调查者必须接受为他制订的有针对性的特别指导计划。低分（3 分以下）表示：学习焦虑低，学习不会受到困扰，能正确对待考试成绩。

（2）人际焦虑

由第 16、17、18、19、20、21、22、23、24、25 项组成。高分（8分以上）表示：过分注重自己的形象，害怕与人交往，退缩。这类被调查者必须接受为他制订的有针对性的特别指导计划。低分（3分以下）表示：热情，大方，容易结交朋友。

（3）孤独倾向

由第 26、27、28、29、30、31、32、33、34、35 项组成。高分（8分以上）表示：孤独，抑郁，不善与人交往，自我封闭。这类被调查者必须接受为他制订的有针对性的特别指导计划。低分（3分以下）表示：爱好社交，喜欢寻求刺激，喜欢与他人在一起。

（4）自责倾向

由第 36、37、38、39、40、41、42、43、44、45 项组成。高分（8分以上）表示：自卑，常怀疑自己的能力，常将失败、过失归咎于自己。这类被调查者必须接受为他制订的有针对性的特别指导计划。低分（3分以下）表示：自信，能正确看待失败。

（5）过敏倾向

由第 46、47、48、49、50、51、52、53、54、55 项组成。高分（8分以上）表示：过于敏感，容易为一些小事而烦恼。这类被调查者必须接受为他制订的有针对性的特别指导计划。低分（3分以下）表示：敏感性较低，能较好地处理日常事务。

（6）身体症状

由第 56、57、58、59、60、61、62、63、64、65、66、67、68、69、70 项组成。高分（8分以上）表示：在极度焦虑的时候，会出现呕吐、失眠、小便失禁等明显症状。这类被调查者必须接受为他制订的有针对性的特别指导计划。低分（3分以下）表示：基本没有身体异常表现。

（7）恐惧倾向

由第 71、72、73、74、75、76、77、78、79、80 项组成。高分（8 分以上）表示：对某些日常事物，如黑暗等，有较严重的恐惧感。这类被调查者必须接受为他制订的有针对性的特别指导计划。低分（3 分以下）表示：基本没有恐惧感。

（8）冲动倾向

由第 81、83、85、87、89、91、93、95、97、99 项组成。高分（8 分以上）表示：十分冲动，自制力差。这类被调查者必须接受为他制订的有针对性的特别指导计划。低分（3 分以下）表示：基本没有冲动。

2. 中国中小学生积极心理品质量表

积极心理品质是指个体在先天潜能和环境教育交互作用的基础上形成的相对稳定的正向心理特质，这些心理特质影响或决定着个体思想、情感和行为方式的积极取向，继而为个体拥有幸福有成的人生奠定基础。[①] 它是致力于研究人的发展潜力和美德的科学。心理健康教育不仅要关注未成年人心理出现问题的消极层面，还要看到他们身上带有的积极心理品质。通过培养未成年人的积极心理品质，使其内化为自身长期稳定的心态和素质，抑制心理矛盾的产生，进而外化为正能量的行为影响他人，使积极心理品质发挥更持久的作用。

"中国中小学生积极心理品质量表"包含了被命名为六大美德力量的六大维度，分别是：认知、情感、意志、利群、律己、超越。作答方式采用的是利克特式五点量表，要求被测者从各题项的陈述中选择与自己情况相符的数字。"1"表示非常不像我，"5"表示非常像我。第二部分是个人信息采集。第三部分是量表主体。整合了 15 个积极心理品质特征，分别为创造力、求知力、思维和洞察力、真

---

① Seligman，M. E. P.，Authentic Happiness：Using the New Positive Psychology to Realize Your Potential for Lasting Fulfillment ［M］. New York：Free Press，2002.

诚、执着、爱、友善、领导力、合作力、宽容、谦虚、持重、心灵触动、幽默风趣、信念与希望。

四　调查过程与数据处理

（一）调查过程

以整班抽样的方式从小学三年级到六年级、初中一二三年级、高中一二三年级抽取学生，为避免有些地区条件不支持网上填写，采取网上问卷和纸质问卷相结合的方式。本次统计共录入 61870 份问卷数据，剔除答案完全一致的问卷和经效度量表筛选（效度量表分在 7 分以上）的问卷共 14201 份，有效问卷 47669 份，问卷有效率 77.05%。施测前，由测试人员向学生说明指导语，待他们完全理解要求后开始作答，施测时间为 40 分钟。施测过程中，被调查者不理解的问题，可随时向测试人员询问。要求学生按照问卷中各题要求如实回答。答完后学生本人提交，调查人员一并收回。

（二）数据处理

采用 SPSS 18.0 软件进行数据统计分析。计数资料的组间比较采用描述统计、差异检验、方差分析等方法。

第二节　未成年人心理健康状况

一　心理健康总体状况

调查表明，我国未成年人心理健康总体状况良好（占 86.50%）。从学龄段来看，心理健康状况总体较好的是小学生，其次是高中生，再次是初中生，心理健康占比依次是：89.49%、85.16%、83.85%（见表 2.2）。初中阶段是未成年人心理问题最为严重的时期。对学习呈明显焦虑状态的未成年人占 55.67%。

未成年人心理健康状况存在显著的性别差异（$t = 25.11$，$p < 0.01$，

$d = 0.22$）和城乡差异（$t = 19.80$，$p < 0.01$，$d = 0.19$）。学习成绩好的学生，整体心理健康水平也较高（$F = 611.02$，$p < 0.01$，$\eta^2 = 0.43$）。有父母陪伴的未成年人心理更健康（$F = 58.35$，$p < 0.01$，$\eta^2 = 0.27$）。

表 2.2　不同学龄段的未成年人心理健康状况比较

单位：人

	健康 （0～54分）	欠佳 （55～65分）	严重 （65分以上）	总人数
小学生	16955	1292	699	18946
初中生	11536	1196	1026	13758
高中生	12744	1410	811	14965
总人数	41235	3898	2536	47669
占总人数的比例	86.50%	8.18%	5.32%	100%

二　心理健康相关因素分析

（一）不同性别的未成年人心理健康状况

由表2.3可知，学习焦虑、人际焦虑、自责倾向、过敏倾向、身体症状、恐惧倾向、冲动倾向存在显著的性别差异；而孤独倾向则没有显著的性别差异；女生在各量表均值上普遍高于男生。由此可见，未成年女生的心理健康水平显著低于未成年男生。

表 2.3　未成年人心理健康状况的性别差异检验

	性别	样本量	平均值	标准差	t	d
学习焦虑	男	22873	7.74	3.70	-14.290**	0.131
	女	24790	8.21	3.52		
人际焦虑	男	22873	3.93	2.74	-19.037**	0.174
	女	24788	4.39	2.52		

	性别	样本量	平均值	标准差	t	d
孤独倾向	男	22872	2.64	2.57	-0.840	0.008
	女	24788	2.66	2.47		
自责倾向	男	22874	5.08	2.99	-15.142**	0.139
	女	24787	5.49	2.86		
过敏倾向	男	22872	5.32	2.85	-18.548**	0.170
	女	24790	5.79	2.60		
身体症状	男	22868	4.70	3.59	17.507**	0.161
	女	24789	5.27	3.43		
恐惧倾向	男	22871	2.50	2.76	-27.386**	0.251
	女	24787	3.19	2.79		
冲动倾向	男	22870	2.38	2.33	-29.088**	0.266
	女	24787	3.04	2.59		
MHT 总分	男	22865	28.33	13.68	25.111**	0.223
	女	24785	31.46	13.54		

注：t 值右上角标注 * 对应 p 值小于 0.05；t 值右上角标注 ** 则对应 p 值小于 0.01，下同。

（二）不同家庭结构的未成年人心理健康状况

由表 2.4、图 2.1 可知，家庭结构（题项"长期与谁生活在一起"）与未成年人心理健康状况之间显著相关。此外，学习焦虑的分数显著高于其他心理健康指标，说明家庭结构对未成年人的学习状态影响尤为明显。多重比较数据显示，与父母同住的未成年人相比其他家庭结构的未成年人，在各项心理健康指标上均具有显著差异，且在人际焦虑、孤独倾向、身体症状、恐惧倾向等方面的得分均显著低于其他家庭结构的未成年人。由此可见，有父母陪伴的未成年人心理更健康。因此，父母陪伴对未成年人健康成长具有重要意义。

表 2.4 不同家庭结构的未成年人心理健康状况差异检验

	父母	父亲	母亲	外公外婆	爷爷奶奶	亲朋	住校	F	η^2
学习	7.87±3.65	8.25±3.81	8.36±3.55	7.90±3.85	8.57±3.52	8.44±3.50	8.05±3.56	28.123**	0.204
人际	4.00±2.63	4.55±2.87	4.57±2.56	4.28±2.68	4.69±2.62	4.55±2.65	4.60±2.53	82.180**	0.210
孤独	2.47±2.45	3.15±2.82	3.04±2.58	2.95±2.68	3.17±2.60	3.34±2.52	3.03±2.65	102.271**	0.313
自责	5.19±2.93	5.45±3.04	5.60±2.87	5.40±3.01	5.65±2.88	5.69±2.78	5.51±2.88	27.961**	0.114
过敏	5.42±2.73	5.66±2.93	5.89±2.65	5.50±2.82	5.86±2.62	6.00±2.64	6.19±2.62	68.957**	0.209
身体	4.76±3.49	5.47±3.86	5.41±3.46	5.26±3.48	5.56±3.58	5.80±3.62	5.79±3.43	92.245**	0.311
恐惧	2.74±2.78	3.09±2.88	3.26±2.83	3.13±2.79	3.38±2.81	3.37±2.78	2.84±2.72	46.744**	0.206
冲动	2.60±2.45	2.88±2.62	3.04±2.59	2.94±2.62	2.90±2.56	3.16±2.54	3.17±2.44	53.156**	0.287
总分	2.34±2.65	2.75±2.91	3.98±2.87	2.46±2.12	3.07±2.78	4.12±2.17	3.09±2.98	58.349**	0.273

注：F 值右上角标注 * 对应 p 值小于 0.05；F 值右上角标注 ** 则对应 p 值小于 0.01，下同。

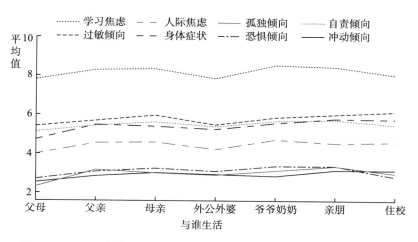

图 2.1 不同家庭结构的未成年人心理健康内容量表的平均值

（三）不同学习成绩的未成年人心理健康状况

由表 2.5、图 2.2 可知，不同学习成绩的学生，其心理健康水平存在显著差异。由此说明，未成年人的学习成绩与其心理健康状况存在一定的相关性。

表 2.5 不同学习成绩的未成年人心理健康状况差异检验

	好	一般	差	F	η^2
学习焦虑	7.18 ± 3.67	8.16 ± 3.57	8.59 ± 3.75	356.015^{**}	0.315
人际焦虑	3.74 ± 2.58	4.21 ± 2.63	4.95 ± 2.64	330.118^{**}	0.314
孤独倾向	2.25 ± 2.41	2.66 ± 2.49	3.53 ± 2.77	393.222^{**}	0.116
自责倾向	4.75 ± 2.95	5.40 ± 2.90	5.78 ± 2.91	264.606^{**}	0.111
过敏倾向	5.02 ± 2.77	5.65 ± 2.69	6.25 ± 2.69	362.022^{**}	0.321
身体症状	4.23 ± 3.45	5.09 ± 3.47	6.21 ± 3.68	518.075^{**}	0.421
恐惧倾向	2.45 ± 2.62	2.93 ± 2.83	3.27 ± 2.84	168.935^{**}	0.107
冲动倾向	2.40 ± 2.43	2.73 ± 2.46	3.48 ± 2.64	286.409^{**}	0.212
总分	32.02 ± 16.92	36.84 ± 16.54	42.06 ± 17.09	611.022^{**}	0.425

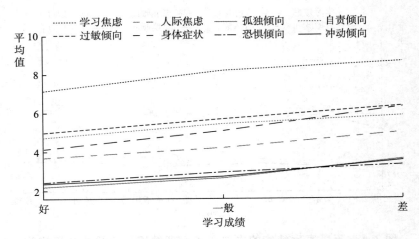

图 2.2　不同学习成绩的未成年人心理健康内容量表的平均值

（四）不同居住地的未成年人心理健康状况

由表 2.6 可知，农村未成年人在各量表均分上都高于城市未成年人。这说明，城市地区的未成年人心理健康水平比农村地区高，城乡差别对未成年人心理健康状况具有显著影响。

表 2.6　未成年人心理健康状况的城乡差异检验

	城乡	个案数	平均值	标准差	t	d
学习焦虑	农村	19478	8.28	3.59	14.978**	0.139
	城市	28186	7.78	3.66		
人际焦虑	农村	19474	4.42	2.61	17.158**	0.160
	城市	28187	4.00	2.64		
孤独倾向	农村	19474	2.85	2.57	14.736**	0.138
	城市	28186	2.50	2.47		
自责倾向	农村	19476	5.58	2.91	17.796**	0.166
	城市	28185	5.09	2.93		

	城乡	个案数	平均值	标准差	t	d
过敏倾向	农村	19476	5.85	2.91	18.971**	0.176
	城市	28186	5.09	2.92		
身体症状	农村	19475	5.27	3.51	14.179**	0.132
	城市	28182	4.81	3.51		
恐惧倾向	农村	19476	3.04	2.77	11.679**	0.109
	城市	28182	2.73	2.80		
冲动倾向	农村	19475	2.78	2.47	4.340**	0.040
	城市	28182	2.68	2.50		
MHT 总分	农村	19470	38.07	16.73	19.799**	0.185
	城市	28180	34.97	16.88		

（五）不同家庭经济条件的未成年人心理健康状况

由表 2.7、图 2.3 可知，家庭经济条件（富裕、一般、困难）与未成年人的心理健康状况之间显著相关。其中，家庭经济状况与心理焦虑指标的相关性最高，即家庭经济越困难，学习焦虑和人际焦虑这两项指标得分越高。这说明，家庭经济状况可能会影响到未成年人的心理健康状况。

表 2.7　不同家庭经济条件的未成年人心理健康状况差异检验

	富裕	一般	困难	F	η^2
学习焦虑	7.45±3.95	7.99±3.60	8.53±3.73	71.481**	0.323
人际焦虑	3.85±2.84	4.16±2.61	4.69±2.71	82.860**	0.293
孤独倾向	2.51±2.65	2.61±2.48	3.36±2.80	126.373**	0.415
自责倾向	4.60±3.16	5.32±2.90	5.72±2.95	134.429**	0.426
过敏倾向	4.84±3.01	5.59±2.69	6.05±2.76	172.779**	0.127
身体症状	4.35±3.81	4.98±3.47	5.94±3.71	164.949**	0.237
恐惧倾向	2.29±2.70	2.87±2.79	3.31±2.89	111.139**	0.255

	富裕	一般	困难	F	η^2
冲动倾向	2.43 ± 2.57	2.72 ± 2.47	3.13 ± 2.53	63.527**	0.193
总分	32.31 ± 18.34	36.26 ± 16.64	40.72 ± 17.30	199.856**	0.318

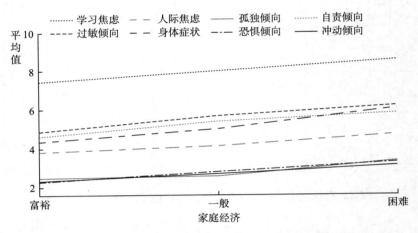

图 2.3　不同家庭经济条件的未成年人心理健康内容量表的平均值

三　心理健康核心指标分析

总体调查结果显示，未成年人对学习轻度焦虑并处于自责与过敏边缘，而对于人际关系则表现适度焦虑，无明显孤独感、恐惧感和冲动倾向，身体状况良好（见表2.8）。

表 2.8　未成年人心理健康状况的核心特征排序

	有效样本	平均分	标准差
学习焦虑	47664	7.98	3.64
过敏倾向	47662	5.57	2.73
自责倾向	47661	5.29	2.93
身体症状	47657	4.99	3.52

续表

	有效样本	平均分	标准差
人际焦虑	47661	4.17	2.64
恐惧倾向	47658	2.86	2.80
冲动倾向	47657	2.72	2.49
孤独倾向	47660	2.65	2.52
有效样本量（成列）	47650		

注：各分测验的解释：如果一个分测验的标准分≥8分，属高分，说明学生在该项目上有困扰或障碍，需要给予特别辅导。如果标准分≤3分，属低分，说明学生在该项目上正常。下同。

（一）学习焦虑

学习焦虑是升学初期由适应问题和学习带来的困扰。如果学生的学习持续时间过长，很容易造成学习疲劳，在心理方面则会产生抑郁、烦躁、信心不足、记忆力减退、注意力难以集中、思维迟缓等现象。

调查结果显示，得3分以下为6050人，占总数的12.69%；得8分以上为26538人，占总数的55.67%（见表2.9）。由此可见，当前未成年人普遍存在着学习焦虑现象，半数以上学生对考试怀有恐惧心理。

表2.9 有效问卷中未成年人学习焦虑百分比

	频次	百分比（%）	有效百分比（%）	累计百分比（%）
低分	6050	12.69	12.69	12.69
中分	15081	31.64	31.64	44.33
高分	26538	55.67	55.67	100.00
总计	47669	100.00	100.00	

（二）人际焦虑

人际焦虑是指过分注重自己的形象，害怕与人交往，退缩。主要表现在人际交往方面，包括亲子关系、师生关系和同伴关系等。人际焦虑通常表现为：在众人面前感到不安，被人说了什么就总想不开，受到批评总是闷闷不乐。这种在人际关系上容易产生焦虑的人具有退缩、过于老实、提心吊胆、没有魄力、不敢讲话等特点。

问卷调查发现，得分在 3 分以下的有 19814 人，占样本总数的 41.57%；得分超过 8 分的有 5435 人，占样本总数的 11.40%（见表 2.10），平均分 4.17 分。从样本得分情况来看，未成年人在人际交往方面总体上是正常的，只有少部分人存在高焦虑。

表 2.10 有效问卷中未成年人人际焦虑百分比

	频次	百分比（%）	有效百分比（%）	累积百分比（%）
低分	19814	41.57	41.57	41.57
中分	22420	47.03	47.03	88.60
高分	5435	11.40	11.40	100.00
总计	47669	100.00	100.00	

（三）孤独倾向

孤独倾向是指孤独、抑郁，不善与人交往，自我封闭。被父母疏远、娇生惯养、"在家称大王在外懦弱"的儿童，腼腆抑郁的未成年人等都经常因孤独而烦恼。这类儿童和青少年在和大家一起做某件事时，由于技术差、经验不足，经常感到失败的威胁。因此，会觉得和大家一起玩还不如自己一个人玩。这样，就越来越不会和同伴相处。当别人高兴地相互谈话时，就有一种"我不仅不能参加，而且还被人家排挤"的心情，这样恶性循环下去，最后只要是人们聚集在一起，就会感到恐惧。这样，既想加入到伙伴当中去，又想避免在伙伴们面前出现失败，因而产生不安倾向。

调查结果表明，3 分以下有 33759 人，占样本总体的 70.8%，超过 8 分的有 2916 人，占总数的 6.1%（见表 2.11），平均分为 2.65 分。由此可见，未成年人绝大部分还是乐观开朗的，孤独倾向不明显。

表 2.11　有效问卷中未成年人孤独倾向百分比

	频次	百分比（%）	有效百分比（%）	累积百分比（%）
低分	33759	70.8	70.8	70.8
中分	10994	23.1	23.1	93.9
高分	2916	6.1	6.1	100.0
总计	47669	100.0	100.0	

（四）自责倾向

自责倾向通常表现为：当发生不如意的事情时，不认为是他人的问题，而经常认为是自己不好，对自己所做的事抱有恐惧倾向。这种倾向走向极端就会过低评价自己、自责、自卑、自我轻蔑。这种状态是受悲哀和忧郁情绪支配的，调节不好会极大地影响未成年人自信心及积极人生观的建立。

问卷调查显示，得分 3 分以下有 13217 人，占样本总体的 27.7%，得分超过 8 分的有 12659 人，占总数的 26.6%（见表 2.12），平均分为 5.29 分。数据反映出，有 26.6% 的学生在遇到挫折时，会怀疑自己的能力，将失败、过失归咎于自己；大部分未成年人能正确看待失败，自责倾向不明显。

表 2.12　有效问卷中未成年人自责倾向百分比

	频次	百分比（%）	有效百分比（%）	累积百分比（%）
低分	13217	27.7	27.7	27.7
中分	21793	45.7	45.7	73.4
高分	12659	26.6	26.6	100.0
总计	47669	100.0	100.0	

（五）过敏倾向

过敏倾向表现为：过于敏感，容易为一些小事而烦恼。感受性太强，就连小事都放心不下，行动受到严重损害的倾向，称为过敏倾向。有过敏倾向的人对周围的噪声特别敏感，担心家人中有人会受伤、生病或死亡，决定事情不果断，即使做了好事也会感到烦恼。日常生活中常说"那个人有点神经质"，这个"神经质"与此处所说的神经过敏大致相同。这种过敏倾向是随着一般不安倾向的增大而增大的。而且过敏倾向强的人在各种场合都容易感到不安。

经数据统计，得 3 分以下为 10992 人，占样本总数的 23.06%；8分以上为 13184 人，占样本总数的 27.66%（见表 2.13）。由此表明，有超过四分之一的未成年人存在着严重的过敏倾向，应当引起重视。

表 2.13　有效问卷中未成年人过敏倾向百分比

	频次	百分比（%）	有效百分比（%）	累积百分比（%）
低分	10992	23.06	23.06	23.06
中分	23493	49.28	49.28	72.34
高分	13184	27.66	27.66	100.00
总计	47669	100.00	100.00	

（六）身体症状

身体症状通常表现为：若学生长期处于疲劳状态，会出现视力下降、食欲不振、面色苍白、大脑供血不足、瞌睡、失眠、头热、脚冷等症状。强烈焦虑会引起生理反应，如心跳加快、胸闷、头重、出冷汗、皮肤苍白、肌肉松弛、小便失禁等，这些称为焦虑反应群。正常人也会有这种焦虑反应，但大多数是发生在焦虑症中，特别是在慢性焦虑状态中容易出现肠胃障碍（胃酸过多、便秘等）、食欲不振、血压不稳、汗分泌异常、眼睛疲劳、头痛、失眠、疲劳等症状，而且对声音和光线过敏。此外，还包括身体某个部分是否有毛病，身体某个部分是否比别人难看，对身体缺陷不放心等，这些都能用身体症状的内容量表来测定。在这些身体症状中，有的是"真正的病"。一般是"真正的病"和焦虑同时在起作用，或者是焦虑真正起作用的原因。特别是这些症状同时出现很多时，大多数是焦虑在起作用，即原因在于焦虑。

调查结果显示（见表 2.14），得分在 3 分以下的有 18315 人，占样本总数的 38.42%；得分超过 8 分的有 11104 人，占 23.29%；平均分为 4.99 分。由此说明，因身体症状引起的焦虑反应较严重。

表 2.14　有效问卷中未成年人身体症状百分比

	频次	百分比（%）	有效百分比（%）	累积百分比（%）
低分	18315	38.42	38.42	38.42
中分	18250	38.28	38.28	76.71
高分	11104	23.29	23.29	100.0
总计	47669	100.0	100.0	

（七）恐惧倾向

恐惧倾向通常表现为：对某些日常事物，如黑暗等，有较严重的恐惧感。恐惧和焦虑通常是区别开来使用的。这里所说的恐惧倾向是，客观上一点不需要恐惧，主观上也不知道为什么要恐惧，然而却抱有一种恐惧心理。例如，只要登上高处就怕得不能站立，无缘无故地恐惧黑暗，晚上开灯睡觉等，都是用来测定这种倾向的。

调查结果显示，得分在 3 分以下有 30574 人，占到总数的 64.1%；超过 8 分的有 3878 人，占总数的 8.1%（见表 2.15）；平均分为 2.86 分。由此可见，大多数未成年人不存在明显的恐惧倾向。

表 2.15　有效问卷中未成年人恐惧倾向百分比

	频次	百分比（%）	有效百分比（%）	累积百分比（%）
低分	30574	64.1	64.1	64.1
中分	13217	27.7	27.7	91.9
高分	3878	8.1	8.1	100.0
总计	47669	100.0	100.0	

（八）冲动倾向

冲动倾向通常表现为：十分冲动，自制力差。有时无缘无故地想大声哭、大声叫，或者一看到想要的东西，就一定要拿到手，毫无理由地想到远处去，或想死，这些称为冲动倾向。这种想干危险的事或愚蠢的事的想法，是因为具有焦虑倾向而产生的。

经统计检验，3 分以下有 31700 人，占到总数的 66.5%，8 分以上的有 2486 人（见表 2.16），平均分为 2.72 分。这说明，大部分未成年人不存在冲动倾向。但是，因未成年人冲动引起的突发事件却屡见不鲜。近年来，未成年人犯罪率和自杀率不断攀升，很大原因在于现阶段他们的心理脆弱，遇事易冲动，不考虑后果，所以这一冲动倾向不容忽视。

表 2.16　有效问卷中未成年人冲动倾向百分比

	频次	百分比（%）	有效百分比（%）	累积百分比（%）
低分	31700	66.5	66.5	66.5
中分	13483	28.3	28.3	94.8
高分	2486	5.2	5.2	100.0
总计	47669	100.0	100.0	

总体来看，我国未成年人的心理健康状况良好。

根据未成年人在心理健康量表八个维度上的水平和特征来看，在某些和学习能力、人际交往、自我意识等心理状态密切相关的维度上，由于学习生活环境、个体生理状态和心理机制三者发展水平问题，产生一定的心理偏差，导致学习焦虑、自责倾向、过敏倾向和人际焦虑等应当引起社会普遍关注与高度重视的亚健康问题。

学习焦虑是未成年人最为严重的亚健康问题，学习是学生的第一要务，来自家长的殷切期盼和校园环境的竞争压力，都易让学生产生心理焦虑。身体症状是 MHT 量表中均值最低的维度，严重的心理健康问题会对未成年人的身体机能产生负面影响，该量表得分低表明未成年人心理健康状况良好。从量表得分来看未成年人，性别差异明显，在各量表均分上女生得分比男生高，即女生心理健康水平比男生低。城乡差别明显，城市地区的未成年人心理健康水平比农村地区高。与父母同住的未成年人相比其他家庭结构的未成年人，在各维度上心理状态要普遍较好。家庭富裕的未成年人心理健康水平高于家庭经济水平一般或贫穷的未成年人，其中家庭贫穷的未成年人心理状况最令人担忧。此外未成年人学习成绩越好，其总体心理健康水平越高。

第三节　未成年人积极心理品质

一　积极心理品质基本特征

根据表 2.17，未成年人在超越、节制、人性、勇敢、公正、智慧与知识这六大维度上呈现出较积极的心理品质，特别是在超越、节制、人性这三大品质上呈现出较高的积极状态。具体表现在：创新能力、动手能力、记忆力、接受能力、理解能力、学习能力等较强；能够依据学习要求与自身能力，主动调节自己的学习策略、学习方式、学习进度等；不计较人际关系中的得失，不固执己见，接纳他人的脾气和个性，能够听取和接受他人的观点与建议。

表 2.17　未成年人积极心理品质的基本特征排序

	N	均值	标准差	t	d
超越	47627	3.79	0.79	-9.269**	0.285
节制	47654	3.64	0.78	0.202	0.002
人性	47658	3.57	0.79	-8.922**	0.281
勇敢	47656	3.52	0.64	-12.656**	0.316
公正	47652	3.39	0.79	-0.343	0.003
智慧与知识	47661	3.34	0.74	-3.742**	0.334
总均分	47604	3.54	0.61	-6.872**	0.463
有效样本量（成列）	47604				

二　积极心理品质相关因素分析

（一）不同性别的未成年人积极心理品质

由表 2.18 可知，智慧与知识、勇敢、人性、超越这四种积极心理品质在性别方面具有显著差异；而公正、节制这两种积极心理品质则没有明显的性别差异。此外，女生与男生在节制方面的得分一致，其余各项上女生普遍高于男生，这说明女生的积极心理品质比男生更为突出。

表 2.18　未成年人积极心理品质的性别差异检验

	性别	个案数	平均值	标准差	t	d
智慧与知识	男	22872	3.33	0.79	-3.742**	0.234
	女	24789	3.35	0.70		
勇敢	男	22867	3.48	0.64	-12.656**	0.316
	女	24789	3.55	0.64		

	性别	个案数	平均值	标准差	t	d
人性	男	22870	3.54	0.82	-8.922**	0.282
	女	24788	3.60	0.76		
公正	男	22865	3.38	0.82	-0.343	0.103
	女	24787	3.39	0.76		
节制	男	22867	3.64	0.81	0.202	0.102
	女	24787	3.64	0.75		
超越	男	22851	3.76	0.84	-9.269**	0.285
	女	24776	3.83	0.75		
积极总均分	男	22841	3.52	0.65	-6.872**	0.263
	女	24763	3.56	0.58		

（二）不同居住地的未成年人积极心理品质

由表2.19可知，城乡未成年人在智慧与知识、勇敢、人性、超越、公正、节制这六大美德上存在显著差异，且居住在城市的未成年人的各项得分均高于居住在农村的未成年人，这表明居住在城市的未成年人的积极心理品质优于居住在农村的未成年人。

表2.19　未成年人积极心理品质的城乡差异检验

	城乡	个案数	平均值	标准差	t	d
智慧与知识	农村	19477	3.25	0.71	-22.820**	0.211
	城市	28184	3.40	0.75		
勇敢	农村	19476	3.48	0.61	-9.445**	0.187
	城市	28180	3.54	0.67		
人性	农村	19475	3.48	0.76	-21.389**	0.198
	城市	28183	3.63	0.81		

续表

	城乡	个案数	平均值	标准差	t	d
公正	农村	19473	3.28	0.75	−23.816**	0.220
	城市	28179	3.46	0.81		
节制	农村	19473	3.58	0.76	−13.573**	0.126
	城市	28181	3.68	0.79		
超越	农村	19459	3.70	0.78	−20.833**	0.194
	城市	28168	3.86	0.80		
积极总均分	农村	19449	3.46	0.58	−23.339**	0.216
	城市	28155	3.60	0.63		

（三）不同家庭结构的未成年人积极心理品质

由表 2.20、图 2.4 可知，与父母同住的未成年人相比其他家庭结构的未成年人，在智慧与知识、超越、勇敢、人性、公正和节制等积极心理指标上得分较高且差异显著，尤其是在超越这一指标上。与父母同住的未成年具有更多的积极心理品质。由此可见，家庭结构影响未成年人积极心理品质的开发与培养。

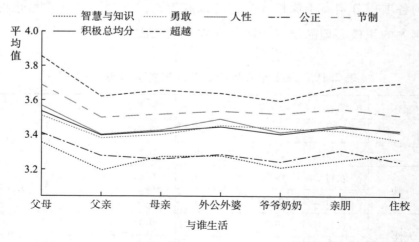

图 2.4　不同家庭结构的未成年人积极心理品质的平均值

表 2.20 不同家庭结构的未成年人积极心理品质差异检验

	父母	父亲	母亲	外公外婆	爷爷奶奶	亲朋	住校	F	η^2
智慧与知识	3.38±0.75	3.19±0.74	3.28±0.72	3.29±0.71	3.21±0.73	3.26±0.70	3.3±0.68	47.021**	0.206
勇敢	3.55±0.65	3.4±0.60	3.42±0.64	3.49±0.65	3.47±0.64	3.45±0.60	3.39±0.57	71.236**	0.309
人性	3.62±0.80	3.43±0.77	3.45±0.80	3.53±0.79	3.44±0.79	3.48±0.75	3.44±0.70	77.955**	0.210
公正	3.44±0.79	3.29±0.77	3.26±0.79	3.29±0.79	3.24±0.80	3.32±0.72	3.24±0.71	83.703**	0.410
节制	3.68±0.78	3.54±0.78	3.55±0.78	3.58±0.77	3.56±0.80	3.6±0.74	3.55±0.70	38.507**	0.305
超越	3.83±0.79	3.67±0.81	3.71±0.81	3.69±0.80	3.64±0.82	3.73±0.76	3.76±0.74	47.092**	0.286
均值	3.58±0.62	3.42±0.59	3.45±0.61	3.48±0.60	3.43±0.62	3.47±0.56	3.45±0.54	85.686**	0.311

（四）不同家庭经济状况的未成年人积极心理品质

由表 2.21、图 2.5 可知，家庭经济状况与积极心理品质的各项指标之间显著相关：未成年人的家庭经济状况越好，其积极心理品质的各项指标得分越高。此外，三种家庭经济状况（富裕、一般和困难）的未成年人在积极心理品质的各项指标上差异显著，且家庭富裕的未成年人具有更多的积极心理品质。由此可见，家庭经济状况影响未成年人积极心理品质的开发与培养。

表 2.21　不同家庭经济状况的未成年人积极心理品质差异检验

	富裕	一般	困难	F	η^2
智慧与知识	3.51 ± 0.93	3.34 ± 0.72	3.22 ± 0.76	135.619**	0.406
勇敢	3.63 ± 0.73	3.52 ± 0.64	3.39 ± 0.62	109.583**	0.435
人性	3.77 ± 0.95	3.56 ± 0.77	3.41 ± 0.79	171.573**	0.467
公正	3.70 ± 0.95	3.37 ± 0.77	3.25 ± 0.79	338.770**	0.594
节制	3.80 ± 0.95	3.64 ± 0.76	3.53 ± 0.80	103.790**	0.204
超越	4.00 ± 0.94	3.79 ± 0.78	3.67 ± 0.83	159.174**	0.237
均值	3.74 ± 0.75	3.53 ± 0.60	3.41 ± 0.61	244.605**	0.590

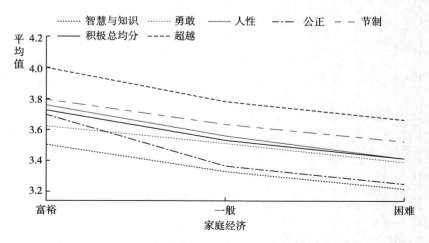

图 2.5　不同家庭经济状况的未成年人积极心理品质的平均值

（五）不同学习成绩的未成年人积极心理品质

由表2.22、图2.6可知，学习成绩与积极心理品质的各项指标显著相关：未成年人的学习成绩越好，积极心理品质的各项指标得分越高。此外，不同学习成绩（好、一般、差）的未成年人积极心理品质的各项指标存在显著差异，其中，学习成绩好的未成年人积极心理品质的各项指标得分均较高。由此说明，学习成绩的优劣对未成年人的积极心理品质塑造有一定的影响。

表 2.22　不同学习成绩的未成年人积极心理品质差异检验

	好	一般	差	F	η^2
智慧与知识	3.62 ± 0.80	3.29 ± 0.70	3.07 ± 0.72	1177.962**	0.470
勇敢	3.72 ± 0.70	3.49 ± 0.62	3.23 ± 0.56	1018.690**	0.414
人性	3.82 ± 0.83	3.53 ± 0.76	3.26 ± 0.77	941.525**	0.386
公正	3.71 ± 0.84	3.32 ± 0.74	3.07 ± 0.75	1419.561**	0.567
节制	3.85 ± 0.82	3.60 ± 0.75	3.41 ± 0.77	622.206**	0.259
超越	4.07 ± 0.79	3.74 ± 0.77	3.52 ± 0.82	988.391**	0.402
均值	3.80 ± 0.65	3.50 ± 0.58	3.26 ± 0.57	1551.642**	0.611

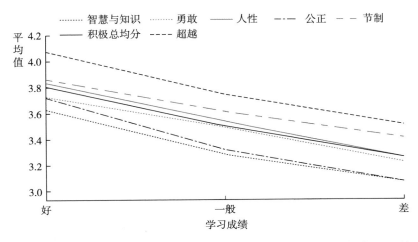

图 2.6　不同学习成绩的未成年人积极心理品质内容量表的平均值

新时代的未成年人表现出诸多积极心理品质。未成年人积极心理品质六项内容量表得分从高到低依次是：超越、节制、人性、勇敢、公正、智慧与知识。特别是排在前三位的积极心理品质表明未成年人具有较强的创新能力、实践能力、接受能力、理解能力、学习能力等；可以根据学习要求提高自身学习能力，积极调整自己的学习策略、学习方式、学习进度等；不固执己见，不计较人际关系中的得失，接纳他人的脾气和个性，能够听取和接受他人的意见与建议等。未成年人的积极心理品质在性别、居住地、家庭结构、家庭经济状况、学习成绩水平等方面存在不同程度的显著性差异。女生的心理健康水平普遍低于男生，但在积极心理品质方面女生普遍高于男生。除性别差异外，在城乡差别、家庭结构（是否有父母陪伴）、家庭经济状况以及未成年人学业成绩这四个因素的影响下的未成年人积极心理品质和心理健康状况呈正相关。例如，城市地区的未成年人心理健康水平高于农村地区，其积极心理品质指标也相对较高。

第四节　小学生心理健康状况与积极心理品质

一　心理健康概况

参与调查的小学生的人数为 18946 人，占总人数的 39.75%。如表 2.23 所示，小学生群体的心理健康状况总体良好，学习焦虑的情况最为严重，其次依次是自责倾向、过敏倾向、身体症状、人际焦虑、恐惧倾向、孤独倾向和冲动倾向。

表 2.23　小学生心理健康状况

	学习焦虑	人际焦虑	孤独倾向	自责倾向	过敏倾向	身体症状	恐惧倾向	冲动倾向	MHT总分
平均值	7.78	3.89	2.41	5.29	5.04	4.30	2.97	2.24	33.92
标准差	3.63	2.57	2.29	2.91	2.67	3.33	2.75	2.39	16.64

	学习焦虑	人际焦虑	孤独倾向	自责倾向	过敏倾向	身体症状	恐惧倾向	冲动倾向	MHT总分
中位数	8	4	2	6	5	4	2	1	33
众数	8	3	1	7	6	2	0	0	31
最小值	0	0	0	0	0	0	0	0	0
最大值	15	10	10	10	10	15	10	10	86

二　心理健康影响因素分析

（一）城乡差别

由表 2.24、图 2.7 可知，小学生在心理健康总分及各内容量表上的城乡差异非常显著，居住在城市的小学生和居住在农村的小学生在心理健康的八个分量表上都达到了显著性差异。

表 2.24　城乡差别对小学生心理健康各内容量表的影响

	农村	城市	t	d
学习焦虑	8.21 ± 3.62	7.51 ± 3.61	12.871**	0.240
人际焦虑	4.15 ± 2.59	3.73 ± 2.54	10.738**	0.339
孤独倾向	2.65 ± 2.37	2.26 ± 2.23	11.268**	0.352
自责倾向	5.63 ± 2.88	5.09 ± 2.91	12.592**	0.492
过敏倾向	5.32 ± 2.65	4.87 ± 2.67	11.452**	0.551
身体症状	4.64 ± 3.38	4.09 ± 3.28	10.984**	0.551
恐惧倾向	3.25 ± 2.80	2.79 ± 2.71	10.943**	0.676
冲动倾向	2.37 ± 2.41	2.15 ± 2.38	6.158**	0.391
MHT总分	36.23 ± 16.61	32.5 ± 16.50	15.058**	0.322

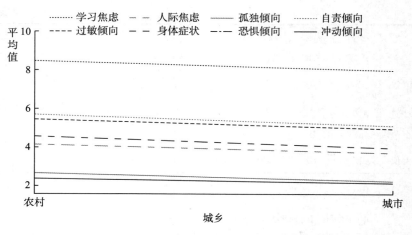

图 2.7　城市与农村小学生心理健康各内容量表的平均值

（二）性别差异

由表 2.25、图 2.8 可见，小学生在心理健康总分上和各内容量表上存在性别差异。其中总分、身体症状、恐惧倾向、冲突倾向差异非常显著；学习焦虑、自责倾向差异较显著。而在人际焦虑、孤独倾向、过敏倾向上无显著性差异。

表 2.25　性别差异对小学生心理健康各内容量表的影响

	男	女	t	d
学习焦虑	7.69 ± 3.66	7.86 ± 3.60	− 3.291*	0.520
人际焦虑	3.86 ± 2.62	3.92 ± 2.52	− 1.712	0.138
孤独倾向	2.44 ± 2.34	2.38 ± 2.25	1.689	0.052
自责倾向	5.23 ± 2.93	5.36 ± 2.88	− 3.050*	0.492
过敏倾向	5.04 ± 2.74	5.05 ± 2.61	− 0.290	0.051
身体症状	4.21 ± 3.38	4.39 ± 3.28	− 3.614**	0.651
恐惧倾向	2.60 ± 2.62	3.33 ± 2.84	− 18.567**	0.776
冲动倾向	2.10 ± 2.29	2.37 ± 2.48	− 7.924**	0.318
MHT 总分	33.17 ± 16.59	34.67 ± 16.65	− 6.226**	0.427

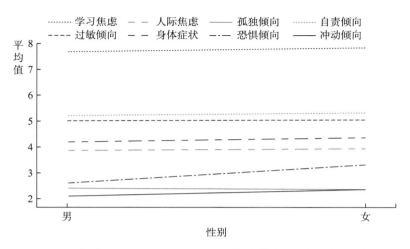

图 2.8 小学生心理健康各个内容量表的性别差异的平均值

（三）家庭经济状况

由表 2.26、图 2.9 可知：家庭经济状况对小学生心理健康总分和各内容量表的影响显著。也就是说，家庭经济状况困难的小学生，其心理健康状况总分及学习焦虑、人际焦虑、孤独倾向、自责倾向、过敏倾向、身体症状、冲动倾向和恐惧倾向八个分量表得分，显著高于家庭富裕或者经济状况一般的小学生。

表 2.26 家庭经济状况对小学生心理健康各内容量表的影响

	富裕	一般	困难	F	η^2
学习焦虑	7.17 ± 3.81	7.81 ± 3.61	8.65 ± 3.50	51.793**	0.470
人际焦虑	3.59 ± 2.74	3.90 ± 2.54	4.50 ± 2.51	36.595**	0.414
孤独倾向	2.32 ± 2.40	2.38 ± 2.26	3.21 ± 2.45	54.154**	0.382
自责倾向	4.52 ± 3.08	5.35 ± 2.88	5.98 ± 2.74	94.221**	0.661
过敏倾向	4.51 ± 2.88	5.08 ± 2.65	5.60 ± 2.52	57.271**	0.659
身体症状	3.77 ± 3.51	4.30 ± 3.28	5.54 ± 3.56	81.629**	0.732
恐惧倾向	2.33 ± 2.71	3.00 ± 2.74	3.85 ± 2.78	94.242**	0.665
冲动倾向	2.05 ± 2.43	2.22 ± 2.38	2.88 ± 2.48	35.252**	0.432
MHT 总分	30.27 ± 17.39	34.03 ± 16.47	40.21 ± 16.05	106.366**	0.766

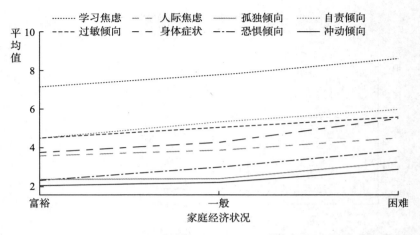

图 2.9 不同家庭经济状况的小学生心理健康各内容量表的平均值

（四）异地求学（父母外来务工）

由表 2.27、图 2.10 可知：是否异地求学（父母外来务工）的小学生在学习焦虑、人际焦虑和孤独倾向上表现出了显著性差异，在身体症状和心理健康量表总分上表现出了差异，但在心理健康量表的其他内容量表上无显著性差异。

表 2.27 异地求学（父母外来务工）对小学生心理健康各内容量表的影响

	是	否	t	d
学习焦虑	8.04 ± 3.82	7.73 ± 3.60	3.884**	0.403
人际焦虑	4.01 ± 2.74	3.87 ± 2.54	2.534**	0.241
孤独倾向	2.66 ± 2.55	2.36 ± 2.24	5.788**	0.327
自责倾向	5.32 ± 3.08	5.29 ± 2.88	0.441	0.016
过敏倾向	5.01 ± 2.80	5.05 ± 2.65	− 0.750	0.034
身体症状	4.44 ± 3.57	4.28 ± 3.29	2.268*	0.321
恐惧倾向	2.91 ± 2.81	2.98 ± 2.75	− 1.221	0.132
冲动倾向	2.29 ± 2.43	2.23 ± 2.39	1.243	0.199
MHT 总分	34.67 ± 17.47	33.79 ± 16.49	2.479*	0.345

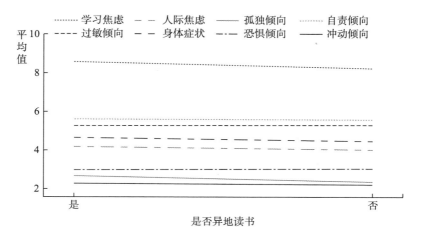

图 2.10 是否异地求学（父母外来务工）的小学生
心理健康各内容量表的平均值

（五）父母关系

由表 2.28、图 2.11 可知，父母关系融洽、一般、较差或者离婚与否，对小学生心理健康总分和各内容量表影响差异性显著。尤其是父母关系较差的学生，在各内容量表上的平均分显著高于关系融洽或者关系一般的学生，甚至高于父母已经离婚的小学生。

表 2.28 父母关系对小学生心理健康各内容量表的影响

	关系融洽	关系一般	关系较差	已离婚	F	η^2
学习焦虑	7.52 ± 3.64	8.53 ± 3.44	9.16 ± 3.42	8.63 ± 3.54	110.100**	0.207
人际焦虑	3.64 ± 2.52	4.64 ± 2.53	5.03 ± 2.58	4.66 ± 2.59	196.482**	0.411
孤独倾向	2.18 ± 2.18	3.09 ± 2.49	3.88 ± 2.52	3.00 ± 2.44	230.839**	0.381
自责倾向	5.15 ± 2.93	5.70 ± 2.78	6.14 ± 2.96	5.76 ± 2.81	52.271**	0.256
过敏倾向	4.82 ± 2.66	5.66 ± 2.57	6.20 ± 2.74	5.77 ± 2.62	142.114**	0.205
身体症状	3.96 ± 3.21	5.21 ± 3.41	6.62 ± 3.71	5.39 ± 3.39	240.538**	0.378
恐惧倾向	2.73 ± 2.68	3.54 ± 2.81	4.56 ± 2.98	3.88 ± 2.86	166.933**	0.571

续表

	关系融洽	关系一般	关系较差	已离婚	F	η^2
冲动倾向	1.98 ± 2.26	2.92 ± 2.57	3.98 ± 2.78	3.00 ± 2.58	260.677 **	0.413
MHT 总分	32.00 ± 16.24	39.28 ± 16.05	45.57 ± 17.57	40.08 ± 16.58	301.953 **	0.302

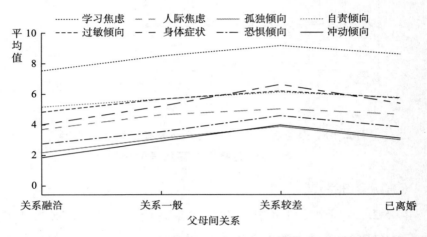

图 2.11 不同父母关系的小学生心理健康各内容量表的平均值

三 积极心理品质概况

如表 2.29 所示，小学生的积极心理品质发展良好，15 项积极心理品质（创造力、求知力、洞察力、真诚、执着、爱、友善、领导力、合作力、宽容、谦虚、持重、幽默、信念希望、心灵触动）不存在显著差异。

四 积极心理品质影响因素分析

（一）城乡差别

由表 2.30、图 2.12 可知，城乡差别对小学生积极心理品质总分和各内容量表都有显著的影响。并且城市小学生在积极心理品质总分和各内容量表上的得分都高于农村小学生。

表 2.29　小学生积极心理品质的发展状况

	创造力	求知力	洞察力	真诚	执着	爱	友善	领导力	合作力	宽容	谦虚	持重	心灵触动	幽默	信念希望	总平均分
平均值	3.25	3.52	3.33	3.68	3.66	3.76	3.67	3.27	3.73	3.92	3.67	3.61	4.00	3.52	3.87	3.63
标准差	0.87	0.92	0.91	1.03	0.82	0.98	0.86	1.00	0.87	0.93	0.95	0.94	0.93	1.10	0.93	0.67
中位数	3.25	3.67	3.33	3.67	3.67	3.67	3.67	3.00	3.67	4.00	3.67	3.67	4.00	3.33	4.00	3.61
众数	3	3	3	5	3	5	3	3	3	5	3	3	5	3	5	3
最小值	1	1	1	1	1	1	1	1	1	1	1	1	1	1	1	1.03
最大值	5	5	5	5	5	5	5	5	5	5	5	5	5	5.33	5	5

表2.30 城乡差别对小学生积极心理品质各内容量表的影响

	农村	城市	t	d
智慧与知识	3.24 ± 0.76	3.44 ± 0.80	−17.350**	0.503
勇敢	3.58 ± 0.66	3.72 ± 0.71	−14.490**	0.318
人性	3.58 ± 0.83	3.80 ± 0.85	−17.334**	0.512
公正	3.34 ± 0.82	3.59 ± 0.87	−19.701**	0.428
节制	3.61 ± 0.82	3.81 ± 0.84	−15.782**	0.501
超越	3.65 ± 0.82	3.89 ± 0.84	−19.420**	0.599
总均值	3.50 ± 0.64	3.71 ± 0.68	−21.124**	0.604

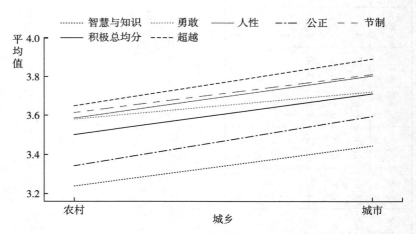

图2.12 城市与农村小学生积极心理品质各内容量表的平均值

（二）性别差异

由表2.31、图2.13可知：小学生积极品质总分和各内容量表上均存在非常显著的性别差异，并且小学女生的积极心理品质总分与各内容量表上要高于男生。

表 2.31　小学生积极心理品质各内容量表的性别差异

	男	女	t	d
智慧与知识	3.35 ± 0.81	3.38 ± 0.76	−2.674 **	0.311
勇敢	3.62 ± 0.69	3.72 ± 0.70	−10.093 *	0.417
人性	3.66 ± 0.86	3.77 ± 0.83	−8.150 **	0.128
公正	3.46 ± 0.87	3.53 ± 0.84	−5.192 **	0.206
节制	3.70 ± 0.85	3.76 ± 0.82	−4.889 **	0.107
超越	3.77 ± 0.87	3.83 ± 0.82	−4.654 **	0.116
总均值	3.59 ± 0.69	3.66 ± 0.66	−7.001 **	0.215

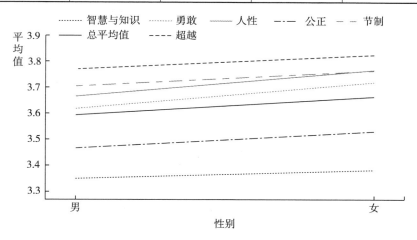

图 2.13　小学生积极心理品质各内容量表性别差异的平均值

（三）父母关系

由表 2.32、图 2.14 可知，父母关系的差异对小学生积极心理品质总分和各内容量表的得分均有非常显著的影响。由折线图可以直观地发现，父母关系融洽或者父母已经离婚的小学生，比父母关系一般或者较差的小学生，有着更高的积极心理品质。

表 2.32　父母关系对小学生积极心理品质各内容量表的影响

	融洽	一般	较差	已离婚	F	η^2
智慧与知识	3.43 ± 0.79	3.13 ± 0.73	3.12 ± 0.80	3.32 ± 0.76	143.122 **	0.117
勇敢	3.74 ± 0.70	3.43 ± 0.62	3.37 ± 0.65	3.52 ± 0.69	218.084 **	0.213

续表

	融洽	一般	较差	已离婚	F	η^2
人性	3.82±0.83	3.33±0.79	3.25±0.89	3.58±0.86	366.387**	0.318
公正	3.59±0.85	3.18±0.78	3.18±0.86	3.33±0.89	235.383**	0.209
节制	3.81±0.83	3.45±0.79	3.41±0.86	3.62±0.87	193.877**	0.385
超越	3.88±0.83	3.51±0.82	3.47±0.87	3.70±0.89	198.64**	0.279
总均值	3.71±0.67	3.34±0.61	3.30±0.67	3.51±0.68	324.703**	0.373

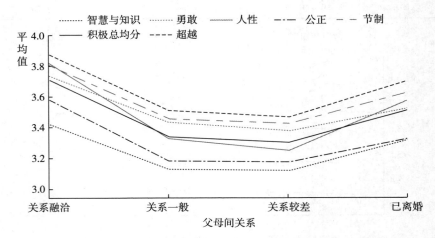

图 2.14　不同父母关系的小学生积极心理品质各内容量表的平均值

（四）家庭经济状况

由表 2.33、图 2.15 可知，家庭经济状况差异对小学生积极心理品质总分及各内容量表得分有非常显著的影响。家庭经济状况富裕的小学生在各内容量表上的得分要显著高于家庭经济状况一般的或者困难的小学生。

表 2.33　家庭经济状况对小学生积极心理品质各内容量表的影响

η^2	关系融洽	关系一般	关系较差	已离婚	F
智慧与知识	3.56±0.94	3.35±0.77	3.17±0.74	87.465**	0.428
勇敢	3.76±0.76	3.67±0.69	3.47±0.66	51.311**	0.392

续表

	富裕	一般	困难	F	η^2
人性	3.89 ± 0.98	3.71 ± 0.83	3.46 ± 0.82	81.076**	0.219
公正	3.82 ± 0.98	3.47 ± 0.83	3.30 ± 0.79	166.462**	0.268
节制	3.91 ± 0.97	3.72 ± 0.82	3.52 ± 0.81	72.048**	0.250
超越	4.03 ± 0.96	3.78 ± 0.82	3.55 ± 0.83	114.761**	0.319
总均分	3.83 ± 0.78	3.62 ± 0.66	3.41 ± 0.62	131.784**	0.518

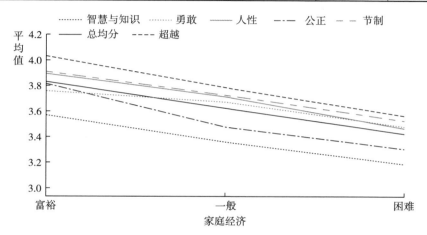

图 2.15　不同家庭经济状况的小学生积极心理品质各内容量表的平均值

（五）异地求学（父母外来务工）

由表 2.34、图 2.16 可知，是否随父母在外地读书的差异，对小学生积极心理品质总均分和勇敢、人性、超越等三个内容量表影响非常显著，对智慧与知识和节制两个内容量表影响显著，对公正内容量表影响不明显。并且总的来说，不随父母在外地读书的小学生，其积极心理品质各内容量表要高于随父母外地读书的小学生。

表 2.34　异地求学（父母外来务工）对小学生积极心理品质各内容量表的影响

	是	否	t	d
智慧与知识	3.32 ± 0.81	3.37 ± 0.78	− 3.191*	0.231
勇敢	3.61 ± 0.70	3.68 ± 0.69	− 4.912**	0.394

续表

	是	否	t	d
人性	3.64 ± 0.89	3.73 ± 0.84	− 4.812 **	0.450
公正	3.47 ± 0.87	3.50 ± 0.85	− 1.540	0.165
节制	3.69 ± 0.86	3.74 ± 0.83	− 2.682 *	0.273
超越	3.74 ± 0.88	3.81 ± 0.84	− 3.618 **	0.519
总均分	3.58 ± 0.70	3.64 ± 0.67	− 4.103 **	0.402

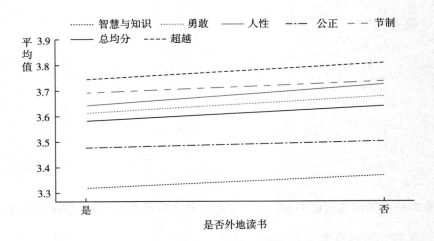

图 2.16　是否异地求学（父母外来务工）的小学生积极心理品质各内容量表的平均值

五　分析与讨论

小学生六大积极心理品质得分从高到低依次是：超越、智慧与知识、勇敢、节制、公正、人性。

小学生的积极心理品质在性别、年级、是否独生子女、不同家庭氛围等方面存在不同程度的显著性差异。在公正与超越两个维度上女生得分显著高于男生；担任学生干部的学生在六大积极心理品质得分显著高于不当学生干部的学生；独生子女仅在智慧与知识这一维度上得分显著高于非独生子女；四年级学生在六大积极心理品质上得分均高于五年级学生，四年级学生在勇敢、人性维度上得分高于六年级学生，六年级学生在正义维度上，得分高于五年级学生；城市学校学生和农村学校学生均在智慧与知识、勇敢两个维度上得分显著高于县镇学校学生；在公正、超越两个维度上仅呈现出城市学校学生得分显著高于县镇学校学生；家庭很温馨的学生在各个维度上得分均显著高于家庭比较温馨和家庭一般的学生。

小学四年级至六年级学生整体心理健康情况处于正常区间，而单项得分中学习焦虑项目接近 8 分预警线。单项因子得分由高到低为：学习焦虑、自责倾向、过敏倾向、身体症状、人际焦虑、恐惧倾向、孤独倾向和冲动倾向。这些因子得分在不同年级、是否担任班干部、不同家庭氛围等人口学变量上存在不同程度显著性差异。

小学生心理健康总分与积极心理品质六大维度中的智慧与知识、勇敢、人性、公正、节制均呈显著负相关；孤独倾向与积极心理品质六大维度均呈显著负相关；人际焦虑、身体症状与智慧与知识、勇敢、人性、公正、节制均呈显著负相关；过敏倾向、恐惧倾向与人性、节制呈负相关；冲动倾向与勇敢、人性、正义、节制呈显著负相关。

小学生积极心理品质中的节制、超越、人性对心理健康整体具有显著的预测作用，按预测作用从大到小排序依次为人性、超越、节制，节制对学习焦虑具有显著的预测作用，节制、超越、公正对焦虑具有显著的预测作用，人性和节制对孤独倾向具有显著的预测作用，超越和勇敢对过敏倾向具有显著的预测作用，节制、超越、人性对身体症状具有显著的预测作用，节制、超越、智慧与知识对恐惧倾向具有显著的预测作用；节制、超越对冲动倾向具有显著的预测作用。

第五节　初中生心理健康状况与积极心理品质

一　心理健康概况

参加调查的初中生的人数为 14965 人，占总人数的 31.39%。初中生群体的心理健康状况总体良好，学习焦虑的情况最为严重，其次依次是过敏倾向、身体症状、自责倾向、人际焦虑、恐惧倾向、冲动倾向和孤独倾向（见表 2.35）。

表 2.35　初中生心理健康状况

	学习焦虑	人际焦虑	孤独倾向	自责倾向	过敏倾向	身体症状	恐惧倾向	冲动倾向	MHT总分
平均值	8.30	4.25	2.81	5.38	5.77	5.46	3.06	3.02	38.05
标准差	3.65	2.75	2.64	2.97	2.75	3.64	3.00	2.55	17.16
中位数	8	4	2	6	6	5	2	3	37
众数	6	5	0	4	7	7	0	0	37
最小值	0	0	0	0	0	0	0	0	0
最大值	15	10	10	10	10	15	10	10	89

二　心理健康影响因素分析

（一）城乡差别

由表 2.36 可知，城乡差别对初中生心理健康总分及学习焦虑、人际焦虑、孤独倾向、自责倾向、过敏倾向、身体症状六个内容量表的影响非常显著，对冲动倾向的影响显著，但对恐惧倾向无显著影响。

表 2.36 城乡差别对初中生心理健康各内容量表的影响

	农村	城市	t	d
学习焦虑	8.58 ± 3.54	8.10 ± 3.72	8.075**	0.254
人际焦虑	4.57 ± 2.63	4.02 ± 2.81	12.329**	0.512
孤独倾向	3.01 ± 2.66	2.67 ± 2.61	7.813**	0.231
自责倾向	5.69 ± 2.90	5.16 ± 3.00	10.826**	0.578
过敏倾向	6.11 ± 2.63	5.53 ± 2.80	12.892**	0.619
身体症状	5.65 ± 3.55	5.32 ± 3.69	5.456**	0.356
恐惧倾向	3.10 ± 2.80	3.03 ± 3.14	1.589	0.120
冲动倾向	3.08 ± 2.53	2.97 ± 2.57	2.765*	0.436
MHT 总分	39.79 ± 16.72	36.79 ± 17.36	10.568**	0.781

（二）性别差异

由表 2.37、图 2.17 可见，性别差异对初中生心理健康总分及大部分内容量表的影响差异非常显著，但对孤独倾向无显著影响。初中女生在心理健康总分和各内容量表上的得分都高于初中男生。

表 2.37 性别差异对初中生心理健康各个内容量表的影响

	男	女	t	d
学习焦虑	7.98 ± 3.75	8.64 ± 3.52	−11.022**	0.248
人际焦虑	3.90 ± 2.89	4.62 ± 2.55	−16.190**	0.216
孤独倾向	2.79 ± 2.68	2.83 ± 2.59	−0.902	0.112
自责倾向	5.08 ± 3.04	5.69 ± 2.86	−12.633**	0.287
过敏倾向	5.41 ± 2.90	6.14 ± 2.53	−16.417**	0.328
身体症状	5.08 ± 3.71	5.85 ± 3.52	−13.100**	0.265
恐惧倾向	2.79 ± 3.13	3.34 ± 2.84	−11.172**	0.291
冲动倾向	2.54 ± 2.34	3.51 ± 2.67	−23.754**	0.543
MHT 总分	35.57 ± 17.13	40.62 ± 16.81	−18.215**	0.411

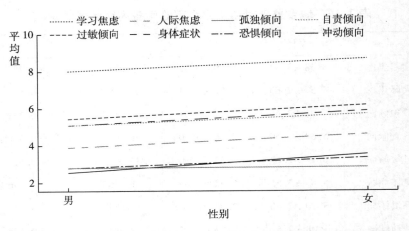

图2.17 初中生心理健康各个内容量表的性别差异的平均值

（三）父母关系

由表2.38、图2.18可见，除了学习焦虑以外，父母关系因素对初中生心理健康量表总分及各内容量表的影响存在非常显著的差异。并且父母关系较差的初中生，其心理健康各分量表平均分显著高于父母关系融洽或者一般的学生，甚至在部分内容上高于父母已经离婚的初中生。

表2.38 初中生父母关系对心理健康各内容量表的影响

	融洽	一般	较差	已离婚	F	η^2
学习焦虑	8.23 ± 3.68	8.41 ± 3.56	8.89 ± 3.85	8.49 ± 3.55	5.868*	0.153
人际焦虑	4.14 ± 2.65	4.32 ± 3.00	5.53 ± 2.67	5.02 ± 2.64	48.212**	0.162
孤独倾向	2.48 ± 2.52	3.42 ± 2.68	4.29 ± 3.02	3.70 ± 2.78	188.715**	0.143
自责倾向	5.28 ± 3.02	5.51 ± 2.83	5.87 ± 2.99	5.87 ± 2.89	15.242**	0.178
过敏倾向	5.63 ± 2.80	5.99 ± 2.60	6.36 ± 2.57	6.45 ± 2.57	36.132**	0.293
身体症状	4.99 ± 3.62	6.33 ± 3.43	7.18 ± 3.87	6.66 ± 3.55	184.426**	0.225
恐惧倾向	2.60 ± 2.69	4.07 ± 3.47	3.79 ± 2.97	3.76 ± 2.95	252.630**	0.321
冲动倾向	2.67 ± 2.46	3.61 ± 2.50	4.33 ± 2.83	4.19 ± 2.85	214.113**	0.434
MHT 总分	36.01 ± 17.11	41.65 ± 16.12	46.25 ± 18.20	44.14 ± 17.14	161.919**	0.236

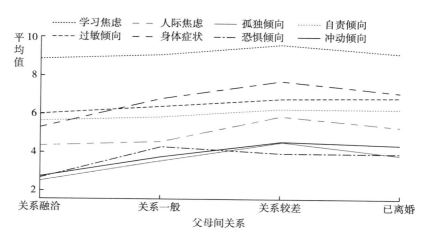

图 2.18 不同父母关系的初中生心理健康各内容量表的平均值

（四）家庭经济状况

由表 2.39、图 2.19 可见，家庭经济状况对初中生心理健康总分及各内容量表的影响差异非常显著。家庭富裕和家庭经济状况一般的初中生在心理健康总分和各内容量表上的得分显著低于家庭经济困难的初中生。

表 2.39 家庭经济状况对初中生心理健康各内容量表的影响

	富裕	一般	困难	F	η^2
学习焦虑	7.82 ± 4.11	8.31 ± 3.60	8.87 ± 3.82	17.846**	0159
人际焦虑	4.11 ± 2.95	4.22 ± 2.73	4.94 ± 2.84	25.420**	0.207
孤独倾向	2.71 ± 2.91	2.76 ± 2.58	3.83 ± 2.96	60.413**	0.112
自责倾向	4.76 ± 3.32	5.40 ± 2.94	5.85 ± 2.97	31.023**	0.287
过敏倾向	5.20 ± 3.15	5.79 ± 2.70	6.24 ± 2.83	32.349**	0.328
身体症状	5.17 ± 4.19	5.42 ± 3.58	6.48 ± 3.79	33.990**	0.265
恐惧倾向	2.37 ± 2.77	3.08 ± 3.01	3.62 ± 3.01	39.813**	0.291
冲动倾向	2.73 ± 2.67	3.01 ± 2.54	3.41 ± 2.66	15.179**	0.543
MHT 总分	34.88 ± 19.50	37.99 ± 16.87	43.24 ± 17.66	51.941**	0.411

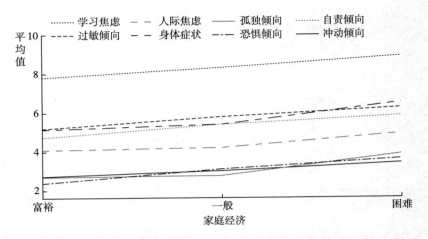

图2.19　不同家庭经济状况的初中生心理健康各内容量表的平均值

（五）异地读书（父母外来务工）

由表2.40、图2.20所示，初中生是否随父母在外地读书这个变量对其心理健康内容量表中的学习焦虑、人际焦虑、自责倾向有着非常显著的影响，对心理健康总分、孤独倾向、过敏倾向和恐惧倾向有着显著影响，但对身体症状和冲动倾向无显著影响。

表2.40　是否异地读书（父母外来务工）对初中生心理健康各内容量表的影响

	是	否	t	d
学习焦虑	8.57±3.71	8.25±3.64	3.842**	0.108
人际焦虑	4.52±2.75	4.20±2.75	5.140**	0.270
孤独倾向	2.91±2.73	2.79±2.62	1.975*	0.213
自责倾向	5.62±3.03	5.33±2.96	4.348**	0.245
过敏倾向	5.91±2.73	5.75±2.75	2.787*	0.232
身体症状	5.46±3.69	5.46±3.63	−0.029	0.257
恐惧倾向	2.91±2.77	3.09±3.05	−2.830*	0.219

	是	否	t	d
冲动倾向	2.99 ± 2.62	3.02 ± 2.54	-0.434	0.436
MHT 总分	38.89 ± 17.34	37.89 ± 17.12	2.614^{*}	0.419

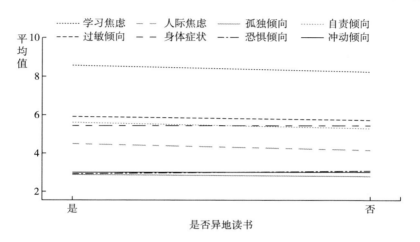

**图 2.20　是否异地读书（父母外来务工）的初中生心理健康
各内容量表的平均值**

三　积极心理品质概况

初中学生的积极心理品质发展良好，15 项积极心理品质（创造力、求知力、洞察力、真诚、执着、爱、友善、领导力、合作力、宽容、谦虚、持重、幽默、信念希望、心灵触动）上不存在显著差异（见表 2.41）。

四　积极心理品质的影响因素

（一）城乡差别

由表 2.42、图 2.21 可知，城乡差别对初中生积极心理品质的总均分、智慧与知识、人性、公正和超越等内容量表影响非常显著，对勇敢和节制这两个内容量表没有显著影响。

表 2.41 初中生积极心理品质的发展状况

	创造力	求知力	洞察力	真诚	执着	爱	友善	领导力	合作力	宽容	谦虚	持重	心灵触动	幽默	信念希望	总均分
平均值	3.20	3.50	3.28	3.41	3.52	3.44	3.53	3.12	3.59	3.75	3.60	3.51	3.99	3.59	3.76	3.51
标准差	0.80	0.88	0.83	0.94	0.76	0.92	0.78	0.91	0.79	0.91	0.87	0.84	0.88	1.03	0.91	0.60
中位数	3	3.67	3.33	3.33	3.44	3.33	3.5	3	3.5	3.75	3.67	3.33	4	3.67	3.8	3.48
众数	3	3	3	3	3	3	3	3	3	3	3	3	5	3	3	3
最小值	1	1	1	1	1	1	1	1	1	1	1	1	1	1	1	1.07
最大值	5	5	5	5	5	5	5	5	5	5	5	5	5	5	5	5

表 2.42 城乡差别对初中生积极心理品质各内容量表的影响

	农村	城市	t	d
智慧与知识	3.29 ± 0.71	3.36 ± 0.76	-6.388^{**}	0.338
勇敢	3.47 ± 0.58	3.47 ± 0.63	-0.030	0.205
人性	3.44 ± 0.73	3.52 ± 0.80	-6.720^{**}	0.345
公正	3.30 ± 0.75	3.40 ± 0.79	-8.020^{**}	0.567
节制	3.61 ± 0.75	3.63 ± 0.78	-1.485	0.145
超越	3.75 ± 0.77	3.80 ± 0.82	-3.716^{**}	0.257
总均值	3.47 ± 0.57	3.53 ± 0.63	-5.576^{**}	0.319

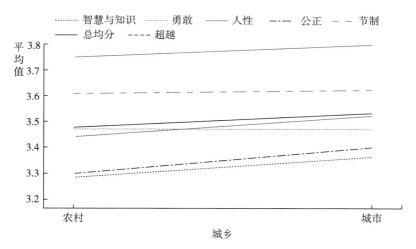

图 2.21 城乡差别对初中生积极心理品质各内容量表的平均值

（二）性别差异

由表 2.43、图 2.22 可知，性别差异对初中生积极心理品质的总分、勇敢、人性和超越等内容量表影响非常显著，对智慧与知识影响较为显著，但对公正和节制这两个内容量表没有显著影响。

表 2.43 性别差异对初中生积极心理品质各内容量表的影响

	男	女	t	d
智慧与知识	3.31 ± 0.79	3.35 ± 0.69	-2.958^{*}	0.254
勇敢	3.42 ± 0.61	3.52 ± 0.61	-9.875^{**}	0.705

续表

	男	女	t	d
人性	3.46 ± 0.81	3.51 ± 0.74	− 4.099 **	0.435
公正	3.36 ± 0.81	3.36 ± 0.73	0.008	0.076
节制	3.61 ± 0.80	3.63 ± 0.73	− 1.403	0.166
超越	3.73 ± 0.84	3.83 ± 0.74	− 8.173 **	0.338
总均分	3.48 ± 0.64	3.53 ± 0.56	− 5.264 **	0.219

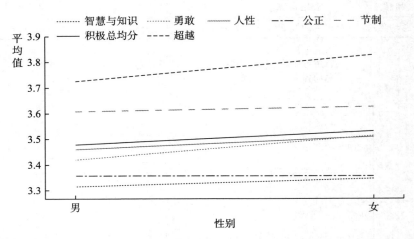

图 2.22　初中生积极心理品质各内容量表的性别差异的平均值

（三）父母关系

由表 2.44、图 2.23 可知，父母关系因素对初中生积极心理品质的总分及各个内容量表影响非常显著，父母关系融洽的学生的积极心理品质总分及各内容量表均分，均显著高于父母关系一般或者关系较差的学生，甚至父母已经离婚的初中生，其积极心理品质总分及各内容量表平均分也显著高于父母关系一般或者关系较差的学生。

表 2.44　父母关系对初中生积极心理品质各内容量表的影响

	融洽	一般	较差	已离婚	F	η^2
智慧与知识	3.40 ± 0.76	3.16 ± 0.66	3.16 ± 0.72	3.27 ± 0.73	110.105 **	0.564
勇敢	3.56 ± 0.62	3.28 ± 0.53	3.21 ± 0.59	3.31 ± 0.60	243.908 **	0.758

	融洽	一般	较差	已离婚	F	η^2
人性	3.63 ± 0.77	3.18 ± 0.67	3.04 ± 0.76	3.27 ± 0.75	411.786 **	0.453
公正	3.46 ± 0.78	3.13 ± 0.68	3.10 ± 0.76	3.18 ± 0.78	200.661 **	0.767
节制	3.71 ± 0.77	3.42 ± 0.72	3.43 ± 0.76	3.51 ± 0.76	144.331 **	0.609
超越	3.88 ± 0.79	3.54 ± 0.76	3.63 ± 0.80	3.68 ± 0.79	175.982 **	0.338
总均分	3.61 ± 0.61	3.29 ± 0.52	3.26 ± 0.54	3.37 ± 0.58	312.120 **	0.219

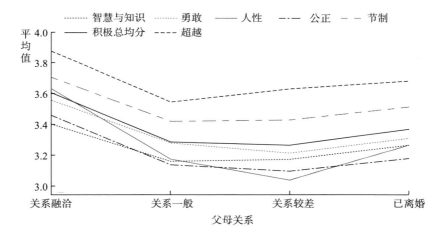

图 2.23　不同父母关系的初中生积极心理品质各内容量表的平均值

（四）家庭经济状况

由表 2.45、图 2.24 可知，家庭经济状况差异对初中生积极心理品质的总分及各个内容量表影响非常显著；家庭富裕的初中生，在积极心理品质的总分及各内容量表平均分上，均显著高于家庭经济状况一般的或困难的初中生。

表 2.45　家庭经济状况对初中生积极心理品质各内容量表的影响

	富裕	一般	困难	F	η^2
智慧与知识	3.46 ± 0.96	3.33 ± 0.72	3.25 ± 0.80	20.624 **	0.334
勇敢	3.57 ± 0.71	3.47 ± 0.60	3.38 ± 0.63	21.595 **	0.128

续表

	富裕	一般	困难	F	η^2
人性	3.67 ± 0.94	3.48 ± 0.75	3.40 ± 0.82	33.760 **	0.332
公正	3.63 ± 0.95	3.34 ± 0.75	3.28 ± 0.83	69.611 **	0.327
节制	3.74 ± 0.96	3.61 ± 0.75	3.54 ± 0.83	15.588 **	0.069
超越	3.99 ± 0.94	3.77 ± 0.78	3.69 ± 0.87	41.837 **	0.129
总均分	3.68 ± 0.75	3.50 ± 0.59	3.42 ± 0.63	47.987 **	0.217

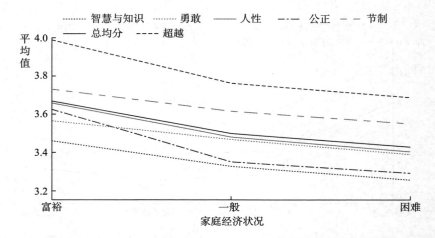

图2.24 不同家庭经济状况的初中生积极心理品质各内容量表的平均值

（五）异地读书（父母外来务工）

由表2.46、图2.25可知，是否随父母外地读书对初中生积极心理品质及各内容量表影响不大，除了智慧与知识内容量表影响差异显著以外，其他内容量表及积极心理品质总分均差异不显著。

表2.46 异地读书（父母外来务工）对初中生积极心理品质各内容量表的影响

	是	否	t	d
智慧与知识	3.30 ± 0.76	3.34 ± 0.74	− 2.258 *	0.464
勇敢	3.46 ± 0.59	3.47 ± 0.62	− 0.330	0.258
人性	3.47 ± 0.77	3.49 ± 0.77	− 1.401	0.312

	是	否	t	d
公正	3.33 ± 0.80	3.36 ± 0.77	− 1.767	0.467
节制	3.61 ± 0.79	3.62 ± 0.76	− 0.609	0.391
超越	3.76 ± 0.81	3.78 ± 0.79	− 0.924	0.234
总均分	3.49 ± 0.61	3.51 ± 0.60	− 1.441	0.291

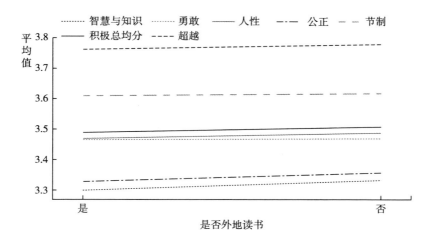

2.25 是否异地读书（父母外来务工）的初中生积极心理品质的平均值

五 分析与讨论

在性别方面，男生和女生的心理健康状况是有差异的。在分维度上，女生在学习焦虑、人际焦虑、自责倾向、过敏倾向、身体症状、恐惧倾向和冲动倾向七个方面（孤独倾向除外）得分显著高于男生，这与大多数研究也是一致的。这可以从生理发育、社会文化、性别角色及社会规范等方面来解释。在生理发育方面，女生通常要比男生发育快，初中阶段大部分女生的女性特征开始慢慢显现，身体上的变化速度快于其心理上的发展速度，这种身心发展的不平衡给女生带来许多矛盾和烦恼。从社会文化、社会规范和性别角色方面来看，社会对女性生活上的要求多于男性，认为女生应该勤劳，多做家务，不必在学习上表现很突出，在待人方面要温柔、体贴，要很好地处理与他人之间的关系等。这在一定程度上给初中女生的学习、人际等方面带来过多的压力，从而导致女生的心理健康水平低于男生。

在不同生源地方面，居住在城市的学生在人际焦虑因子上要显著低于居住在农村的学生，但得分仍然较高。由班杜拉的社会学习理论得出孩子会通过观察学习来模仿父母的行为，居住在城市的学生，其父母大多为工薪阶层的人，很少有时间与邻居、朋友等交往，而初中生长期生活在这样的氛围中，也渐渐形成了很少与人交往的倾向；此外由于居住环境的限制，大部分学生只能在较窄小的住室里活动，也较少有与外界交往的机会；另外，生活在城市的学生一般家庭条件优越，电视、网络等高科技接触较多，促使其把更多的时间用于与这些高科技接触，而更少用于与他人交流。这些因素都在一定程度上增加了初中生与人交往的焦虑倾向。

在是否独生方面，非独生子女的学生比独生子女的学生更敏感。这可能因为非独生子女的学生家里有两个或两个以上的孩子，父母不能很好地照顾到每一个人，导致他们安全感低下；另外，由于父母的精力有限，可能让孩子之间相互照顾，而正处于被照顾阶段的孩子由于对另一个孩子照顾不周，可能引来指责，这也影响其自尊心和自信心的发展。这些因素都可能在一定程度上导致个体的敏感性过高。

在是否留守方面，学生的心理健康状况在各因子和总分上均没有太大差异，这一原因可能是所选的被调查者有寄宿生，他们在家时间少，即使父母不外出打工，他们与父母相处的时间也是很短，所以与那些父母外出打工的学生相比，父母是否外出打工对他们的影响不大。从不同留守时间上来看，初中生心理健康状况在恐惧倾向和孤独倾向上存在显著差异。两个因子上均表现为留守三年以上的学生得分更高。恐惧倾向的差异可能是因为父母外出打工三年以上的学生长期在较少父母关爱的环境下生活，缺少父母的关怀，缺乏一定的安全感，所以恐惧倾向更高。孤独倾向的差异可能由于父母长时间外出打工导致学生缺乏父母的陪伴；其他监护人更多给予学生的是一些外在物质上的监管，而较少给予他们真切的关怀；另外父母的外出打工也在一定程度上增加了学生们的自卑心理，他们可能会认为父母的外出是因为自己的家庭条件不好，所以他们在与其他人交流时会显得更自卑，更不愿与人交流，从而更孤独。

第六节 高中生心理健康状况

一 心理健康概况

参加调查的高中生的人数为 13758 人，占总人数的 28.86%。高中生群体的心理健康状况总体良好，学习焦虑的情况最为严重，其次依次是过敏倾向、身体症状、自责倾向、人际焦虑、冲动倾向、孤独倾向和恐惧倾向（见表 2.47）。

表 2.47 高中生心理健康状况

	学习焦虑	人际焦虑	孤独倾向	自责倾向	过敏倾向	身体症状	恐惧倾向	冲动倾向	MHT总分
平均值	7.92	4.46	2.79	5.20	6.06	5.45	2.49	3.08	37.45
标准差	3.61	2.57	2.66	2.91	2.67	3.49	2.57	2.43	16.55
中位数	8	4	2	5	7	5	2	3	37
众数	8	4	0	6	8	4	0	1	38
最小值	0	0	0	0	0	0	0	0	0
最大值	15	10	10	10	10	15	10	10	90

二 心理健康影响因素分析

（一）城乡差别

由表 2.48、图 2.26 可知，城乡差别对高中生心理健康总分及各个内容量表的影响非常显著。居住在城市的高中生的心理健康总分及除冲动倾向外的各内容量表平均分要显著低于居住在农村的高中生。

表 2.48　城乡差别对高中生心理健康各内容量表的影响

	农村	城市	t	d
学习焦虑	8.06 ± 3.58	7.82 ± 3.63	3.829 **	0.245
人际焦虑	4.58 ± 2.59	4.37 ± 2.56	4.820 **	0.218
孤独倾向	2.93 ± 2.70	2.69 ± 2.63	5.201 **	0.345
自责倾向	5.40 ± 2.93	5.04 ± 2.88	7.328 **	0.412
过敏倾向	6.21 ± 2.70	5.95 ± 2.63	5.667 **	0.317
身体症状	5.63 ± 3.52	5.31 ± 3.46	5.374 **	0.232
恐惧倾向	2.72 ± 2.68	2.32 ± 2.47	8.995 **	0.319
冲动倾向	2.97 ± 2.40	3.17 ± 2.46	- 4.927 **	0.229
MHT 总分	38.49 ± 16.67	36.66 ± 16.41	6.440 **	0.350

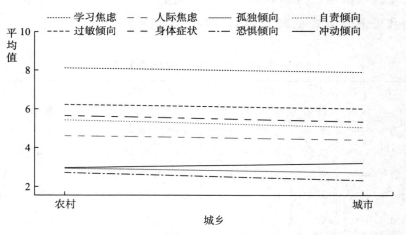

图 2.26　居住在城市与农村的高中生心理健康各内容量表的平均值

（二）性别差异

由表 2.49、图 2.27 可知，性别差异对高中生心理健康总分、学习焦虑、人际焦虑、自责倾向、过敏倾向、身体症状、恐惧倾向和冲动倾向等内容量表的影响非常显著，但对孤独倾向的影响不显著。女生的各个内容量表平均分皆显著高于男生。

表 2.49 性别差异对高中生心理健康各内容量表的影响

	男	女	t	d
学习焦虑	7.49 ± 3.84	8.24 ± 3.40	−11.854**	0.259
人际焦虑	4.09 ± 2.73	4.73 ± 2.42	−14.258**	0.281
孤独倾向	2.76 ± 2.77	2.82 ± 2.58	−1.351	0.354
自责倾向	4.84 ± 2.99	5.45 ± 2.82	−12.210**	0.217
过敏倾向	5.68 ± 2.91	6.34 ± 2.44	−14.081**	0.315
身体症状	5.00 ± 3.68	5.76 ± 3.31	−12.496**	0.322
恐惧倾向	1.94 ± 2.34	2.89 ± 2.66	−22.241**	0.099
冲动倾向	2.65 ± 2.34	3.39 ± 2.46	−17.972**	0.129
MHT 总分	34.44 ± 17.21	39.63 ± 15.71	−18.097**	0.205

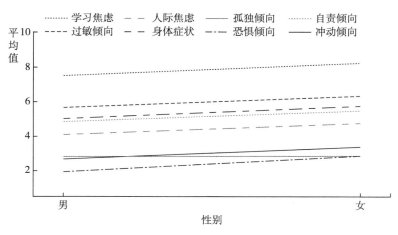

图 2.27 高中生心理健康各内容量表性别差异的平均值

（三）异地读书（父母外来务工）

由表 2.50、图 2.28 可知，是否随父母在异地读书这个变量对高中生心理健康的学习焦虑、孤独倾向、过敏倾向和冲动倾向这四个内容量表有显著影响，但对心理健康总分及其他内容量表影响不显著。

表 2.50　是否异地读书（父母外来务工）对高中生心理健康各内容量表的影响

	是	否	t	d
学习焦虑	8.18 ± 3.78	7.90 ± 3.59	2.476*	0.189
人际焦虑	4.53 ± 2.76	4.45 ± 2.56	0.931	0.083
孤独倾向	3.02 ± 2.82	2.77 ± 2.64	2.850*	0.234
自责倾向	5.17 ± 3.06	5.20 ± 2.89	− 0.245	0.172
过敏倾向	5.74 ± 2.87	6.09 ± 2.65	− 4.080*	0.513
身体症状	5.43 ± 3.60	5.45 ± 3.48	− 0.122	0.329
恐惧倾向	2.46 ± 2.51	2.49 ± 2.58	− 0.442	0.139
冲动倾向	2.87 ± 2.35	3.10 ± 2.44	− 3.082*	0.439
MHT 总分	37.41 ± 17.14	37.46 ± 16.49	− 0.090	0.256

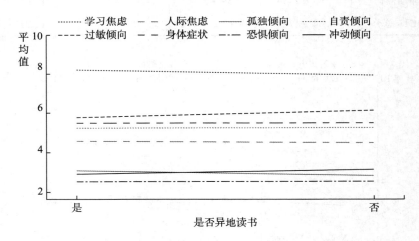

图 2.28　是否异地读书（父母外来务工）的高中生
心理健康各内容量表的平均值

（四）家庭经济状况

由表 2.51、图 2.29 可知，家庭经济状况差异对高中生心理健康总分、孤独倾向、自责倾向、过敏倾向、身体症状、恐惧倾向等内容量表的影响非常显著，对学习焦虑、人际焦虑影响显著，但对冲动倾向的影响不显著。并且家庭富裕或者一般的高中生，其心理健康总分和各内容量表平均分均显著低于家庭经济状况困难的学生。

表 2.51　家庭经济因素对高中生心理健康状况各内容量表的影响

	富裕	一般	困难	F	η^2
学习焦虑	7.72 ± 4.07	7.90 ± 3.56	8.26 ± 3.80	7.171*	0.189
人际焦虑	4.21 ± 2.86	4.45 ± 2.54	4.66 ± 2.75	7.214*	0.083
孤独倾向	2.73 ± 2.88	2.75 ± 2.62	3.17 ± 2.87	14.964**	0.234
自责倾向	4.56 ± 3.15	5.20 ± 2.87	5.49 ± 3.05	22.407**	0.172
过敏倾向	5.28 ± 3.05	6.09 ± 2.62	6.22 ± 2.84	31.062**	0.513
身体症状	4.78 ± 3.78	5.43 ± 3.44	5.87 ± 3.72	21.533**	0.329
恐惧倾向	2.06 ± 2.56	2.48 ± 2.54	2.80 ± 2.80	18.442**	0.139
冲动倾向	3.07 ± 2.66	3.08 ± 2.42	3.12 ± 2.47	0.231	0.439
MHT总分	34.4 ± 18.55	37.38 ± 16.27	39.59 ± 17.69	22.256**	0.256

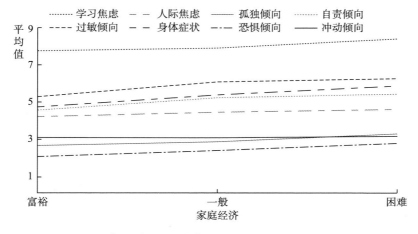

图 2.29　不同家庭经济状况的高中生心理品质各内容量表的平均值

（五）父母关系

由表 2.52、图 2.30 可知，父母关系对高中生心理健康总分及各个内容量表的影响非常显著。父母关系较差的高中生，其心理健康总分及各内容量表平均分都显著高于父母关系融洽或者关系一般的学生，甚至高于父母已经离婚的学生。

表 2.52　父母关系对高中生心理健康各内容量表的影响

	融洽	一般	较差	已离婚	F	η^2
学习焦虑	7.84±3.60	8.14±3.68	8.57±3.54	7.95±3.42	8.285**	0.098
人际焦虑	4.27±2.54	4.98±2.63	5.47±2.54	4.68±2.42	74.332**	0.135
孤独倾向	2.55±2.54	3.44±2.86	4.21±2.91	3.19±2.71	120.083**	0.326
自责倾向	5.05±2.91	5.56±2.89	6.05±2.74	5.51±2.71	33.738**	0.217
过敏倾向	5.93±2.69	6.40±2.64	6.71±2.30	6.45±2.41	33.021**	0.413
身体症状	5.19±3.42	6.05±3.61	7.17±3.42	6.13±3.37	78.991**	0.325
恐惧倾向	2.35±2.50	2.76±2.7	3.68±2.79	3.03±2.70	49.865**	0.214
冲动倾向	2.85±2.34	3.61±2.53	4.56±2.67	3.87±2.60	134.566**	0.346
MHT 总分	36.03±16.22	40.93±17	46.41±16.06	40.82±15.81	105.394**	0.287

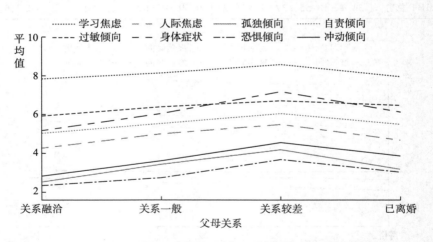

图 2.30　不同父母关系的高中生心理健康各内容量表的平均值

三　积极心理品质概况

高中学生的积极心理品质发展良好，15 项积极心理品质（创造力、求知力、洞察力、真诚、执着、爱、友善、领导力、合作力、宽容、谦虚、持重、幽默、信念希望、心灵触动）上不存在显著差异（见表 2.53）。

表 2.53　高中生积极心理品质的发展状况

	创造力	求知力	洞察力	真诚	执着	爱	友善	领导力	合作力	宽容	谦虚	持重	心灵触动	幽默	信念希望	总均分
平均值	3.18	3.51	3.28	3.25	3.47	3.44	3.48	3.00	3.53	3.64	3.58	3.42	4.04	3.58	3.79	3.46
标准差	0.74	0.82	0.75	0.89	0.67	0.84	0.69	0.84	0.69	0.86	0.80	0.78	0.80	0.97	0.86	0.52
中位数	3.00	3.67	3.33	3.33	3.44	3.33	3.50	3.00	3.50	3.75	3.67	3.33	4.00	3.67	4.00	3.45
众数	3	3	3	3	3	3	3	3	3	4	3	3	4	3	4	3
最小值	1	1	1	1	1	1	1	1	1	1	1	1	1	1	1	1.05
最大值	5	5	5	5	5	5	5	5	5	5	5	5	5	5	5	5

四 积极心理品质影响因素分析

（一）异地读书（父母外来务工）

由表 2.54、图 2.31 可知，是否随父母在异地读书这个因素对高中生积极心理品质的智慧与知识内容量表影响非常显著，人性和超越量表影响显著，但对总均分及其他内容量表影响不显著。

表 2.54　异地读书（父母外来务工）对高中生积极心理品质各内容量表的影响

	是	否	t	d
智慧与知识	3.25 ± 0.71	3.33 ± 0.67	− 3.665 **	0.215
勇敢	3.35 ± 0.54	3.36 ± 0.56	− 0.653	0.034
人性	3.42 ± 0.72	3.46 ± 0.68	− 2.336 *	0.208
公正	3.30 ± 0.71	3.26 ± 0.68	1.670	0.232
节制	3.53 ± 0.75	3.55 ± 0.68	− 0.879	0.105
超越	3.74 ± 0.78	3.81 ± 0.71	− 3.197 *	0.217
总均分	3.43 ± 0.56	3.46 ± 0.51	− 1.959	0.439

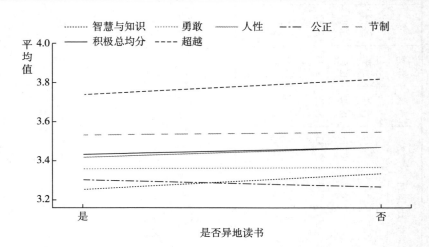

图 2.31　是否异地读书（父母外来务工）的高中生积极心理品质各内容量表的平均值

（二）性别差异

由表2.55、图2.32可知，性别因素对高中生积极心理品质的勇敢、人性、公正、节制等内容量表影响非常显著，对超越量表影响显著，但对总均分及智慧与知识内容量表影响不显著。

表 2.55 性别差异对高中生积极心理品质各内容量表的影响

	男	女	t	d
智慧与知识	3.31 ± 0.74	3.33 ± 0.61	− 1.133	0.034
勇 敢	3.33 ± 0.56	3.39 ± 0.55	− 6.347 **	0.408
人 性	3.42 ± 0.73	3.49 ± 0.65	− 5.247 **	0.332
公 正	3.29 ± 0.75	3.25 ± 0.63	3.555 **	0.205
节 制	3.59 ± 0.74	3.51 ± 0.65	6.354 **	0.417
超 越	3.79 ± 0.78	3.82 ± 0.67	− 2.889 *	0.329
总 均 分	3.46 ± 0.57	3.46 ± 0.47	− 0.971	0.091

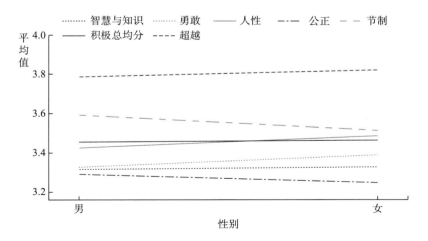

图 2.32 高中生积极心理品质各内容量表性别差异的平均值

（三）父母关系

由表2.56、图2.33可知，父母关系对高中生积极心理品质总均分及各个内容量表的影响非常显著。父母关系较差的高中生，其积极心理品质总均分及各内容量表平均分都显著低于父母关系融洽或者关系一般的学生，甚至低于父母已经离婚的学生。

表 2.56 父母关系对高中生积极心理品质各内容量表的影响

	融洽	一般	较差	已离婚	F	η^2
智慧与知识	3.35 ± 0.67	3.22 ± 0.66	3.18 ± 0.67	3.34 ± 0.69	33.782**	0.135
勇敢	3.41 ± 0.55	3.25 ± 0.52	3.17 ± 0.62	3.29 ± 0.60	79.799**	0.124
人性	3.55 ± 0.67	3.21 ± 0.64	3.01 ± 0.75	3.33 ± 0.72	248.218**	0.231
公正	3.32 ± 0.68	3.12 ± 0.65	3.05 ± 0.80	3.16 ± 0.74	80.236**	0.334
节制	3.58 ± 0.68	3.45 ± 0.68	3.40 ± 0.75	3.42 ± 0.71	36.773**	0.213
超越	3.85 ± 0.71	3.68 ± 0.72	3.63 ± 0.75	3.77 ± 0.75	51.236**	0.127
总均分	3.51 ± 0.51	3.32 ± 0.49	3.24 ± 0.56	3.38 ± 0.55	125.29**	0.390

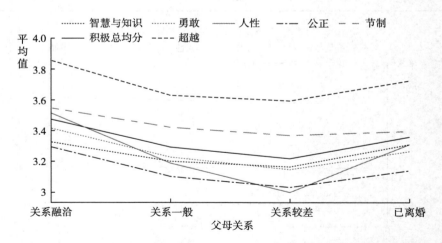

图 2.33 不同父母关系的高中生积极心理品质各内容量表的平均值

（四）家庭经济状况

由表 2.57、图 2.34 可知，家庭经济状况对高中生积极心理品质总均分及智慧与知识、人性、公正、超越四个内容量表的影响非常显著。对勇敢和节制这两个内容量表无显著性影响。而且，家庭较为富裕的高中生，其积极心理品质总分及各内容量表分数高于家庭经济条件一般或者困难的学生。

表 2.57　家庭经济状况对高中生积极心理品质各内容量表的影响

	富裕	一般	困难	F	η^2
智慧与知识	3.44 ± 0.81	3.33 ± 0.65	3.23 ± 0.74	22.851**	0.214
勇敢	3.34 ± 0.57	3.37 ± 0.55	3.35 ± 0.58	0.641	0.113
人性	3.55 ± 0.83	3.46 ± 0.67	3.39 ± 0.75	11.901**	0.235
公正	3.47 ± 0.83	3.26 ± 0.66	3.21 ± 0.77	33.760**	0.346
节制	3.56 ± 0.82	3.55 ± 0.67	3.53 ± 0.77	0.700	0.031
超越	3.92 ± 0.86	3.81 ± 0.70	3.73 ± 0.79	14.351**	0.172
总均分	3.55 ± 0.63	3.46 ± 0.50	3.41 ± 0.58	15.830**	0.209

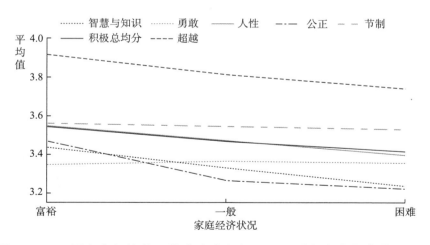

图 2.34　不同家庭经济状况的高中生积极心理品质各内容量表的平均值

（五）城乡差别

由表 2.58、图 2.35 可知，除了节制内容量表以外，城乡差别对高中生积极心理品质总均分及各个内容量表的影响非常显著。居住在城市的高中生除了勇敢品质，其余品质都高于居住在农村的高中生。

表 2.58　城乡差别对高中生积极心理品质各内容量表的影响分析

	农村	城市	t	d
智慧与知识	3.22 ± 0.66	3.40 ± 0.67	− 15.264 **	0.211
勇敢	3.39 ± 0.54	3.34 ± 0.56	5.151 **	0.095
人性	3.40 ± 0.68	3.51 ± 0.69	− 9.414 **	0.316
公正	3.20 ± 0.67	3.32 ± 0.69	− 10.194 **	0.334
节制	3.53 ± 0.69	3.56 ± 0.69	− 2.400 *	0.109
超越	3.72 ± 0.72	3.87 ± 0.71	− 12.164 **	0.587
总均分	3.41 ± 0.52	3.50 ± 0.52	− 9.971 **	0.189

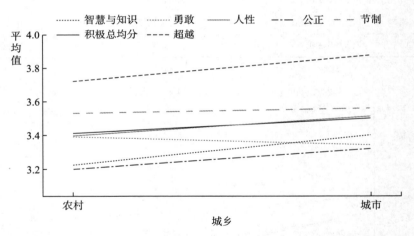

图 2.35　居住在城市与农村的高中生积极心理品质各内容量表的平均值

五　分析与讨论

高中生男女心理健康状况存在明显差异，主要表现在恐惧倾向维度，其他方面总体上女生焦虑程度得分高于男生。通过分析结果可以看出，男女生群体在恐惧倾向上存在极其显著差异。换句话说，在这个维度上男生的心理健康状况普遍优于女生。这与女生生理、心理发展及家庭教育有关。一方面女生较男生更早地进入青春期，对生理变化存在一定的恐惧感、羞耻感或者是神秘感，同时也缺乏一定的正确引导，所以常常处于一种焦虑的状态中；另一方面，家庭教育给予女生更多的是保护，而忽视了对其性格上的锻炼，不够独立，依赖性较强，一旦失去成人帮助便会感到不安。女生心思细腻，对于压力和危机的感受性要高，且自我调节能力相对较弱，所以心理危机状况会更大些；反观男孩子在某些方面的感受性要低得多，而自身的压力调节能力更强，男生的心理压力也比女生轻些。对处于青春期的男女生而言，朋友占据了他们生活中很重要的一部分，而这个时期的男孩子更容易将自己的焦虑、彷徨、担心倾诉给身边朋友，并相互帮助。所以这一时期，他们的内心焦虑没有被压抑，相反在粗线条的性格特点下，很容易自然而然地将烦恼清除。在这一点上，男生和女生的行为形成了鲜明的对比。

高中生高低年级段心理健康状况存在差异，主要表现在学习焦虑和冲动倾向。高中阶段的学生最为引人关注的就应该是学习焦虑。本次数据分析显示，高低年级段在学习焦虑方面存在极其显著性差异。在数据描述中我们发现，低年级学生在学习焦虑维度的得分普遍高于高年级，因此我们并不能断言，随着年级的上升，课业负担的加重，高年级学生的学习焦虑就会高于低年级学生的学习焦虑。对于出现的异常结果，我们认为可能存在以下原因：低年级段的学生进入高中生活时间不长，课程难度跨越大，可能存在一定的适应不良而引起的学习焦虑，并由此表现出的冲动倾向；而高年级的学生在较高压状态下持续学习生活，已经产生了较好的适应性，反而淡化了学习焦虑和冲动倾向。

第七节　城市流动儿童心理健康状况

一　心理健康概况

"流动儿童"又被称为"进城务工就业农民子女""农民工子女"等。目前，我国学术界对这一概念的界定尚未统一。由我国国家教委和公安部联合颁发的《流动儿童少年就学暂行办法》规定："流动儿童是指随父母或其他监护人在流入地暂时居住半年以上、有学习能力的儿童。"

根据题项"是否随打工父母外出读书"进行筛选，选择其中随父母外出打工的样本数据作为城市流动儿童的数据进行分析，样本数据量为 6730 份，占总人数的 14.12%。城市流动儿童群体的心理健康状况总体良好，学习焦虑的情况最为严重，平均值已经超过中位数，其后是过敏倾向、自责倾向、身体症状、人际焦虑、恐惧倾向和孤独倾向、冲动倾向。

表 2.59　城市流动儿童心理健康状况

	学习焦虑	人际焦虑	孤独倾向	自责倾向	过敏倾向	身体症状	恐惧倾向	冲动倾向	MHT总分
平均值	8.26	4.30	2.82	5.41	5.48	5.01	2.82	2.66	36.76
标准差	3.78	2.76	2.68	3.06	2.82	3.65	2.75	2.51	17.47
中位数	8	4	2	6	6	5	2	2	36
众数	8	4	0	7	7	0	0	0	32
最小值	0	0	0	0	0	0	0	0	0
最大值	15	10	10	10	10	15	10	10	89

二　心理健康影响因素分析

（一）性别差异

由表 2.60、图 2.36 可知，性别因素对城市流动儿童心理健康总分及自责倾向、过敏倾向、身体症状、恐惧倾向和冲动倾向这五个内容量表的影响非常显著，对孤独倾向和人际焦虑这两个内容量表影响较为显著，对学习焦虑影响不显著。也就是说，城市流动儿童，无论男女，都有学习焦虑问题。

表 2.60　城市流动儿童心理健康各内容量表的性别差异

	男	女	t	d
学习焦虑	8.21 ± 3.91	8.32 ± 3.64	-1.212	0.134
人际焦虑	4.19 ± 2.89	4.41 ± 2.61	-3.204^{*}	0.215
孤独倾向	2.91 ± 2.82	2.73 ± 2.51	2.618^{*}	0.156
自责倾向	5.20 ± 3.16	5.63 ± 2.94	-5.668^{**}	0.355
过敏倾向	5.27 ± 2.94	5.71 ± 2.66	-6.285^{**}	0.426
身体症状	4.71 ± 3.80	5.33 ± 3.46	-6.836^{**}	0.365
恐惧倾向	2.37 ± 2.59	3.31 ± 2.83	-13.764^{**}	0.524
冲动倾向	2.32 ± 2.37	3.03 ± 2.61	-11.275^{**}	0.488
MHT 总分	35.17 ± 17.76	38.47 ± 16.98	-7.567^{**}	0.329

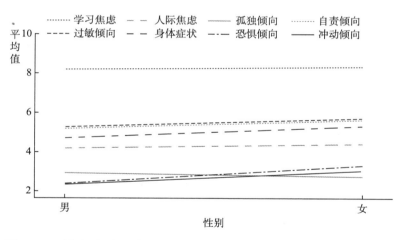

图 2.36　城市流动儿童心理健康各内容量表的性别差异的平均值

（二）家庭经济状况

由表 2.61、图 2.37 可知，家庭经济因素对城市流动儿童心理健康总分及孤独倾向、人际焦虑、自责倾向、过敏倾向、身体症状、恐惧倾向和冲动倾向这几个内容量表的影响非常显著；对学习焦虑内容量表影响较为显著。家庭经济状况较为困难的城市流动儿童，其心理健康总分及各内容量表平均分要显著高于家庭富裕或者家庭经济状况一般的流动儿童。

表 2.61　家庭经济状况对城市流动儿童心理健康状况各内容量表的影响

	富裕	一般	困难	F	η^2
学习焦虑	8.19 ± 4.50	8.22 ± 3.71	8.87 ± 3.63	5.88 *	0.224
人际焦虑	4.44 ± 3.35	4.24 ± 2.69	4.82 ± 2.78	9.414 **	0.125
孤独倾向	3.25 ± 3.28	2.70 ± 2.56	3.78 ± 2.99	39.94 **	0.216
自责倾向	4.64 ± 3.60	5.45 ± 3.00	5.84 ± 2.98	21.577 **	0.351
过敏倾向	4.62 ± 3.29	5.53 ± 2.75	5.95 ± 2.87	31.570 **	0.326
身体症状	4.73 ± 4.47	4.93 ± 3.52	6.29 ± 3.99	29.181 **	0.265
恐惧倾向	2.42 ± 2.90	2.81 ± 2.71	3.51 ± 2.94	19.255 **	0.124
冲动倾向	2.32 ± 2.58	2.66 ± 2.50	3.11 ± 2.57	11.763 **	0.088
MHT 总分	34.61 ± 20.68	36.55 ± 17.00	42.18 ± 17.97	25.102 **	0.129

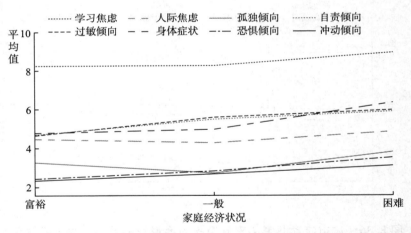

图 2.37　不同家庭经济状况的城市流动儿童心理健康状况各内容量表的平均值

（三）父母关系

由表 2.62、图 2.38 可知，父母关系与城市流动儿童的心理健康总分与各内容量表的平均分显著相关。父母关系较差的城市流动儿童，其心理健康各分量表平均分显著高于父母关系融洽或者一般的儿童。甚至父母已经离婚的城市流动儿童，其心理健康状况也好于父母关系较差的城市流动儿童。

表 2.62 父母关系对城市流动儿童心理健康状况各内容量表的影响

	融洽	一般	较差	已离婚	F	η^2
学习焦虑	8.08 ± 3.83	8.68 ± 3.58	9.33 ± 3.45	9.03 ± 3.65	16.708 **	0.349
人际焦虑	4.06 ± 2.75	4.92 ± 2.66	5.43 ± 2.50	5.15 ± 2.76	51.119 **	0.215
孤独倾向	2.58 ± 2.59	3.40 ± 2.75	4.41 ± 2.84	3.60 ± 2.79	60.469 **	0.610
自责倾向	5.26 ± 3.10	5.73 ± 2.90	6.09 ± 3.10	6.17 ± 2.86	16.157 **	0.122
过敏倾向	5.26 ± 2.86	6.09 ± 2.58	6.36 ± 2.80	6.18 ± 2.47	39.885 **	0.278
身体症状	4.64 ± 3.61	5.89 ± 3.55	6.96 ± 3.83	6.37 ± 3.48	68.749 **	0.613
恐惧倾向	2.60 ± 2.68	3.32 ± 2.76	4.06 ± 2.97	3.86 ± 2.99	47.558 **	0.266
冲动倾向	2.35 ± 2.38	3.47 ± 2.61	4.42 ± 2.84	3.39 ± 2.75	104.373 **	0.875
MHT 总分	34.82 ± 17.27	41.5 ± 16.60	47.05 ± 18.02	43.75 ± 16.44	84.942 **	0.792

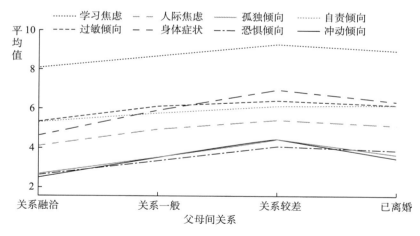

图 2.38 不同父母关系的城市流动儿童心理健康各内容量表的平均值

三 积极心理品质概况

城市流动儿童的积极心理品质发展状况略低于一般儿童平均水平。其中，创造力、洞察力、领导力、心灵触动这四项品质与一般儿童相比存在显著差异。

表 2.63　城市流动儿童积极心理品质的发展状况

	创造力	求知力	洞察力	真诚	执着	爱	友善	领导力	合作力	宽容	谦虚	持重	心灵触动	幽默	信念希望	总均分
平均值	3.18	3.46	3.26	3.48	3.53	3.51	3.55	3.17	3.61	3.77	3.60	3.52	3.96	3.53	3.77	3.52
标准差	0.84	0.91	0.86	0.99	0.80	0.95	0.83	0.95	0.84	0.93	0.91	0.89	0.92	1.06	0.93	0.64
中位数	3.00	3.33	3.33	3.33	3.44	3.67	3.50	3.00	3.50	4.00	3.67	3.33	4.00	3.33	3.80	3.50
众数	3	3	3	3	3	3	3	3	3	3	3	3	5	3	3	3
最小值	1	1	1	1	1	1	1	1	1	1	1	1	1	1	1	1.25
最大值	5	5	5	5	5	5	5	5	5	5	5	5	5	5.33	5	5

四　积极心理品质影响因素分析

（一）家庭经济状况

由表 2.64、图 2.39 可知，家庭经济因素对城市流动儿童积极心理品质的公正内容影响最为显著，对智慧与知识、勇敢和总均分影响较为显著，但对人性、节制和超越无显著影响。可以肯定的是，家庭经济状况较为困难的城市流动儿童，其积极心理品质平均分要低于家庭经济状况较为富裕或者经济状况一般的城市流动儿童。

表 2.64　家庭经济状况对城市流动儿童积极心理品质各内容量表的影响

	富裕	一般	困难	F	η^2
智慧与知识	3.26 ± 1.01	3.31 ± 0.75	3.18 ± 0.77	6.116*	0.189
勇敢	3.48 ± 0.68	3.52 ± 0.63	3.40 ± 0.64	7.592*	0.218
人性	3.55 ± 1.05	3.54 ± 0.79	3.45 ± 0.83	2.609	0.112
公正	3.52 ± 1.08	3.38 ± 0.79	3.30 ± 0.81	9.289**	0.512
节制	3.63 ± 1.08	3.64 ± 0.79	3.57 ± 0.81	1.377	0.078
超越	3.75 ± 1.09	3.75 ± 0.80	3.68 ± 0.83	1.402	0.013
总均分	3.53 ± 0.85	3.52 ± 0.62	3.43 ± 0.61	3.939*	0.166

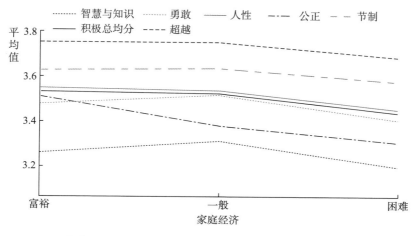

图 2.39　不同家庭经济状况的城市流动儿童积极心理品质各内容量表的平均值

（二）父母关系

由表 2.65、图 2.40 可知，父母关系对城市流动儿童积极心理品质总均分及各个内容量表的影响非常显著。父母关系较差的城市流动儿童，其积极心理品质总均分及各内容量表平均分都显著低于父母关系融洽或者父母关系一般的学生，甚至低于父母已经离婚的城市流动儿童。

表 2.65　父母关系对城市流动儿童积极心理品质各内容量表的影响

	关系融洽	关系一般	关系较差	已离婚	F	η^2
智慧与知识	3.35 ± 0.79	3.15 ± 0.69	3.11 ± 0.74	3.23 ± 0.75	26.424**	0.129
勇敢	3.56 ± 0.64	3.34 ± 0.55	3.28 ± 0.68	3.39 ± 0.66	52.261**	0.368
人性	3.64 ± 0.82	3.22 ± 0.71	3.09 ± 0.82	3.40 ± 0.80	106.616**	0.712
公正	3.47 ± 0.82	3.15 ± 0.72	3.04 ± 0.88	3.17 ± 0.87	69.671**	0.355
节制	3.70 ± 0.82	3.43 ± 0.75	3.39 ± 0.82	3.40 ± 0.88	49.380**	0.199
超越	3.82 ± 0.83	3.57 ± 0.78	3.54 ± 0.83	3.52 ± 0.93	40.140**	0.215
总均分	3.59 ± 0.65	3.31 ± 0.55	3.24 ± 0.62	3.35 ± 0.66	80.277**	0.619

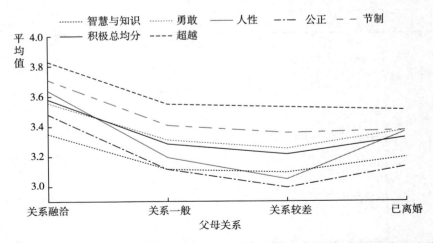

图 2.40　不同父母关系的城市流动儿童积极心理品质各内容量表的平均值

（三）性别差异

由表 2.66、图 2.41 可知，性别差异对城市流动儿童的积极心理品质总均分、智慧与知识、勇敢和超越内容量表影响非常显著，对人性内容量表影响较为显著，但对公正和节制影响不显著，并且城市流动儿童中女童的积极心理品质要好于男童。

表 2.66　性别差异对城市流动儿童积极心理品质各内容量表的影响

	男	女	*t*	*d*
智慧与知识	3.27 ± 0.83	3.34 ± 0.70	− 3.588 **	0.209
勇敢	3.45 ± 0.63	3.57 ± 0.64	− 7.209 **	0.618
人性	3.51 ± 0.86	3.56 ± 0.77	− 2.880 *	0.155
公正	3.38 ± 0.87	3.40 ± 0.77	− 1.134	0.079
节制	3.62 ± 0.87	3.64 ± 0.76	− 0.560	0.099
超越	3.71 ± 0.89	3.79 ± 0.77	− 3.670 **	0.351
总均分	3.49 ± 0.68	3.55 ± 0.60	− 3.572 **	0.295

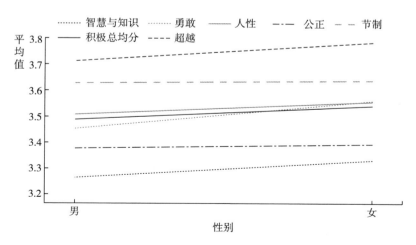

图 2.41　城市流动儿童积极心理品质各内容量表的性别差异的平均值

五　分析与讨论

以下从几个方面分析城市流动儿童遇到的问题。

自身适应能力。流动儿童正处于人生的成长期，其智力、身体等方面的发展都不够成熟。由于跟随父母来到城市，面对陌生的环境和人，流动儿童很难快速调节好自己的心态来适应。城市的生活学习环境与农村老家有很大的差别，城市学校的基础设施、师资力量远远优于农村学校的条件，教学方式与教材的差异都使流动儿童在学校学习中产生了一定的不适应性。城市管理制度对流动儿童支持不够，流动儿童在学校难以得到和城市儿童一样的待遇，这使心理承受能力较弱的流动儿童产生更加自卑的心理。

语言障碍。流动儿童在农村的教育环境下，大多是使用当地的方言同父母交流，与同伴之间也多用当地的方言进行交流。流动儿童来到城市后，由于城市学校教育都使用普通话，课余时间也会使用当地方言交流，流动儿童一时间难以改变自己的方言、口音，和学校同学、老师的沟通都可能产生一定的障碍。流动儿童在学校不敢大声说话，不敢回答提问，在和同学玩耍交流的过程中也往往保持沉默。流动儿童的语言障碍也是使流动儿童不适应学校生活的重要原因。

家庭经济状况。通常流动儿童父母的学历不高，所从事的工作也较不稳定，在经济方面较为拮据，难以给流动儿童提供较好的教育环境，也没有额外的经济条件为流动儿童报考辅导班、兴趣班等。这使流动儿童在学习成绩上与城市儿童存在一定的差距，对本就处于弱势地位的流动儿童更加不利。同时，由于流动儿童的家庭经济状况不太乐观，流动儿童较少参与课外活动。流动儿童所接触的大多为流动儿童而较少能接触到城市儿童，这就使流动儿童更难融入、适应城市生活。

家庭教育方式。流动儿童的学习成绩、心理情绪、人际交往等都会受到父母的影响。流动儿童的父母整体上受教育程度不高，在辅导流动儿童学习方面较为困难，同时与孩子的沟通交流方式也较为单一，缺乏更加科学的方法。这可能导致流动儿童在学业方面与城市儿童存在一定的差距，有的流动儿童父母工作较忙就更加无法顾及流动儿童心理、学业、人际交往等方面的适应情况。流动儿童的父母把子女带到城市，其目的就是想让儿童受到更好的教育，享受更多的教育资源，流动儿童父母自身的受教育水平不高对自己的子女寄予了过高的期望，导致流动儿童父母在子女的成绩不理想时不能予以正确的引导，而是一味地采取责怪的方式让流动儿童提高学业成绩。这导致流动儿童在面对学习成绩下降、学业困难时不敢与父母沟通，流动儿童的情绪受到较为严重的打击。

居住环境。流动儿童的家庭居住条件较差。许多流动儿童家庭都居住在城中村，那里环境差，人员较为复杂。许多流动儿童在家里由于地方狭窄，没有自己独立的房间和学习场所。这样的居住环境不利于流动儿童更好地学习、生活。同时，城中村里居住的人员较为复杂，这对于还处在重要成长期的流动儿童的生活习惯、行为观念等都有一定的不良影响。

学校教育管理。学校对学生进行管理时，没有考虑到流动儿童的特殊性，对流动儿童没有给予足够的关注，没有为流动儿童建立专门的管理档案。在流动儿童刚进入学校时，学校没有对其进行相应的心理辅导，流动儿童感受不到来自新学校的关心和帮助。有的学校在知道学校存在流动儿童被歧视的现象时，选择放任不管而不是采取相应的措施来减少该现象。学校教育的管理不当对流动儿童学习成绩、心理情绪等都有一定的影响，使流动儿童更加难以适应城市学校生活。此外，在学校与流动儿童最直接接触的就是学校的老师。大部分流动儿童由于教学方式、教材使用等方面的不同，学习成绩较不理想；因此个别老师对流动儿童也存在一定的偏见，较少关心流动儿童的学习情况，更不会帮助流动儿童进行学业辅导。这不仅使流动儿童的学习在学校无人问津，更使流动儿童在老师的偏见下变得更加的孤僻，阻碍了流动儿童更好地融入班级、学校大集体。老师对学生的偏见会影响学生的学习成绩，对流动儿童的行为习惯等也有着不良的影响。所以对学校而言要增强学校教职工的素养，鼓励老师多关注流动儿童的学习、生活情况，这对流动儿童的学校适应性有重要的作用。

相关制度。目前，越来越多的流动家庭涌入城市，国家却缺乏相应的法律法规保护流动儿童群体的权利，流动儿童在进入城市后仍然不能享受和城市儿童一样的教育资源和教育权利。同时，城乡的二元化制度对流动儿童的学校适应性也有不利影响，户籍制度让流动儿童深深感受到自己与城市儿童的不同和差距，使流动儿童对自身的认同感较为低下。

社会偏见。在日常生活中，某些城市儿童的家长也在有意无意间表现出了对流动儿童的偏见，不愿自己的孩子跟流动儿童玩耍，这使得流动儿童在面对城市儿童时产生一定的自卑感，对城市学校难以产生归属感，不利于流动儿童的学校适应。

第八节　农村留守儿童心理健康状况

一　心理健康概况

学术界对"留守儿童"的定义各有说辞。目前，众多关于留守儿童的定义主要围绕四个基本特征。第一，父母外出。父母外出是留守儿童概念构成的核心部分。在已有研究中，对父母外出这一特征的要求已经达成共识，即"父母双方或一方在外务工"。第二，父母外出时间。多数文章中对父母外出时间未加限制，仅以"长期在外务工"笼统带过。第三，儿童现居地。儿童现居地是其"留守"状态的一个体现，目前的概念中多以"留在户籍所在地"、"留在家乡"来限定。第四，儿童年龄。已有研究中关于留守儿童年龄的描述差别较大。教育领域的一些研究多以"学龄"代替"年龄",如丁杰、吴霓研究中所指的"处于义务教育阶段儿童"(6~16 岁)。[①]

本次调查涉及 14 个省、自治区、直辖市,分别为北京、广东、海南、湖南、吉林、江苏、江西、内蒙古、山东、陕西、上海、四川、西藏、新疆,根据东西部划分,此次数据东部地区为北京、上海、海南、江苏、广东、山东共 6 省份,中西部地区包括内蒙古、陕西、四川、西藏、新疆、湖南、吉林、江西共 8 省份。

表 2.67　农村留守儿童心理健康各个内容量表的区域对比

	东部	中西部	t	d
学习焦虑	8.18 ± 3.60	8.36 ± 3.54	− 3.117 *	0.179
人际焦虑	4.31 ± 2.63	4.55 ± 2.58	− 5.609 **	0.214
孤独倾向	2.83 ± 2.59	2.89 ± 2.54	− 1.460	0.035
自责倾向	5.60 ± 2.93	5.59 ± 2.86	0.198	0.098
过敏倾向	5.94 ± 2.71	5.89 ± 2.65	1.208	0.069
身体症状	5.13 ± 3.53	5.45 ± 3.47	− 5.460 **	0.321
恐惧倾向	2.91 ± 2.79	3.16 ± 2.78	− 5.476 **	0.298
冲动倾向	2.63 ± 2.41	2.91 ± 2.48	− 7.118 **	0.411
总分	37.54 ± 16.78	38.80 ± 16.54	− 4.673 **	0.322

由表 2.67 可知,中西部农村留守儿童的多项数值高于东部,这表明东部地区的农村留守儿童的心理健康水平略优于中西部地区。东部地区的农村留守儿童和中西部的农村留守儿童在学习焦虑方面存在差异,在总分、人际焦虑、身体症状、恐惧倾向和冲动倾向具有更加显著的差异,而在孤独倾向、自责倾向和过敏倾向上没有明显差异。这说明,农村留守儿童的心理健康指标在地域间存在差异。

---

① 吴霓,朱富言. 流动人口随迁子女在流入地升学考试政策分析 [J]. 教育研究,2014,35 (4):43 – 52.

二 心理健康影响因素分析

（一）年级差异

调查数据表明，年级差异与农村留守儿童的心理健康之间显著相关（p 值均小于 0.001）。其中小学阶段和初高中阶段的农村留守儿童的心理健康水平有显著差异，初中阶段与高中阶段的总均值相差较小。小学阶段农村留守儿童在自责倾向和恐惧倾向这两个指标上与中学相比得分最高，在其他指标得分大多数低于初中阶段和高中阶段，这说明小学阶段农村留守儿童的焦虑水平要低于初高中阶段的农村留守儿童；初中阶段的农村留守儿童在学习焦虑的指标上得分偏高，这说明他们在学习上的压力较大，初升高的考试在无形中给他们带来了负担；高中阶段的农村留守儿童在过敏倾向上得分最高，其他维度上的得分和初中阶段的留守儿童相差较小，这说明初中阶段和高中阶段的农村留守儿童的心理健康水平相差较小，只因高中阶段正值青春期大家的情绪波动较大，比较敏感，从而在过敏倾向上得分较高（见表2.68、图2.42）。

表 2.68　年级差异对农村留守儿童心理健康的各个内容量表的影响

	小学	初中	高中	F	η^2
学习焦虑	8.25 ± 3.58	8.60 ± 3.54	8.05 ± 3.56	30.478**	0.349
人际焦虑	4.19 ± 2.57	4.61 ± 2.64	4.59 ± 2.58	45.275**	0.321
孤独倾向	2.66 ± 2.32	3.07 ± 2.68	2.91 ± 2.68	33.999**	0.413
自责倾向	5.70 ± 2.84	5.68 ± 2.91	5.42 ± 2.91	15.113**	0.255
过敏倾向	5.40 ± 2.61	6.13 ± 2.66	6.27 ± 2.68	171.930**	0.765
身体症状	4.69 ± 3.33	5.70 ± 3.58	5.65 ± 3.52	145.224**	0.456
恐惧倾向	3.30 ± 2.79	3.14 ± 2.83	2.73 ± 2.69	59.794**	0.491
冲动倾向	2.39 ± 2.41	3.09 ± 2.50	2.98 ± 2.41	124.996**	0.477
总分	36.59 ± 16.37	40.01 ± 16.83	38.6 ± 16.60	56.100**	0.298

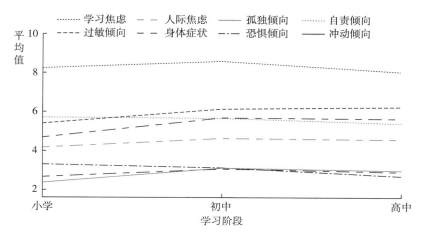

图 2.42 农村留守儿童心理健康的各个内容量表的年级差异的平均值

（二）性别差异

调查数据表明，在孤独倾向上性别因素并没有造成明显差异；但在学习焦虑、人际焦虑、自责倾向、过敏倾向、身体症状、冲动倾向方面女生得分均高于男生，双方存在差异（见表 2.69、图 2.43）。由此可见，在农村留守儿童中女生的心理健康水平比男生低，焦虑问题比较严重。

表 2.69 性别差异对农村留守儿童心理健康的各个内容量表的影响

	男	女	t	d
学习焦虑	8.01 ± 3.39	8.54 ± 3.45	− 9.658 **	0.259
人际焦虑	4.21 ± 2.03	4.58 ± 2.52	− 6.986 **	0.381
孤独倾向	3.01 ± 2.49	2.87 ± 2.51	0.048	0.093
自责倾向	5.61 ± 2.39	5.80 ± 2.83	− 9.716 **	0.143
过敏倾向	5.83 ± 2.51	6.10 ± 2.56	− 9.672 **	0.156
身体症状	5.13 ± 3.22	5.57 ± 3.42	− 9.734 **	0.198
恐惧倾向	3.78 ± 2.09	3.44 ± 2.85	− 19.018 **	0.719
冲动倾向	2.85 ± 2.34	3.06 ± 2.53	− 14.705 **	0.685
总分	38.11 ± 16.25	39.97 ± 16.41	− 13.819 **	0.592

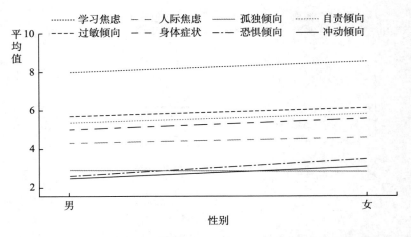

图 2.43 农村留守儿童心理健康的各个内容量表的性别差异的平均值

（三）亲子关系

由表 2.70、图 2.44 可知，家庭亲子关系对农村留守儿童的各项心理指标都有着明显的影响（p 值均小于 0.001），在关系融洽的家庭中长大的农村留守儿童在多项指标中得分最低，这说明家庭关系的融洽程度会对儿童的心理健康水平直接产生影响，一般是正相关关系。与此同时，在各项心理指标中，学习焦虑的分数明显高于其他心理指标，这说明亲子关系对农村留守儿童的学习状态产生显著的影响。其中，亲子关系越差，各项心理健康指标得分就越高，由此可见亲子关系的融洽能够使农村留守儿童焦虑降低，使其心理往好的方向发展，与其他亲子关系状态的儿童相比表现出显著的差异性。

表 3-70 亲子关系差异对农村留守儿童心理健康各个内容量表的影响

	关系融洽	关系一般	关系较差	没有联系	F	η^2
学习焦虑	8.18 ± 3.57	8.61 ± 3.54	8.77 ± 3.55	8.03 ± 3.52	16.069**	0.355
人际焦虑	4.22 ± 2.56	5.05 ± 2.58	5.62 ± 2.54	4.64 ± 2.72	124.702**	0.513
孤独倾向	2.57 ± 2.41	3.57 ± 2.76	4.51 ± 2.75	3.90 ± 2.86	210.083**	0.834
自责倾向	5.50 ± 2.90	5.84 ± 2.83	6.07 ± 2.85	5.80 ± 2.92	16.738**	0.269

续表

	关系融洽	关系一般	关系较差	没有联系	F	η^2
过敏倾向	5.76 ± 2.68	6.31 ± 2.62	6.75 ± 2.53	5.80 ± 2.75	53.081**	0.127
身体症状	4.99 ± 3.41	6.09 ± 3.58	7.50 ± 3.53	6.19 ± 3.46	148.659**	0.567
恐惧倾向	2.90 ± 2.73	3.41 ± 2.85	4.20 ± 3.00	3.86 ± 3.03	57.787**	0.219
冲动倾向	2.52 ± 2.34	3.46 ± 2.57	4.55 ± 2.79	3.42 ± 2.82	212.126**	0.896
总分	36.62 ± 16.30	42.33 ± 16.66	47.96 ± 16.78	41.66 ± 16.92	159.344**	0.166

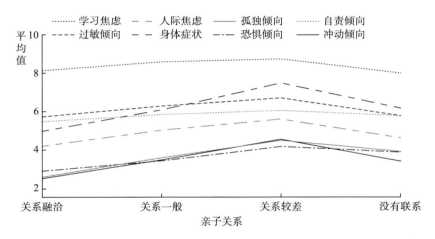

图 2.44　不同亲子关系的农村留守儿童心理健康各个内容量表的平均值

三　积极心理品质区域对比

由表 2.71 可知，农村留守儿童的积极心理指标在地域间几乎不存在差异，只有在勇敢这一指标上存在一些差异，但相差也不是太多，只有 0.06 的差距。东部地区的农村留守儿童勇敢品质指标得分略微高于中西部地区的农村留守儿童，说明东部地区的农村留守儿童更勇敢一些，而在其他品质维度上东部地区和中西部地区的儿童没有太大差别。东部地区的儿童比中西部的儿童在总均分上稍高一点，这可能和东部地区的较为优质的教育有关。只有抓好教育才能培养出德、智、体、美、劳全面发展的孩子。

表 2.71 农村留守儿童积极心理品质各个内容量表的区域对比

	东部	中西部	t	d
智慧	3.25 ± 0.72	3.24 ± 0.70	0.471	0.155
勇敢	3.52 ± 0.62	3.46 ± 0.60	5.856[*]	0.613
人性	3.46 ± 0.77	3.48 ± 0.74	−1.526	0.043
公正	3.27 ± 0.75	3.27 ± 0.74	−0.061	0.096
节制	3.59 ± 0.77	3.57 ± 0.74	1.964	0.072
超越	3.69 ± 0.78	3.70 ± 0.76	−1.192	0.078
总均分	3.46 ± 0.60	3.45 ± 0.56	0.895	0.109

四 积极心理品质影响因素分析

（一）年级差异

调查数据表明，年级差异对农村留守儿童的积极心理品质有明显的影响（p 值均小于 0.001）。其中，小学阶段和初中阶段的农村留守儿童积极心理品质的总均分无明显差异，与高中阶段的总均分呈现显著的差异。小学阶段农村留守儿童在勇敢、人性、公正指标上得分最高，说明小学阶段农村留守儿童积极心理品质相对更好；初中阶段农村留守儿童在智慧与知识、节制和超越方面得分最高，说明初中阶段他们积极心理品质相对高中阶段较好（见表 2.72、图 2.45）。

表 2.72 年级差异对农村留守儿童积极心理品质的各个内容量表的影响

	小学	初中	高中	F	η^2
智慧与知识	3.22 ± 0.75	3.29 ± 0.71	3.23 ± 0.65	12.813[**]	0.215
勇敢	3.57 ± 0.66	3.47 ± 0.59	3.39 ± 0.54	125.177[**]	0.422
人性	3.57 ± 0.83	3.44 ± 0.73	3.40 ± 0.67	84.953[**]	0.545

续表

	小学	初中	高中	F	η^2
公正	3.32 ± 0.81	3.30 ± 0.74	3.19 ± 0.66	47.575**	0.291
节制	3.60 ± 0.82	3.61 ± 0.74	3.53 ± 0.68	17.035**	0.139
超越	3.63 ± 0.81	3.75 ± 0.77	3.73 ± 0.72	36.898**	0.376
总均分	3.49 ± 0.64	3.48 ± 0.56	3.41 ± 0.51	26.889**	0.233

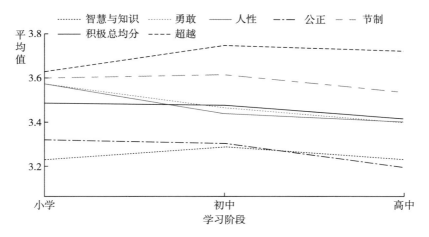

图 2.45　农村留守儿童积极心理品质各个内容量表的年级差异的平均值

（二）性别差异

调查数据表明，智慧与知识、勇敢、人性、超越这四个积极心理品质在性别方面具有差异，而公正和节制在性别方面没有明显的差异。除了公正一项女生和男生得分一致外，其余各项女生都高于男生（见表 2.73、图 2.46）。由此可见，在农村留守儿童中女生的积极心理品质更为突出。相对而言，在这一时期女生的接受和理解能力比男生强，也比男生更勇敢、更善良，具有较强自制力。导致这一现象的原因是女生发育要比男生早，心理成熟期也要早于男生，所以她们普遍比同时期的男生懂事，能为他人着想，会换位思考，因此她们的积极心理品质要优于男生。

表 2. 73　性别差异对农村留守儿童积极心理品质的各个内容量表的影响

	男	女	t	d
智慧与知识	3. 23 ± 0. 75	3. 26 ± 0. 66	− 2. 680 **	0. 561
勇敢	3. 44 ± 0. 62	3. 51 ± 0. 60	− 7. 344 **	0. 873
人性	3. 44 ± 0. 79	3. 50 ± 0. 72	− 5. 685 **	0. 435
公正	3. 27 ± 0. 79	3. 27 ± 0. 70	− 0. 091	0. 012
节制	3. 57 ± 0. 80	3. 59 ± 0. 71	− 0. 952	0. 093
超越	3. 66 ± 0. 82	3. 73 ± 0. 73	− 5. 250 **	0. 165
总均分	3. 43 ± 0. 62	3. 48 ± 0. 54	− 4. 453 **	0. 144

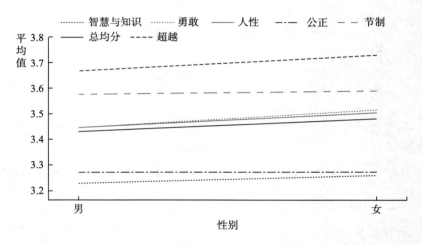

**图 2. 46　性别差异对农村留守儿童积极心理品质的
各个内容量表的平均值**

（三）亲子关系

由图 2. 74、表 2. 47 可知，六个积极心理品质在亲子关系方面均具有差异。亲子关系融洽的农村留守儿童在每个指标上得分都是最高的，这表明他们的积极心理品质要优于亲子关系一般、关系较差或是没有联系的家庭。这也充分表明亲子关系直接影响未成年人的积极心理品质状况，亲子关系越好，孩子拥有的积极心理品质就越多。智慧与知识、人性、公正这三者在亲子关系较差的农村留守儿童中获得最低分，勇敢、节制和超越这三者在没有联系的亲子关系中获得最低分。在亲子关系较差的家庭里，父母没有做好孩子的榜样，没有让孩子感受到温暖，因此，这些孩子通常表现得比较冷漠不近人情。而在没有联系的亲子关系家庭中，孩子明白一切都要靠自己，他们没有父母的庇护，因此，这些孩子通常表现得很独立也很懂事。

表 2.74　亲子关系差异对农村留守儿童积极心理品质的
各个内容量表的影响

	关系融洽	关系一般	关系较差	没有联系	F	η^2
智慧与知识	3.30 ± 0.71	3.11 ± 0.67	3.05 ± 0.75	3.06 ± 0.79	79.766 **	0.215
勇敢	3.55 ± 0.61	3.31 ± 0.55	3.23 ± 0.64	3.18 ± 0.63	188.154 **	0.588
人性	3.59 ± 0.73	3.17 ± 0.69	2.92 ± 0.77	3.20 ± 0.85	387.664 **	0.845
公正	3.35 ± 0.74	3.06 ± 0.69	3.02 ± 0.80	3.08 ± 0.81	168.268 **	0.417
节制	3.65 ± 0.75	3.41 ± 0.73	3.35 ± 0.82	3.30 ± 0.85	115.655 **	0.379
超越	3.77 ± 0.76	3.52 ± 0.76	3.45 ± 0.84	3.41 ± 0.84	117.922 **	0.299
总均分	3.53 ± 0.57	3.26 ± 0.53	3.17 ± 0.62	3.20 ± 0.64	257.950 **	0.787

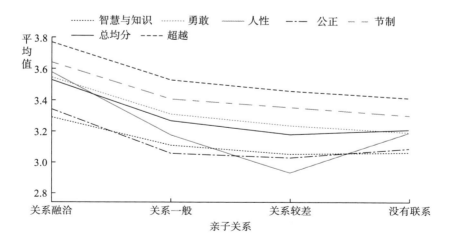

图 2.47　亲子关系差异对农村留守儿童积极心理品质的
各个内容量表的平均值

五　分析与讨论

以下从几个方面分析农村留守儿童遇到的问题。

社会经济发展结构不均衡。社会经济发展结构的不均衡，直接导致留守儿童的产生，从而间接影响了他们的心理健康水平。社会经济发展结构的不均衡主要表现在区域经济发展的不均衡、城乡二元体制的不均衡以及教育文化发展的不均衡这三个方面。区域经济发展的不均衡导致大量农村劳动力流入城市或沿海经济发达地区。城乡二元体制的不均衡使得农村儿童滞留在乡下不能随父母一起生活。二者结合在一起就产生了农村留守儿童问题。教育文化发展的不均衡则表现为农村的教育文化发展水平显著落后于城市及沿海发达地区，导致农村儿童在接受教育、享受文化氛围的熏陶方面明显不足。三者结合在一起就形成了影响农村留守儿童心理健康水平的宏观环境。农村留守儿童的心理健康指标在地域间存在显著差异，在人际焦虑、身体症状、恐惧倾向和冲动倾向这四个维度上具有显著差异。因为父母长期在外谋生，不在孩子身边，无法关心照料孩子的日常起居，农村留守儿童身体症状频发。农村留守儿童易在人际交往过程中受到阻碍而产生自卑心理，其他孩子容易把他们看作没有父母的孩子，从而嘲笑讥讽留守儿童，对他们的心理健康造成极大的创伤。但农村留守儿童的积极心理指标在地域间几乎不存在显著差异（东部总平均分为 3.46 分，中西部总平均分为 3.45 分），只有在勇敢指标上存在一些差异，其余指标均没有差异。

留守儿童教育体系不完善。留守儿童一般处于学龄阶段，这是他们获得新知识、了解与探索未来世界的关键时期。他们接受的教育的质量、数量都直接影响了他们的心理，例如认知、价值判断、对未来世界的行为选择等，进而决定了他们的心理健康水平。与正常儿童的认知需求相比，当前留守儿童的教育体系仍旧存在诸多弊端，主要体现为学校教育、家庭教育和社会教育的不足。

年级差异对农村留守儿童具有影响。有些学校认为学生在校时间不长，即使有心理问题也无法在其年龄较小时发现，要到 10 岁以后才比较明显，而 10 岁前他们基本上是在小学二三年级。初中三年是农村留守儿童心理问题频发的时期（心理焦虑得分为 40.01 分），年级差异对农村留守儿童的心理健康指标有明显的影响。学校缺乏心理健康辅导，教师的知识结构及管理能力有限。教师的关心支持和教育方式等是影响留守儿童心理健康的重要因素。

大多数农村留守儿童出现的心理问题得不到及时的疏通、解决，可能直到他们上高中时还存在着较为严重的心理焦虑问题（高中阶段农村留守儿童心理焦虑总分为 38.6 分）。在农村地区，大多数学校很少关注学生的心理健康状态，甚至连基本的心理教育专业老师也没有配备，更谈不上在课堂教学中包含心理健康教育环节以及针对未成年人心理发展规律、留守儿童心理特征而开设的心理健康教育课程。同时，出于应试教育的考虑，学校的所有活动都旨在提高考试成绩，同时缺乏必要的集体活动。

亲子关系、父母陪伴对农村留守儿童心理健康状况具有显著影响。亲子关系和谐可以减少农村留守儿童的焦虑（亲子关系和谐的农村留守儿童心理焦虑得分为 36.62 分），与其他亲子关系状态中的农村留守儿童心理健康水平表现出显著的差异性（亲子关系一般的得分为 42.33 分，亲子关系较差的得分为 47.96 分，没有联系的得分为 41.66 分）。没有亲子联系的农村留守儿童的学习焦虑得分最低为 8.03 分，其余各内容量表都是亲子关系越好，农村留守儿童的心理状态越健康。教育学、社会学的相关研究表明，在小学和初中这两个阶段的儿童更需要父母的关心照顾、指导和支持。在儿童成长社会化的过程中，环境对其认知形成起重要作用。在此期间，孩子与父母住在一起，能得到父母的良好照顾与情感关怀，生理、安全、情感等各种需求能够得到充分满足，就能对周围事物建立起信任感。相反，如果长期与父母分离，会导致亲子关系缺失，如果孩子没有得到父母充分的抚慰与关爱，则会对他人和环境产生不信任感，偏离正确的认识观、价值观与个性发展道路，以致对他们以后各阶段的社会化产生不良影响，甚至对他们今后能否成为一个健全的社会成员产生影响。

学校教育的依托与基础是家庭教育，良好的家庭教育环境可以使儿童在学校的学习更加自信、积极。儿童心理学的研究表明，儿童最早就是从模仿父母开始学习的，父母努力创造的温馨和谐的家庭氛围，让他们体验到成长的快乐与幸福。除了遗传因素，家庭的教育文化氛围也是形成未成年人优良品质重要的环境因素。相当多的留守儿童由祖辈担当临时监护人，但由于能力不足、责任不明、重点转移、缺乏精力等原因，临时监护人在对留守儿童的家庭教育方面严重缺失，远远不足以弥补其因父母缺席而造成的教育损失。

留守儿童人格特征偏差。留守儿童的人格和个性特征少部分是先天性的，而大部分是在后天的环境中，在某种诱因下逐步演变与发展的。这些诱因主要有：过度爱护与忽视并存的状态、仇恨财富与金钱崇拜之间的矛盾、同伴的不良表现与逆反心理的共鸣、先天性的人格缺陷在不良的后天环境下的加剧，等等。研究发现，学习焦虑、人际焦虑、自责倾向、过敏倾向、身体症状、恐惧倾向、冲动倾向在性别方面具有显著差异。除了孤独倾向外，其他所有内容量表的女生得分均高于男生，表明了女生的焦虑问题比男生严重（女生得分为 39.97 分，男生得分为 36.29 分）。留守儿童心理健康问题的产生原因很复杂，是多种因素协同作用的结果，除了上述原因外，还有社会支持系统的欠缺、留守儿童标签的心理暗示、社会公平的缺失、未成年人保护法规的疏漏与执行不到位等。限于篇幅，在此不一一详述，但也需要引起我们的重视。

第三章 中小学心理健康教育师资及服务状况的调查与分析

第一节 调查设计

一 问题提出

中小学心理健康教育是预防中小学生心理健康问题出现和遏制中小学生心理健康状况进一步恶化的重要屏障。我国中小学心理健康教育始于 20 世纪 80 年代，凭经验而论，这项工作虽在理论和实践层面均取得了较大成绩，但仍存在着师资队伍相对薄弱、服务观念相对滞后和存在偏差、服务队伍科学化和专业化水平不高、服务资源区域配置不平衡、服务管理与监督机制尚不健全等多种问题。

2016 年 8 月，习近平总书记在全国卫生与健康大会上明确指出，要加大心理健康问题基础性研究，做好心理健康知识和心理疾病科普工作，规范发展心理治疗、心理咨询等心理健康服务。2017 年 10 月，总书记在党的十九大报告中郑重宣告中国特色社会主义进入新时代，并明确提出要加强社会心理服务体系建设，培育自尊自信、理性平和、积极向上的社会心态，这标志着心理健康服务及其体系构建已经作为一项战略任务摆在新时代人们面前。在此背景下，中小学心理健康教育在新时代应具有新气象和新作为，这是实现中华民族伟大复兴中国梦的战略性要求。

加强中小学心理健康教育，构建科学专业、品质高端、开放协同、创新高效的中小学生心理健康服务体系，需要以科学和准确地把握我国当前中小学心理健康教育师资及服务状况为前提和基点，而非仅凭经验层次的个别了解和局部认识。查阅多年来的研究文献发现，我国研究者虽对中小学心理健康教育的现状、问题和对策做过不少研究，甚至可以说研究成果还非常丰富，但仍存在非常严重的不足。首先，定性研究较多，定量研究较少，而且科学性和专业性不够强。其次，研究仅限于局部地区，而且研究内容和方式都比较单一，缺乏对全国中小学心理健康教育和服务的全面系统研究，难以形成整体性认识和把握。最后，研究对策仅限于对个别问题的普遍性建议，针对性和操作性不强，而且缺乏理论和制度层面的建设性思考。

本部分针对已有相关研究的不足，以定量研究（问卷调查）和定性研究（集体访谈）相结合的方式，对全国中小学心理健康教育师资及服务状况进行抽样调研，并对调研结果进行深入而科学的分析，旨在科学和真实地探察新时代背景下全国中小学心理健康教育师资及服务状况，为中央及相关部门出台完善我国中小学心理健康教育师资及服务体系的政策提供科学依据。

二 调查对象与内容

本研究以从事中小学心理健康教育工作的一线教师为调查对象。从经济、文化、教育等多方面因素综合考虑，选取北京、广东、海南、湖南、吉林、江苏、江西、内蒙古、山东、陕西、上海、四川、西藏及新疆共14个省（区、市）作为调查研究的抽样区域。每个省和直辖市选取24所学校，每个自治区选取12所学校，样本学校的选取综合考虑了学校所在城市的经济条件和教育条件，顾及了进城务工子弟学校，也基本做到了小学、初中、高中三个学段的分配平衡。每所学校选派1名熟悉本校心理健康教育师资及服务状况的专兼职心理健康教育教师参加调研。原本预计参加调研的教师为300人，但由于调研过程中种种不可控因素的出现，实际有效参加调研的教师为251人，这些教师除了接受问卷调查外，同时也是参加集体访谈的人员。

本调查的内容是中小学心理健康教育师资及服务状况。问卷调查的内容具体包括四个部分：一是中小学心理健康教育师资的基本信息情况，二是中小学心理健康教育教师开展教育和服务工作的条件保障情况，三是中小学心理健康教育教师开展教育和服务工作的基本状况，四是中小学心理健康教育教师自身专业成长情况。这四部分内容相辅相成。集体访谈的内容主要包括三个部分：一是学生心理健康的基本状况、突出问题及主要原因；二是所在学校心理健康教育工作存在的不足之处，包括师资建设、专业服务、经费投入和工作机制等多个维度；三是就心理健康教育工作对学校和政府的意见或建议。这三部分是访谈的核心主题，但不完全拘泥于此。问卷调查的内容和集体访谈的内容相互印证和补充，旨在真实地了解中小学心理健康教育的师资及服务状况，为国家出台相关政策提供科学依据。

三　调查方法与工具

本调查采用定量研究和定性研究相结合的方法，来探察中小学心理健康教育师资及服务状况。

本调查中的定量研究指的是问卷调查研究，根据各地教师的实际需要采用网络版问卷调查或是纸质版问卷调查。问卷调查的工具由本研究团队根据国内外相关研究并结合本次调查目的自行设计，名为"中小学心理健康教育师资及服务状况调查"。问卷主要由四个结构模块共40道题目（包括单选、多选及根据实际情况自行填写）组成："基本信息"模块包括15道题目，主要了解中小学心理健康教育师资的基本信息情况；"条件保障"模块包括6道题目，主要了解中小学心理健康教育工作的条件保障情况；"服务状况"模块包括12道题目，主要了解中小学心理健康教育教师开展服务工作的基本情况；"专业成长"模块包括7道题目，主要了解中小学心理健康教育教师自身专业成长情况。四个模块相辅相成。

本调查中的定性研究指的是集体访谈（半结构式访谈）研究，这是为了更深入、更真实地了解中小学心理健康教育的师资队伍建设和服务状况而开展的。访谈提纲由本研究团队根据研究目的自行设计，名为"中小学心理健康教育师资及服务状况访谈提纲"。访谈提纲由三个方面的开放性问题组成：一是学生心理健康方面，主要包括学生心理健康的基本状况、突出问题及主要原因；二是心理健康教育工作方面，主要是所在学校心理健康教育工作在师资建设、专业服务、经费投入和工作机制等多个维度存在哪些不足或问题；三是意见或建议，主要是一线心理健康教育教师在心理健康教育工作方面对学校和政府有什么意见或建议。通过召开访谈会，大家围绕访谈提纲面对面畅所欲言（当然，每个人发言时间原则上有所限制，视具体情况而定），研究者可以倾听到来自中小学心理健康教育一线的真实生动的声音，获取通过间接方式无法获取的丰富信息。经受访者同意，访谈过程采用录音笔录音，访谈结束后对资料做进一步质性分析和处理。

四 调查过程与数据处理

本调查的过程分为四个阶段。第一阶段（2017.06～2018.04），组建研究团队，制订研究计划，明确任务分工，查阅相关文献并综述和分析国内外研究现状，根据中小学心理健康教育的内涵、趋势和状况进行理论分析，确定研究的对象、内容、方法并基于相关研究和本研究目的自主设计调查问卷和访谈提纲，请技术部门进行网络平台设计。第二阶段（2018.05～2018.06），对中小学心理健康教育师资及服务状况展开问卷调查和现场集体访谈，获取相应调研数据和资料。为方便开展问卷调查和顺利采集数据，由江苏卓顿信息科技有限公司负责配合开展工作，并请各省、市、县（区）文明办未成年人处协助推选符合要求的片区、样本地和样本学校，支持和配合课题研究组开展调研工作。第三阶段（2018.07～2018.08），对问卷调查数据和集体访谈资料进行规范整理和科学分析，并对研究资料作拓展研究，进一步探索中小学心理健康教育的有效机制和科学模式。第四阶段（2018.09～2018.10），撰写并形成调查研究报告。

本调查的数据处理遵循心理统计学和质性心理学的基本原理和操作规范，运用 SPSS 13.0 心理统计软件对问卷调查数据进行统计分析，运用 Nvivo 10 质性分析软件对集体访谈资料进行文本分析，通过定量分析和定性分析相结合来探究我国当前中小学心理健康教育的师资状况和服务状况，为进一步探索更加科学有效的中小学心理健康教育和服务模式提供事实依据。

第二节　中小学心理健康教育师资及服务状况的问卷调查与分析

一　总体状况

我们首先对问卷调查和集体访谈所获取资料的研究和分析结果做一个基本概括与分析，以展现当前我国中小学心理健康教育师资及服务的总体状况。

问卷调查的结果可以从四个基本方面来概括呈现。从调查到的中小学心理健康教育教师的基本信息情况来看：每所学校平均有专职教师大约 3 人，兼职教师大约 10 人；女性均显著多于男性，兼职教师明显多于专职教师；年龄多为 26～45 岁，这个年龄区间的心理健康教育教师比例高达 76%，这对于我国中小学心理健康教育来说是一件好事情，师生之间的隔阂不会因年龄差距过大而加深；受教育水平大多处于本科层次，占比 70% 多，而且具有硕士学位的研究生也在逐渐加盟中小学心理健康教育，比例已接近 19%；最高学历专业是心理学和教育学的比例最高，达到了 76.52%，这为中小学心理健康教育走向专业化道路奠定了坚实基础；高级和正高级职称者占到 50% 以上，还有超过 30% 具备二级心理咨询师职称，这说明目前正在从业的中小学心理健康教育教师已经具备一定的职称优势；从事心理健康教育工作的时间多在 10 年以内的教师，占到了近 75%，这在一定程度上反映出我国中小学心理健康教育发展较晚，工作人员从业经历和经验尚浅；目前担任或曾经担任行政职务者占到了近 40%，未担任行政职务者超过60%，不担任行政职务便于老师们不受行政事务干扰而专心从事心理健康教育工作，但在中小学管理依然充满行政化色彩的当代中国，在没有行政身份的情况下从事心理健康教育这项与"升学"不显性相关的工作，无形当中又存在诸多不利和不便；大约 40% 的心理健康教育教师每月工作收入在 2001～4000 元，35% 的心理健康教育教师每月工作收入在 4001～6000 元，6% 的心理健康教育教师每月工作收入在 2001元以下，还有近 20% 的心理健康教育教师月工作收入在 6000 元以上，当然，收入水平与地区、物价、职称、教龄和学校性质等密切相关。

从调查到的中小学心理健康教育教师开展工作的条件保障情况来看：中小学心理健康教育专项经费不充足，74.1% 的学校没有专项经费或每年经费不足 5000 元，有专项经费支持的学校多将经费用于教师专业培训、开展心理健康活动、设施和场地建设以及购买心理图书，并且老师们认为这些方面的经费投入与实际需要相差甚远，希望政府和学校加强对这些方面的专项经费投入；中小学心理健康教育相关功能室总面积有近 40% 的学校在 50 平方米以下甚至没有设置，50平方米及以上的学校仅占 60%，功能室的设置按照比例多少依次为个体心理辅导室、沙盘游戏室、团体辅导室、宣泄室、放松室、心理热线室以及其他功能室，总面积不充足在很大程度上也限制了功能室设置的多样性和心理健康教育的发展规模；近 70% 的学校的心理健康教育归属于德育处或政教处，心理健康教育属于哪个部门某种程度上决定了它在学校的地位以及发展的性质和模式。

从调查到的中小学心理健康教育教师开展服务工作的基本状况来

看：开展心理健康教育工作的主要形式有心理健康教育活动、心理咨询服务、心理健康教育课程、心理健康教育讲座、团体心理辅导以及网络心理健康服务等，其中心理健康教育活动、心理咨询服务及心理健康教育课程是中小学心理健康教育最常使用的三种形式；在心理咨询服务过程中使用人数最多的理论取向是认知行为，远高于人本主义、精神分析、家庭治疗和后现代等其他理论取向；超过30%的学校安排在每个年级都开设心理健康课，超过20%的学校安排在毕业班以外的所有年级均开设心理健康课，还有16%的学校只安排在初一或高一开设心理健康课；70%多的学校至少每两周安排一节心理健康课；近38%的学校没有固定的心理健康教材，27%的学校在使用省统编教材，29%的学校在使用校本教材，教材开发的不充分在某种程度上限制了中小学心理健康教育课程的质量；教授心理健康课所使用的方法主要有体验互动法、案例分析法和知识讲授法等，其中最普遍使用的方法是体验互动法，占到80%以上，当然，同时也在使用其他方法的学校占据了很大比例；90%的中小学心理健康教育教师每周接待个体咨询的人数在5人以内，76%的中小学心理健康教育教师每周开展团体辅导的次数在2次及以下，74%的学校每学期举办心理健康活动的次数不足5次，其实很多活动可以通过心理健康学生社团来开展，但仅有55%的学校设置了心理健康学生社团；学生心理档案的建立工作尚需加强，仅有不到30%的学校为全部年级学生建立了心理档案，尚有70%的学校仅为部分年级学生建立了心理档案或根本没有建立心理档案；当在心理健康辅导方面遇到专业性问题时，超过30%的人会向有督导资质的心理咨询专家求助，超过50%的人会向校内外从事心理健康教育的老师求助，还有近15%的人会选择自己钻研解决问题。

从调查到的中小学心理健康教育教师的专业成长情况来看：近75%的教师已具有国家二级或三级心理咨询师资质，还有近8%的教师具有当地颁发的心理健康教育教师专业资格证书，这说明我国中小学心理健康教育从业者普遍具有达到一定要求的专业资质；大约25%的心理健康教育教师接受过240学时以上的专业培训，近60%的心理健康教育教师接受专业培训不足120学时，而且近65%的心理健康教育教师接受心理咨询督导的时间在10学时以下，接受专业培训和心理督导的学时数普遍不足是制约我国中小学心理健康教育教师专业成长的最主要因素；接受过专业培训的教师参加最多的是市级专业培训，其次是省级和县区级专业培训，只有30%的人参加过国家级的专业培训，而且参加每种级别专业培训的次数没有确切数据；中小学心理健康教育教师在从事心理健康教育和服务工作的同时，还积极参与心理健康方面的科学研究工作，大约60%的人发表过相关专业论文，而且发表过3篇以上专业论文的人数达到20%以上，大约67%的人主持或参与过相关专业课题研究，而且超过30%的人主持或参与过国家级或省部级课题，这说明中小学心理健康教育教师正在走向科研与实务相结合的专业发展道路；近67%的心理健康教育教师获得过校级教学能手、县区骨干教师学科带头人、市骨干教师学科带头人、省骨干教师学科带头人、特级教师甚至全国模范教师等荣誉称号，这说明中小学心理健康教育教师在追求个人专业成长方面葆有积极热情。

集体访谈的结果与问卷调查的结果相互印证，可以从三个维度来概括呈现。第一，心理健康教育教师所了解的中小学生心理健康状况、问题及原因。心理健康教育教师们认为，目前中小学生的心理健康状况总体良好，但跟前些年相比心理健康呈现出问题数量越发增多、问题类型越发多样、问题程度越发严重的特点，而且心理问题的发生呈现出低龄化趋势。

目前中小学生存在的突出心理问题包括：人际关系问题，如亲子关系不融洽、同伴关系不友好、师生关系不顺畅等；学习问题，如学习适应不良、学习方法不当、学习动力不足、学习压力过大、考试焦虑、厌学逃学、学习拖延等；自我价值问题，如自卑、自负、孤僻、责任感缺乏、自我认同感低、无意义感强等；情绪问题，如易愤怒、易焦虑、易恐惧、易受激惹、敏感等；青春期心理问题，如逆反行为、过激行为、校园欺凌、校园暴力、青春期自杀及自伤、早恋等；其他问题，如网络成瘾、手机依赖、追星、生涯规划、躯体化症等；特殊人群心理问题，如农村留守儿童、城市流动儿童、单亲家庭儿童及残疾儿童等特殊人群普遍存在着内向、敏感、自卑、焦虑等问题。

究其原因主要包括：家庭原因，如家庭教育缺失、家庭教养方式不当、家庭关系处理不当、父母对孩子关注不够等；学校原因，如学校教育出现偏差、学校缺乏系统心理健康教育、学校过于关注升学率等；社会原因，如贫富差距拉大、评价体系单一、社会过于功利化、价值观多元化、网络全方位进入生活等；成长原因，许多心理问题是儿童成长过程中的发展性问题，如青春期问题等。

第二，心理健康教育教师所认为的学校心理健康教育工作存在的不足或问题。师资建设方面：心理健康教育教师特别是专职心理健康教育教师严重不足，而且存在地区不平衡，不发达的偏远或农村地区更严重；心理健康教育教师职称评审受限制甚至歧视，心理工作得不到有效承认；心理健康教育教师往往被赋予多重身份，兼职从事了许多其他杂事；心理健康教育教师缺乏专业培训和专业督导；心理健康教育教师工作压力过大。专业服务方面：学校领导对心理健康教育重视不够，很多心理咨询设施是摆设；多数学校开设心理健康教育课，但课时有限且不覆盖所有年级，也没有统一教材，课程内容和质量无法有效保障；心理健康教育活动的开展不够专业、随机性和随意性太大，而且缺乏预防性和发展性的心理健康教育活动；专业服务形式单一，量表使用不规范，更像是思想政治教育；学校内部资源无法协调整合，心理健康教育教师在开展大型心理健康教育活动时常常孤立无援；心理健康教育德育化和学科化倾向严重；心理健康教育狭隘化，没有辐射到班主任和各科任课教师；开展心理健康服务的空间和时间不充足。

经费投入方面：心理健康教育经费普遍不足，导致心理健康教育教师参加专业培训和督导、购买专业书籍和设备及开展大型心理健康教育活动没有经费保障，当然这种状况也存在很大地区差异；工作机制方面：心理健康教育发展如何在很大程度上取决于学校相关领导是否重视，学校分管心理健康教育的领导往往缺乏心理健康教育的受训经历，因而对心理健康教育工作不内行也不支持；学校心理健康教育没有与所在地区的心理健康辅导站很好地协同开展工作，未能很好地整合校内外心理健康教育资源；教育行政部门未设置专职的心理教研员岗位，不能对片区的心理教师进行系统的培训和指导；多数学校缺乏科学有效的心理健康教育工作机制，基本上是心理健康教育教师单打独斗，教务部门、班主任及学科教师没有积极参与进来。

第三，心理健康教育教师对学校和政府的意见或建议。对学校的意见或建议：校领导要切实重视学生及教师的心理健康，制定有利政策并整合校内外资源加强和支持心理健康教育和服务工作；配备足够数量的专职和专业的心理健康教育教师，并且严格做到专人专用；增加心理健康教育的专项经费投入，支持心理健康教育教师开展丰富多彩的心理健康教育活动，鼓励他们接受专业培训和督导，促进他们专业成长和发展；规范开设心理健康教育课程；提升心理健康教育教师在学校地位，打通他们的职称晋升渠道；合理计算和公平认定心理健康教育工作量，提高心理健康教育教师的工资待遇。

对政府的意见或建议：制定科学合理的政策，规范、监督和推进中小学心理健康教育发展；在社会上普及和宣传心理健康教育理念；根据各学校心理健康教育现状，有差别地提供更具针对性的指导和支持；增加中小学心理健康教育的专项经费投入，用于心理健康教育教师根据个人工作需要参加专业培训和心理督导，购买心理健康教育专业设备和书籍，提高心理健康教育教师待遇；关注和宣传为心理健康教育事业做出突出贡献的中小学教师典型；专门创建针对农村留守儿童、城市流动儿童及特殊儿童的心理健康服务网络；设置并增加中小学心理健康教育教师岗位编制；制定心理健康教育教师与其他各科教师平等的职称评审政策；组织编写统一的中小学心理健康教育教材，并建立相应的课程标准。

二　问卷调查

（一）基本信息

1. 抽样学校的地区分布情况

由图 3.1 可以看出，参与本次问卷调查和集体访谈的中小学校分布在全国 14 个省、自治区、直辖市，14 个地域参与调研的学校数量由多到少依次是吉林 31 所（12.40%）、山东 26 所（10.40%）、四川 26 所（10.40%）、江苏 24 所（9.60%）、江西 24 所（9.60%）、广东 24 所（9.60%）、湖南 20 所（8.00%）、海南 17 所（6.80%）、上海 12 所（4.80%）、西藏 12 所（4.80%）、陕西 11 所（4.40%）、内蒙古 11 所（4.40%）、新疆 8 所（3.20%）、北京 5 所（2.00%），共 251 所学校。本次调研的学校抽样综合考虑和权衡了各地域的经济、文化、教育等多方面因素，具有广泛代表性。

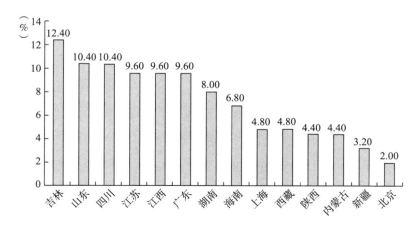

图 3.1　抽样学校的地区分布情况

2. 抽样学校的地区属性

图 3.2 显示，抽样得到的 251 所中小学有 76.89% 位于城市，6.37% 位于农村，16.73% 位于乡镇。

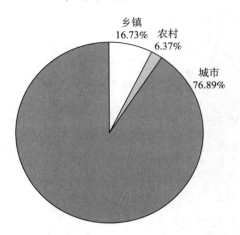

图 3.2　抽样学校的地区属性

3. 抽样学校的办学属性

图 3.3 显示，抽样学校中 91.63% 属于公办学校，4.38% 属于民办学校，2.79% 属于外来务工人员子弟学校，还有 1.20% 属于其他性质学校（例如，公私合办、双轨运行，等等）。

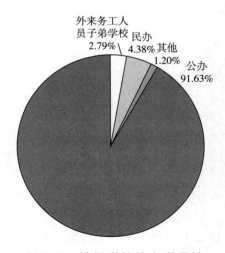

图 3.3　抽样学校的办学属性

4. 抽样学校的办学层次

我们从图3.4中能够看出，抽样学校的办学层次分布比较均匀，其中高中占到32.27%，初中占到23.51%，小学占到30.68%，其他类型（例如，九年一贯制学校、十二年一贯制学校）占到13.55%。

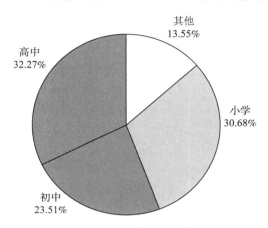

图3.4 抽样学校的办学层次

5. 抽样学校的发展层次

由图3.5可知，就学校发展层次而言，42.63%的抽样学校属于普通学校，22.31%的抽样学校属于省重点学校，17.53%的抽样学校属于县（区）重点学校，13.55%的抽样学校属于市重点学校，3.98%的抽样学校属于其他层次学校（例如，国家重点、市示范学校等）。

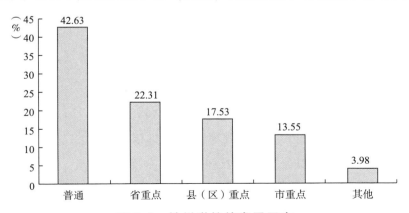

图3.5 抽样学校的发展层次

6. 抽样学校心理健康教育师资情况

表3.1显示，抽样学校心理健康教育专职教师平均每所为3.02人，其中每所学校男性教师平均为1.11人，女性教师平均为1.91人，专职教师师生比为1:779；抽样学校心理健康教育兼职教师平均为每所10.42人，其中每所学校男性教师平均为2.84人，女性教师平均为7.58人，兼职教师师生比为1:226。显而易见，目前中小学心理健康教育兼职教师多于专职教师。此外，抽样调查学校的专职心理健康教育教师师生比之所以能达到1:779，可能与取样过程中没有做到完全随机有关，也即抽样地相关部门在抽取调研学校时可能选取了专职心理健康教育教师师生比较高的学校，因此中小学专职心理健康教育教师的实际师生比可能远远低于1:779。专职心理健康教育教师相对缺乏，很大程度上限制了中小学心理健康教育工作走向规范化、专业化和系统化。

表3.1　抽样学校心理健康教育师资情况

教师类别	性别	人数（均值）	师生比
专职教师 均值：3.02	男	1.11	专职师生比 1:779
	女	1.91	
兼职教师 均值：10.42	男	2.84	兼职师生比 1:226
	女	7.58	

7. 抽样学校心理健康教育教师的性别分布情况

从图3.6可以看出，参与本次调研的251名中小学心理健康教育教师中，有55名为男性，占21.91%；女性有196名，占78.09%。这反映出我国目前中小学心理健康教育教师以女性为主。

8. 抽样学校心理健康教育教师的年龄分布情况

从图3.7可以看出，在中小学心理健康教育教师群体中，26～35岁是人数最多的群体，占40.64%；其次是36～45岁群体，占35.46%；46～

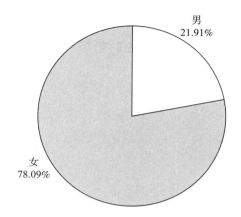

图 3.6　抽样学校心理健康教育教师的性别分布情况

55 岁群体占 12.75%；25 岁及以下群体占 10.36%；56 岁及以上群体占 0.79%。这说明我国中小学心理健康教育教师以 26 岁到 45 岁的年轻人群为主，他们易于接受新事物，学习和上进心较强，如果加强专业培养，可以为我国中小学储备一大批专业的心理健康教育人才。

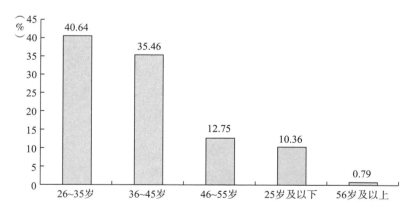

图 3.7　抽样学校心理健康教育教师的年龄分布情况

9. 抽样学校心理健康教育教师的受教育水平情况

图 3.8 显示，70.52% 的中小学心理健康教育教师具有本科学位，18.73% 的中小学心理健康教育教师具有硕士学位，6.77% 的中小学心理健康教育教师具有大专学历，3.59% 的中小学心理健康教育教师为中专及以下学历，0.40% 的中小学心理健康教育教师具有博士学

位。这说明89.65%的中小学心理健康教育教师具有本科及以上受教育水平，而且有向硕士和博士迈进的趋势。

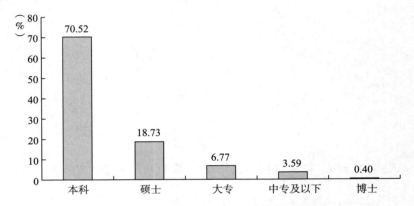

图3.8　抽样学校心理健康教育教师的受教育水平情况

10. 抽样学校心理健康教育教师的最高学历专业情况

图3.9显示，中小学心理健康教育教师中最高学历专业是心理学的比例最高，占43.82%，后面比例由高至低依次是教育学专业（占32.70%）、其他专业（如英语专业、教育管理专业、思想政治教育专业等，占19.52%）、社会工作专业（占2.39%）和医学专业（占1.59%）。最高学历专业是心理学和教育学的比例最高，达到了76.52%，这为我国中小学心理健康教育走向专业化道路奠定了坚实基础。

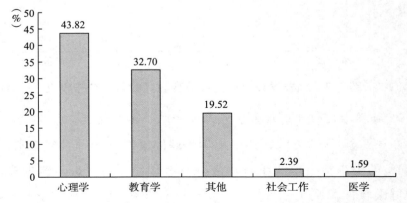

图3.9　抽样学校心理健康教育教师的最高学历专业情况

11. 抽样学校心理健康教育教师的职称情况

图 3.10 显示，抽样到的中小学心理健康教育教师拥有高级职称的人数最多，比例是 39.84%，二级职称的比例是 31.47%，正高级职称的比例是 15.94%，未定级的比例是 9.56%，三级职称的比例是 2.79%。高级和正高级职称者占到 50% 以上，还有超过 30% 的教师具备二级职称，这说明我国目前正在从业的中小学心理健康教育教师已经具备一定的职称优势。

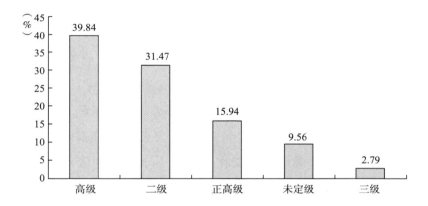

图 3.10 抽样学校心理健康教育教师的职称情况

12. 抽样学校心理健康教育教师从事心理健康工作的时间

图 3.11 显示，抽样教师中从事心理健康教育工作时间不足 3 年的人数最多，所占比例为 30.28%；其次是工作时间在 10 年以上的（含 10 年），所占比例为 25.50%；然后是工作时间在 3～6 年（含 3 年）的，所占比例是 24.70%；人数最少的是工作时间 6～10 年（含 6 年）的，所占比例是 19.52%。但总体来看，从事心理健康教育工作的时间多在 10 年以内，占到了近 75%，这在一定程度上反映出我国中小学心理健康教育发展较晚，工作人员从业经历和经验尚浅。

13. 抽样学校心理健康教育教师担任行政职务的情况

从图 3.12 我们可以看出，60.56% 的中小学心理健康教育教师没

未成年人心理健康及服务状况（2019）

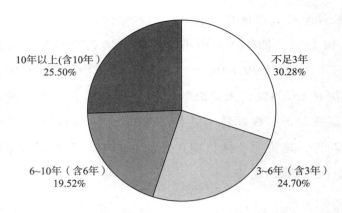

图 3.11　抽样学校心理健康教育教师从事心理健康工作的时间

有担任任何行政职务，33.47% 的中小学心理健康教育教师承担一定的行政职务，5.98% 的中小学心理健康教育教师曾经担任过一定行政职务。总的来看，目前担任或曾经担任行政职务者占到了近40%，未担任行政职务者超过60%，不担任行政职务便于老师们不受行政事务干扰而专心从事心理健康教育工作，但在中小学管理依然充满行政化色彩的当代中国，在没有行政身份的情况下从事心理健康教育这项与"升学"不显性相关的工作，无形当中又存在诸多不利和不便。

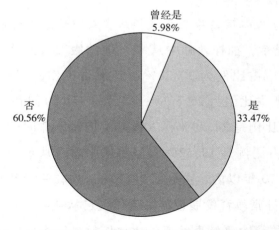

图 3.12　抽样学校心理健康教育教师担任行政职务的情况

132

14. 抽样学校心理健康教育教师专兼职情况

图 3.13 显示，抽样心理健康教育教师中专职教师比例为 59.36%，兼职教师比例为 40.64%，专职教师明显多于兼职教师，这与表 3.1 所显示的结果貌似不一致。表 3.1 显示，抽样学校心理健康教育专职教师平均为 3.02 人，而兼职教师平均为 10.42 人，兼职明显多于专职。事实上，本部分所调查的是抽样心理健康教育教师即 251 人，而表 3.1 是以这些抽样教师所在学校的心理健康教育教师总人数为计算基数的，两者调查的对象实际上不是同一群人。因此，这种不一致也属正常。这和抽样人员抽样时所把控的标准有很大关系。

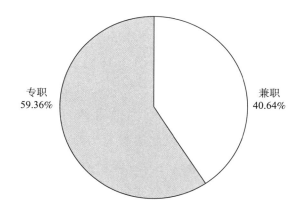

图 3.13 抽样学校心理健康教育教师专兼职情况

15. 抽样学校心理健康教育教师的月收入水平

从图 3.14 我们能够看出，39.84% 的中小学心理健康教育教师月收入在 2001～4000 元，35.06% 的中小学心理健康教育教师月收入在 4001～6000 元，19.12% 的中小学心理健康教育教师月收入在 6000 元以上，5.98% 的中小学心理健康教育教师月收入在 2000 元及以下。我们很难绝对地判定月收入达到哪个水平才算高或低，因为这个判断标准与地区、物价、职称、教龄、学校性质等密切相关。

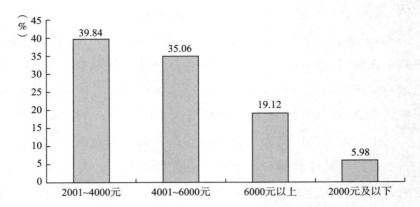

图 3.14　抽样学校心理健康教育教师的月收入水平

（二）条件保障

1. 中小学心理健康教育每年专项经费情况

在所调查的中小学样本中（见图 3.15），36.25% 的学校没有心理健康教育专项经费，37.85% 的学校的心理健康教育专项经费在 5000 元及以下，8.76% 的中小学心理健康教育专项经费在 5001 ～ 10000 元，11.95% 的中小学心理健康教育专项经费在 10001 ～ 30000 元，5.18% 的中小学心理健康教育专项经费在 30001 元及以上。总体而言，74.10% 的学校没有专项经费或每年经费在 5000 元及以下，这反映出中小学心理健康教育专项经费明显不充足。当然，专项经费多少合适，与所在地区和学校规模密切关联，从根本上取决于心理健康教育工作者对专项经费的实际需要。

2. 中小学心理健康教育专项经费的应用范围

从图 3.16 我们可以看出，54.18% 的中小学将心理健康教育专项经费用于教师专业培训，53.78% 的中小学将心理健康教育专项经费用于心理健康活动的开展，48.61% 的中小学将心理健康教育专项经费用于设施建设，45.82% 的中小学将心理健康教育专项经费用于相关图书的购买，39.84% 的中小学将心理健康教育专项经费用于场地建设，还有 6.77% 的中小学将专项经费用于其他方面。也就是说，有

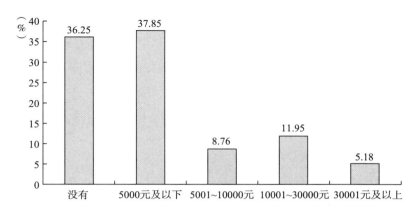

图 3.15　中小学心理健康教育每年专项经费情况

心理健康教育专项经费支持的学校多将经费用于教师专业培训、心理健康活动开展、设施和场地建设以及相关图书购买。

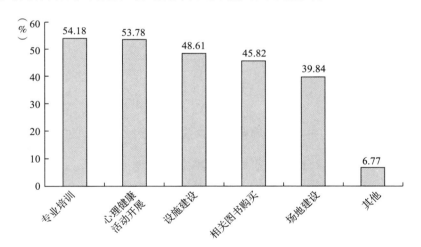

图 3.16　中小学心理健康教育专项经费的应用范围

3. 中小学心理健康教育需要加强经费投入的方面

图 3.17 显示，86.85%的中小学心理健康教育教师认为需要加强经费投入的是教师的专业培训，71.31%的中小学心理健康教育教师认为在其他方面需要加强经费投入（例如，领导重视、师资力量、教师待遇等），69.32%的中小学心理健康教育教师认为需要加强心理健

康活动开展的经费投入，57.37%的中小学心理健康教育教师认为需要加强设施建设的经费投入，54.98%的中小学心理健康教育教师认为需要加强相关图书购买的经费投入，48.21%的中小学心理健康教育教师认为需要加强场地建设的经费投入。老师们认为这些方面的经费投入与实际需要相差甚远，希望政府和学校能够加强对这些方面的专项经费投入。

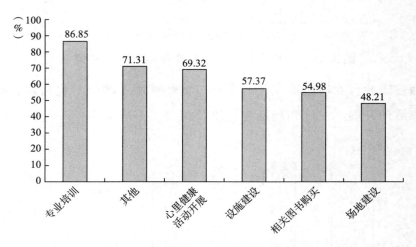

图 3.17　中小学心理健康教育需要加强经费投入的方面

4. 中小学心理健康教育相关功能室总面积

从图 3.18 的调查数据可以看出，31.08%的中小学心理健康教育相关功能室的总面积在 50 平方米及以下，23.51%的中小学心理健康教育相关功能室的总面积在 101～200 平方米，22.31%的中小学心理健康教育相关功能室的总面积在 51～100 平方米，17.13%的中小学心理健康教育相关功能室的总面积在 201 平方米及以上，还有 5.98%的中小学没有设置心理健康教育相关功能室。也就是说，近40%的学校心理健康教育相关功能室总面积在 50 平方米及以下甚至没有设置，50 平方米以上的学校仅占 63%，这说明我国中小学心理健康教育相关功能室在面积方面还有很大的提升空间。

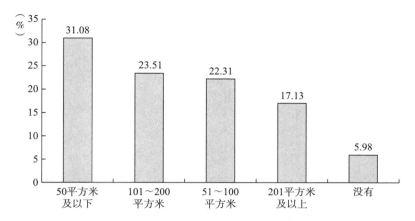

图 3.18　中小学心理健康教育相关功能室总面积

5. 中小学心理健康教育相关功能室设置情况

从图 3.19 中我们可以很明显地看出，81.27% 的中小学设立了个体心理辅导室，65.34% 的中小学设立了沙盘游戏室，60.96% 的中小学设有团体辅导室，50.60% 的中小学设有宣泄室，45.42% 的中小学建有放松室，22.31% 的中小学设有心理热线室，10.36% 的中小学设有其他功能室（例如，心理阅览室、档案室、心理测量室、接待室、游戏室，等等），7.57% 的中小学没有设置任何心理健康教育相关功能室。功能室的设置按照比例高低依次为个体心理辅导室、沙盘游戏室、团体辅导室、宣泄室、放松室、心理热线室以及其他功能室，总面积不充足在很大程度上也限制了功能室设置的多样性和心理健康教育的发展规模。

6. 中小学心理健康教育工作归属部门

由图 3.20 可以看出，在所调查的样本中，42.23% 的中小学的心理健康教育工作归属于德育处，27.09% 的中小学的心理健康教育工作归属于政教处，10.76% 的中小学的心理健康教育工作归属于教科室，10.36% 的中小学的心理健康教育工作归属于其他部门（例如，教导处、学生发展中心、总校办公室、工会、行政班、独立设置，等等），9.56% 的中小学的心理健康教育工作归属于学生处。总体而言，

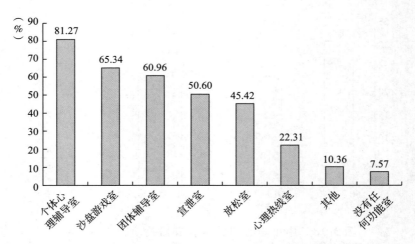

图 3.19　中小学心理健康教育相关功能室设置情况

近 70% 的学校的心理健康教育工作归属于德育处或政教处，心理健康教育工作归属于哪个部门主管，在某种程度上决定了它在学校的地位以及发展模式。

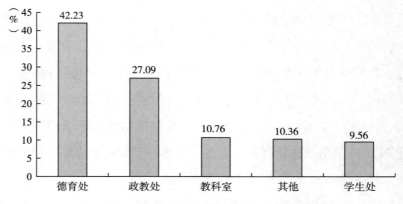

图 3.20　中小学心理健康教育工作归属部门

（三）服务状况

1. 中小学开展心理健康教育的形式

从图 3.21 可以看出，中小学开展心理健康教育的形式按照采用学校的多少依次为心理健康教育活动（80.48%）、心理咨询服务

（80.48％）、心理健康教育课程（80.08％）、心理健康教育相关讲座（78.09％）、团体心理辅导（65.34％）、网络心理健康服务（25.90％）、其他（8.37％）。其中，心理健康教育活动、心理咨询服务及心理健康教育课程是中小学最常用的三种心理健康教育形式。当然，除了上述已明确的心理健康教育形式外，"其他"这一选项中，老师们填写了家长培训、心理剧、学生个体心理辅导、家长的辅导、沙盘游戏、悄悄话信箱、心理报、班主任心理培训、送教社会、心理社团、心理普查、心理班会等。这说明，中小学开展心理健康教育的形式是丰富多样的。

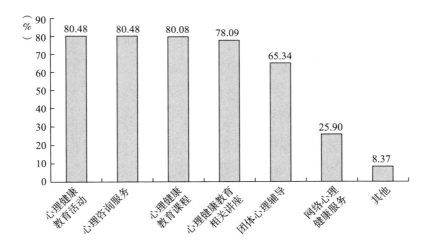

图 3.21　中小学开展心理健康教育的形式

2. 中小学心理健康教育教师心理咨询的主要理论取向

如图 3.22 所示，在中小学心理咨询服务过程中使用人数最多的理论取向是认知行为（55.78％），远远高于人本主义（16.33％）、精神分析（11.16％）、家庭治疗（9.56％）、后现代（2.79％）以及其他（4.38％）等理论取向。究其原因：一方面是因为认知行为取向具有高聚焦、易上手、用时短、见效快的特点；另一方面是因为中小学生的认知能力处于快速发展阶段，具有高度可塑性。此外，心理健康教育教师作为教师本身还承担着教育者的功能，倾向于传输积极健康的心理学知识。

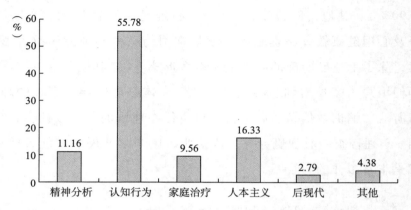

图 3.22　中小学心理健康教育教师心理咨询的主要理论取向

3. 中小学心理健康教育课程年级开设情况

图 3.23 显示，中小学每个年级均开设心理健康教育课程的比例为 33.90%，约占全部学校的三分之一；安排在除毕业班之外的所有年级均开设心理健康教育课的比例为 22.30%；选择其他开设方式的学校比例为 43.80%，其中选择只在初一或高一开设的有 41 所学校，占 16.33%。

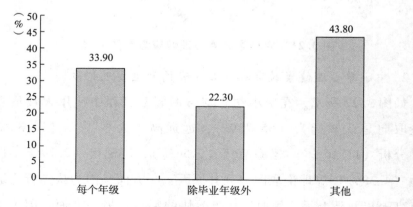

图 3.23　中小学心理健康教育课程年级开设情况

4. 中小学心理健康教育课程课时安排情况

从图 3.24 中我们可以看出，70.12% 的中小学至少每两周安排一节心理健康教育课，其中 38.25% 的中小学每两周安排一节，31.87% 的中小学每周安排至少一节。另外，有 20.32% 的中小学不定时开设心理健康教育课，9.56% 的中小学心理健康教育教师选择了其他情况，如每月开设一次、不开设等。

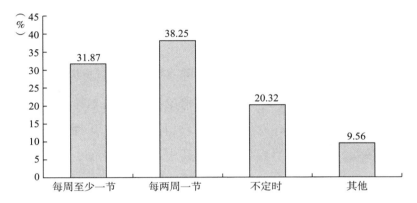

图 3.24 中小学心理健康教育课程课时安排情况

5. 中小学心理健康教育课程的教材情况

由图 3.25 可知，在中小学心理健康教育课程中，37.84% 的学校没有固定教材，27.09% 的学校在使用省统编教材，28.69% 的学校在使用校本教材，还有 6.37% 的学校选择了其他教材。教材开发的不充分和教材使用的不规范在某种程度上降低了中小学心理健康教育课程的质量。

6. 中小学心理健康教育课主要的教授方法

从图 3.26 可以看出，就中小学心理健康教育课的教授方法而言，按照使用的普遍性程度从低到高依次是其他方法（7.97%，如谈论、辩论、头脑风暴、情境在线、心理视频等）、知识讲授法（58.57%）、案例分析法（58.96%）、体验互动法（84.86%），其中体验互动法是中小学最普遍使用的教授方法，占到80%以上，该方法利用活动、游

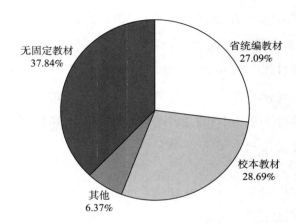

图 3.25　中小学心理健康教育课程的教材情况

戏等多种方式使得中小学生可以获得情感体验和认知改变，课堂效果较好，符合中小学生身心发展的特点。当然，上述几种方法很多学校都在同时使用，很少有学校仅仅使用其中某一种方法。

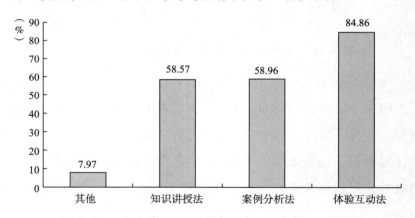

图 3.26　中小学心理健康教育课主要的教授方法

7. 中小学心理健康教育教师每周接待个体咨询的人数

从图 3.27 可以看出，中小学心理健康教育教师每周接待个体咨询的情况如下：4.78% 的教师每周接待个体咨询人数在 9 人及以上，6.77% 的教师每周接待个体咨询人数在 6~8 人，41.43% 的教师每周接待个体咨询人数在 3~5 人，47.01% 的教师每周接待个体咨询人数在 2 人及以下。

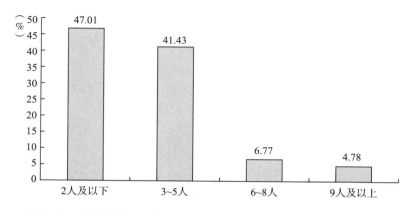

图 3.27　中小学心理健康教育教师每周接待个体咨询的人数

8. 中小学心理健康教育教师每周开展团体辅导的次数

从图 3.28 中我们能够看出，76.49% 的中小学心理健康教育教师每周开展团体辅导的次数在 2 次及以下，17.53% 的中小学心理健康教育教师每周开展团体辅导的次数在 3 ~ 5 次，3.19% 的中小学心理健康教育教师每周开展团体辅导的次数在 6 ~ 8 次，2.79% 的中小学心理健康教育教师每周开展团体辅导的次数在 9 次及以上。

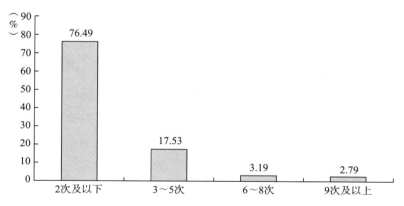

图 3.28　中小学心理健康教育教师每周开展团体辅导的次数

9. 中小学建立学生心理档案情况

由图 3.29 可知，29.48% 的中小学在全部年级建立了学生心理档案，42.63％的中小学仅在部分年级建立了学生心理档案，还有27.89％的中小学没有为学生建立心理档案。运用科学规范的方法对学生的认知过程、智能状况、个性特征和心理健康状况建立全程心理档案，系统而全面地跟踪收集学生的心理健康资料，是开展好中小学心理健康教育的一项基础性工作，其重要意义不言而喻。

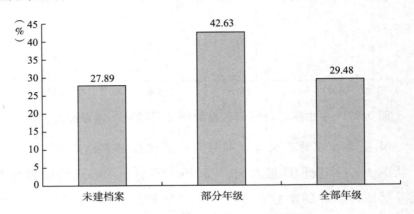

图 3.29　中小学建立学生心理档案情况

10.中小学心理健康教育教师专业求助情况

图 3.30 显示，中小学心理健康教育教师在心理辅导过程中如果遇到专业困难，30.68％的人会向有督导资质的心理咨询专家求助；29.08％的人会向校外心理健康老师求助；22.31％的人会向本校其他心理健康老师求助；14.34％的人则会选择自己钻研解决问题；还有3.59％的人选择其他方式，例如，将案例转介到医院、专业心理治疗机构、未成年人心理健康指导中心等。为中小学心理健康教育教师提供更多、更宽泛的专业求助渠道，是教育行政部门和学校的一项重要任务。

11.中小学每学期开展心理健康教育活动的次数

开展丰富多彩的心理健康教育活动，是中小学心理健康教育取得良好效果的重要方法。如图 3.31 的调查结果显示，74.10％的中小学每学期举办心理健康教育活动的次数在 5 次及以下，19.92％的中小

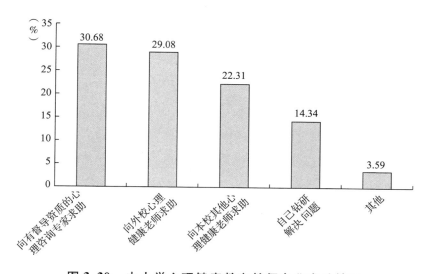

图 3.30　中小学心理健康教育教师专业求助情况

学每学期举办心理健康教育活动的次数在 6～10 次，5.98% 的中小学每学期举办心理健康教育活动的次数在 11 次及以上。

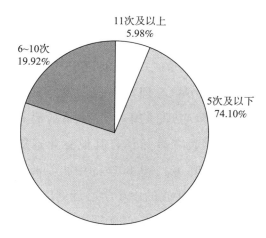

图 3.31　中小学每学期开展心理健康教育活动的次数

12. 中小学设置心理健康学生社团情况

心理健康学生社团是学生宣传心理健康教育知识的学生组织。图 3.32 显示，54.98% 的中小学已经在学校设置了心理健康学生社团，而 45.02% 的中小学尚未设置。有计划、有组织地设置心理健康学生社团并通过学生社团协助开展心理健康教育工作，将是未来中小学心理健康教育工作者的一个重要工作方向。

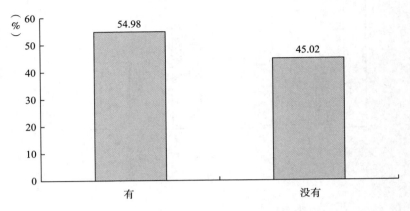

图 3.32　中小学设置心理健康学生社团情况

（四）专业成长

1. 中小学心理健康教育教师的专业资质情况

如图 3.33 所示，51.79% 的中小学心理健康教育教师具有国家二级心理咨询师资质，22.71% 的中小学心理健康教育教师具有国家三级心理咨询师资质，14.34% 的中小学心理健康教育教师没有任何专业资质证书，7.57% 的中小学心理健康教育教师具有当地心理教师专业证书，1.20% 的中小学心理健康教育教师具有社会工作师证书，1.20% 的中小学心理健康教育教师具有其他专业资质（如国家中级生涯规划师、家庭教育指导师等），0.80% 的中小学心理健康教育教师具有注册助理心理师资质，0.40% 的中小学心理健康教育教师具有注册督导师资质，调查群体中尚未有注册心理师资质的中小学心理健康教育教师。也就是说，近 75% 的教师已具有国家二级或三级心理咨询师资质，还有近 8% 的教师具有当地颁发的心理教师专业资格证书，这说明我国中小学心理健康教育从业者普遍具有达到一定要求的专业资质。

2. 中小学心理健康教育教师的专业培训情况

如图 3.34 的调查结果显示，中小学心理健康教育教师接受专业

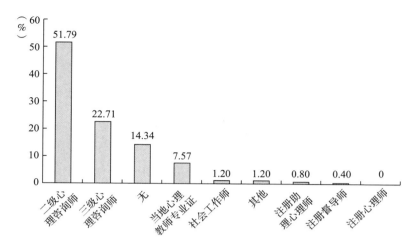

图 3.33 中小学心理健康教育教师的专业资质情况

培训情况如下：25.10% 的中小学心理健康教育教师接受了 241 学时（40 天，按每天 6 学时计算，下同）及以上的专业培训，17.13% 的中小学心理健康教育教师接受了 121～240 学时（20～40 天）的专业培训，19.92% 的中小学心理健康教育教师接受了 61～120 学时（10～20 天）的专业培训，37.85% 的中小学心理健康教育教师接受专业培训时数为 60 学时及以下（约 10 天）。接受专业培训时数不足是制约我国中小学心理健康教育教师专业成长的最主要因素之一。

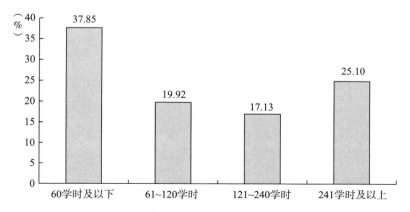

图 3.34 中小学心理健康教育教师专业培训情况

3. 中小学心理健康教育教师接受专业培训的级别情况

从图 3.35 中我们可以看出，中小学心理健康教育教师参加最多的是市一级的专业培训，约 67.73% 的中小学心理健康教育教师参加过，其次是省级培训（57.37%）、县区级培训（41.83%）、国家级培训（30.68%）和校级培训（22.31%）。另外，还有 12.35% 的中小学心理健康教育教师选择了其他，包括各种机构主办的辅导班、工作坊、网络培训等，也有 3 名教师反映没有参加过任何专业培训。当然，也有许多老师参加了多个级别的心理健康专业培训。为心理健康教育教师创造更多、更高级别的专业培训机会，是促进其专业成长的良策。

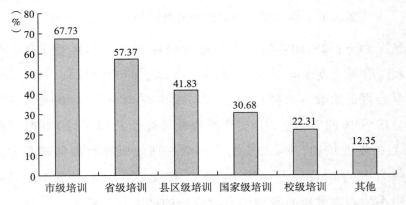

图 3.35　中小学心理健康教育教师接受专业培训的级别情况

4. 中小学心理健康教育教师接受督导总时数情况

由图 3.36 可知，目前大部分（65.34%）中小学心理健康教育教师接受心理咨询督导总时数在 10 学时及以下，21.51% 的中小学心理健康教育教师接受督导总时数在 11~50 学时，7.97% 的中小学心理健康教育教师接受督导总时数在 51~100 学时，5.18% 的中小学心理健康教育教师接受督导培训总时数在 101 学时及以上。接受心理督导时数普遍较低，严重制约了中小学心理健康教育教师的专业成长。

5. 中小学心理健康教育教师发表专业论文情况

中小学心理健康教育教师专业论文发表情况如图 3.37 所示，41.83%

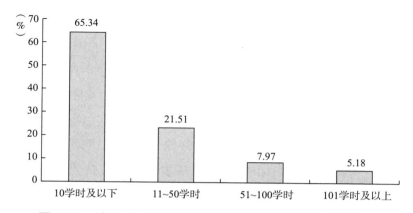

图 3.36　中小学心理健康教育教师接受督导总时数情况

的中小学心理健康教育教师从未发表过任何专业论文，37.05% 的中小学心理健康教育教师发表过 1~2 篇专业论文，17.13% 的中小学心理健康教育教师发表过 3~5 篇专业论文，3.98% 的中小学心理健康教育教师发表了 6 篇及以上专业论文。也就是说，大约 60% 的中小学心理健康教育教师发表过相关专业论文，而且发表过 3 篇及以上专业论文的教师达到 20% 以上，这说明中小学心理健康教育教师在从事心理健康教育实践的同时，还在积极从事心理健康方面的科学研究工作。

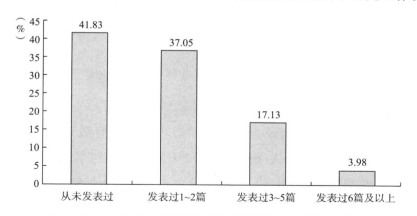

图 3.37　中小学心理健康教育教师发表专业论文情况

6. 中小学心理健康教育教师主持或参与课题情况

图 3.38 显示，33.47% 的中小学心理健康教育教师从未主持或参

与过课题研究，20.72%的中小学心理健康教育教师主持或参与过省部级课题，19.52%的中小学心理健康教育教师主持或参与过县区级课题，10.76%的中小学心理健康教育教师主持或参与过国家级课题，8.37%的中小学心理健康教育教师主持或参与过校级课题，5.18%的中小学心理健康教育教师主持或参与过厅局级课题，还有1.99%的中小学心理健康教育教师主持或参与过其他级别课题（如县区级课题）。也就是说，大约67%的中小学心理健康教育教师主持或参与过相关专业课题研究，而且超过30%的教师主持或参与过国家级或省部级课题，这说明中小学心理健康教育教师正在走向科研与实务相结合的专业发展道路。

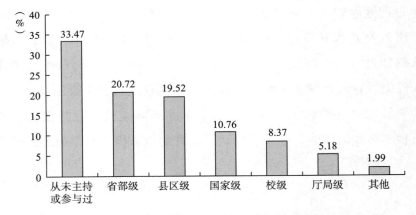

图3.38 中小学心理健康教育教师主持或参与课题情况

7. 中小学心理健康教育教师个人荣誉情况

图3.39显示，在所调查的中小学心理健康教育教师中，33.47%的人从未获得过任何个人荣誉，20.72%的人获得过县区骨干教师学科带头人称号，19.52%的人获得过省骨干教师学科带头人称号，10.76%的人获得过校级教学能手称号，8.37%的人获得过特级教师荣誉称号，5.18%的人获得过市骨干教师学科带头人称号，还有13.94%的人获得过其他个人荣誉（如德育先进个人、十佳优秀教师、

优秀辅导员、先进个人、全国模范教师、优秀教育工作者等）。总的来说，近67%的心理健康教育教师获得过校级教学能手、县区骨干教师学科带头人、市骨干教师学科带头人、省骨干教师学科带头人、特级教师甚至全国模范教师等荣誉称号，这说明中小学心理健康教育教师在追求个人专业成长和发展方面葆有积极热情。

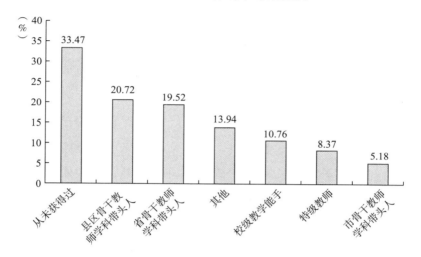

图 3.39　中小学心理健康教育教师个人荣誉情况

第三节　中小学心理健康教育师资及服务状况的集体访谈与分析

一　心理健康教育教师所了解的中小学生心理健康状况、问题及原因

参加访谈的中小学心理健康教育教师代表认为，目前中小学生的心理健康状况总体良好，但跟前些年相比，心理健康逐步呈现问题数量越发增多、问题类型越发多样、问题程度越发严重的特点，人际关系问题、学习问题、自我价值问题、情绪问题、青春期心理问题、适

应性问题以及网络成瘾问题等在中小学生身上屡屡发生，已经成为影响他们健康成长的至关重要的因素，而且这些心理问题的发生呈现低龄化和普遍化的趋势。

（一）人际关系问题及原因分析

1. 亲子关系。亲子关系问题是绝大多数教师一再强调的中小学生出现各种问题的核心因素，亦是根源所在。亲子关系的问题常常表现为亲子冲突和亲子关系疏离。亲子冲突是孩子处于青春期这一阶段常见的家庭问题。进入青春期的孩子在生理上逐步发育成熟，感觉自己已经是个"小大人"，但父母仍然把自己当小孩来管教。家长在孩子处于青春期时不能转变养育方式，更好地倾听和理解孩子的特定心理需求，是亲子冲突的主要原因。亲子关系疏离可能是亲子冲突的结果，也可能是亲子之间长期缺乏情感沟通的结果，这在农村留守儿童等特殊儿童群体中表现得更为突出。当今时代，在社会生活节奏加快及多元化价值观的冲击之下，成人群体面临更多挑战和不断增加的生存压力，导致家庭教育缺失，甚至部分孩子成为留守儿童和单亲孩子（父母离异）。父母长期在孩子的成长中缺位，孩子在成长中遇到的困难和问题不能从父母身上得到理解和支持，导致的结果就是情感的淡漠和关系的疏离。这种和父母缺乏亲密有效沟通的亲子关系为孩子心理和良好行为的发展埋下种种隐患。

2. 师生关系。师生关系问题主要体现为师生关系冲突。冲突的原因有多种：一是教师自身素养不够好，情绪管理能力差，对学生容易情绪化表达，导致师生冲突；二是教师课业压力繁重而待遇不高，部分教师对学生缺乏耐心，语言表达、情绪控制和教育方式不当，有的学生害怕老师，对老师的批评特别在意，甚至有因为受到批评而拒绝上学或者不想上某门课程的状况；三是教师评价标准单一化，过于重视学生学习成绩，在课堂上只是注重学科知识的灌输，按照成绩来区别对待学生，常常只关注和关爱学习成绩好的学生，对待成绩差的学生不闻不问，对后进生缺乏理解和尊重，导致师生冲突；四是学生自己的自控能力差，频繁违反班规，导致师生冲突。

3. 同伴关系。同伴关系包括同性关系和异性关系两个方面。同性之间，女生之间相对敏感，各种小问题和小摩擦要多于男生，主要表现形式为语言暴力、"冷战"等，个别的出现同性恋情况。异性之间，出现早恋问题，孩子处在这个发展阶段，有这样的心理需要情有可原，这一问题特别需要家长和教师的正确引导和关注，但是现实情况是学校里性教育缺失，身边人羞于和孩子谈性，面对青春期萌动，孩子缺乏引导。其中很多家庭独生子女个性强，唯我独尊，家长的宠溺形成了学生以自我为中心的观念，引发一系列的人际交往问题，在同伴交往中，他们缺乏尊重和理解、宽容和沟通，容易导致失落和焦躁的情绪问题。此外，目前同伴关系的一个很突出的问题就是同伴欺凌。学生的暴力行为往往是家庭暴力的延伸。许多家长不懂得如何积极引导孩子，教育方法简单粗暴，频繁地打骂孩子，让孩子习得了以暴力来解决问题的方式，从而在校园中与他人出现矛盾时容易采取暴力行为。

（二）学习问题及原因分析

1. 学习适应问题。这一问题常常表现在小升初和初升高等阶段，学习科目增多，学习难度加大，旧有的学习方法不再适用于当前学习阶段，同时学生又处在一个陌生的新环境和新群体中，可给予支持的人际关系尚未建立，这给新的学习带来了许多困扰和麻烦。学生在适应过程中遇到挫折时，有的学生能够及时调整心态，有的学生则易产生厌学、焦虑等不良适应问题。学习适应问题反映出学生在学习方法、人际交往、情绪控制等多方面的问题，因此需要老师和家长有针对性地引导和支持。

2. 厌学问题。厌学问题的表现多为学习兴趣低、上课注意力不集中，不能完成家庭作业。严重的厌学问题可以发展为旷课、拒绝上学等。厌学问题的根源不一，有的厌学问题是学生不能很好地承受学习压力，面对挫折和困难选择逃避的结果；有的厌学问题是家庭关系出现问题的结果，例如父母闹离婚，长期吵架，家庭氛围压抑，都可能让学生承受较重的心理负担，出现厌学问题；有的厌学问题是学生沉迷网络游戏，无法专注学习的结果。

3. 学习压力大、考试焦虑、强迫症、神经衰弱、自责、压抑、自我接纳程度低。主要原因是，虽然提倡素质教育，但是分数仍然是衡量学生优劣的标准，过重的课业负担和来自家长和教师的期望导致学生心理高负荷，对自己过分严格，总自我期待能够考出名列前茅的成绩，现实结果和理想自我之间的落差导致学生自我接纳程度低，产生焦虑、自责、神经衰弱等种种心理问题；另外，学业压力大也反映在学生参加了过多的课外辅导班。

（三）自我价值问题及原因分析

现在的中小学生大多数是独生子女，从小在父母长辈的宠溺中成长，在礼物和掌声中长大；长期处于这种优越的环境中，自我意识较强，以自我为中心，表现不太合群，比较傲慢。无法面对挫折和批评，比如考试成绩下降，老师和家长的批评使得孩子形成一种交流恐惧的心态，害怕某学科、害怕考试，甚至拒绝上学。自卑、自我中心、孤僻、自我封闭、过分张扬、缺乏意志力、没有责任感等问题，在他们身上多有发生，在一些特殊儿童群体身上亦更加多见和明显。例如，外来务工子弟普遍存在自卑问题，对城市缺乏归属感，总感觉是生活在"别人的城市"。外来务工子弟所处的家庭，通常经济条件比较差，父母文化水平有限。同时农村的文化和大都市文化也有较大差别。外来务工子弟与班级其他同学对比后，往往有不如别人的感受和心理落差。对大城市的生活也感到格格不入，和自己小时候的生活环境和文化差异很大。同时，由于父母文化水平有限，外来务工子弟的家庭教育常常是缺位的。家长在生活习惯、行为习惯、价值观培养等方面都缺乏对孩子的有效引导，导致这些孩子在班级里表现出不守规矩、自私、不懂得分享等问题。

（四）情绪问题及原因分析

现在的中小学生学习压力和生活压力较大，存在着愤怒、焦虑（如考试焦虑和人际焦虑）、抑郁、胆小害怕、恶劣心境、易受激惹、过于敏感、无意义感强等情绪问题。

1. 愤怒。中小学生在遇到挫折时易表现出发脾气的情绪问题。频繁表现的愤怒情绪反映出学生抗挫折能力低，不能很好地面对挫折，控制自己的情绪。同时也反映出家长在子女的情绪调节上扮演了负面榜样，家长自己在家庭生活中情绪化表现严重，不懂得与孩子一同冷静地分析和解决问题，常常是孩子愤怒情绪的来源。

2. 焦虑。焦虑情绪主要体现在学习上。学生在面临学习成绩波动、学习压力大等问题时，常常产生焦虑情绪。焦虑情绪反过来又会进一步干扰学生在学习时的专注程度，使学习效率降低，更难完成学习任务。有的学生还表现出考试焦虑问题，在考试中无法发挥出自己真实的水平。焦虑问题的根源往往是对学习有过高的期待和要求，不能接受自己一时的退步和失败。

3. 抑郁。抑郁情绪在中小学生群体中出现的比例在逐年升高。抑郁表现为对自己的不满，对现状的悲观。学生抑郁情绪的背后，往往是对自己不合理的评价和对学业过高的期待和自我要求。抑郁情绪如果得不到有效干预，容易导致抑郁症，进而出现自伤和自杀等危机事件。

（五）青春期心理问题及原因分析

处于青春期的学生，较多地出现情绪失控、逆反行为、过激行为、校园欺凌、校园暴力、青春期自杀及自伤、异性交往、早恋及性心理等问题。

1. 情绪控制问题。正处于青春期的个体，情绪起伏波动大，有逆反心理难以控制，表达方式往往过激，带来校园欺凌与校园暴力等问题。

2. 言行叛逆敌对。青春期的学生随着年龄增长，生理心理都发生一系列的变化，思想慢慢成熟，想要摆脱父母和老师的约束，表现为独立半独立的过渡状态，与父母和老师的交流较少，比较叛逆，言行比较偏激，顶撞老师、顶撞父母的情况时有发生。

3. 情感问题。随着生理、心理的发展，青春期的孩子对异性开始萌生情愫，容易产生情感类问题。面对被人喜欢、喜欢上异性等问题不知所措，产生异性交往焦虑，不懂得如何大方得体地与异性交往。与异性说话容易出现脸红、手抖等症状，长期发展下去容易导致社交焦虑障碍。这个时候情感是比较强烈的，不容易控制，甚至个别的还会出现早期的性行为。

4. 性心理问题。与性有关的心理问题在青春期更加广泛。有的是因为缺乏性心理知识，出现对自慰的罪恶感。有的是因为接触网络色情，出现性侵等违法犯罪问题。

（六）特殊人群心理问题

随着我国社会变迁、城市化进程加快以及人们婚姻观念的变化，出现了农村留守儿童、城市流动儿童和单亲家庭儿童等特殊儿童群体，他们身上较为普遍地存在着内向、敏感、自卑、焦虑、厌学、逃学、叛逆等心理行为问题。此外，在一些残疾儿童身上此类心理和行为问题更加严重。例如，农村留守儿童的父母长年在外打工，缺少对孩子的引导和家庭教育，亲情缺失，这部分孩子厌学逃学现象严重。他们在课堂上东张西望，魂不守舍，或者在下面偷偷看动画书和玩玩具，要么就在课堂上打瞌睡或者干脆逃学、旷课，到处游玩。在孩子出现心理波动的时候，心理辅导教师的作用就尤为突出，而我们农村学校专业的心理辅导教师非常缺乏，没有规范的心理辅导。

（七）其他方面的心理问题

智能手机、互联网时代，手机和网络全方位进入人们生活，自媒体盛行，中小学生获得信息的渠道多样化，价值观等受到多元影响，社会的多元价值观及学校的单一价值观导致部分学生出现困惑、混乱与挣扎。孩子们很难抗拒网络和手机的诱惑，出现网络成瘾、手机依赖、追星等问题。手机和网络不仅给孩子带来了成瘾问题，也给家长带来了成瘾问题，家长迷恋于手机和网络，跟孩子之间的沟通交流可能就没有以前那么多，这便加剧了孩子们上网玩游戏和交友的行为。

二　心理健康教育教师所认为的学校心理健康教育工作存在的不足或问题

（一）师资建设方面

1. 心理健康教育教师特别是专职心理健康教育教师数量严重不足，而且存在地区不平衡。中小学心理健康教育教师特别是专职心理健康教育教师数量严重不足，有些学校没有专职心理健康教育教师，只有兼职心理健康教育教师，有些甚至连兼职教师都没有。专职心理健康教育教师在有些学校还要兼任其他工作，往往被赋予多重身份，兼职从事许多其他杂事，如兼职做班主任，分散了从事心理健康教育的时间和精力。兼职的心理健康教育教师，多为语文教师或品德教师，本身的教学任务已经很繁重，加之心理学知识匮乏，对心理学和心理健康教育的认同度有限，能够用于心理健康教育的工作时间也有限。中小学心理健康教育教师在农村和偏远地区更为缺乏，往往几千人的学校只有一名心理健康教育教师，甚至一名都没有。

2. 心理健康教育教师缺乏专业培训和心理督导机会，专业技术水平有限。由于学校领导重视不够以及专项资金缺乏等，很多心理健康教育教师缺乏接受系统专业培训和心理督导的机会，导致专业技术水平非常有限，咨询手段单一，量表使用不规范，咨询经验不够，又无法得到可靠的督导资源，资金和时间都不足以保证其专业成长。在一些地理位置偏远、经济条件较为落后的农村地区，中小学心理健康教育师资队伍的专业技术水平更是不容乐观。在这些地区，心理健康教育教师的配置存在很大的随意性，而且他们平时几乎没有机会接受系统的心理健康教育知识和技能的训练，或仅接受过短期的培训，掌握现代心理健康教育理论和技术较少，只能运用科学性和专业性不强的传统方法开展心理咨询工作。

3. 心理健康教育教师职称评审受到限制甚至歧视，心理健康工作得不到有效承认。在中小学，心理健康教育长期处于"说起来重要而做起来不重要"的尴尬境地。参加访谈的心理健康教育教师的切身体验是，心理健康教育教师在学校的地位和身份非常低，在学校所有学科中心理健康教育教师的地位无足轻重。在职称评审时，虽然没有政策和文件明确规定心理健康教育教师与其他学科教师不平等，但在实际评审时心理健康教育教师往往被一些潜在条件限制，其中很重要的一个方面是心理健康教育工作不能与其他课程教学工作一样核算工作量。

4. 心理健康教育教师工作压力过大。由于领导重视不够以及学校师资力量薄弱，心理健康教育教师工作量非常大，一名心理健康教育教师要服务的学生往往很多，而且是一个人单打独斗地开展工作，没有专业交流伙伴，没有支持系统，导致身心俱疲，工作压力非常大。

（二）专业服务方面

1. 学校领导对心理健康教育工作重视不够，对心理健康知识的把握不足，缺乏对心理健康教育工作的科学规划和系统建设，心理健康教育工作流于形式，心理健康方面的设施和仪器成为摆设，利用率非常低，未能真正惠及学生。许多学校为了评星级学校、特色心育学校等开始筹建心育中心，购买相应的专业设备，但是学校为了减少投入，限制一些设备的正常使用，使得一些心育设备（沙盘、放松椅、宣泄室）使用率低，仅仅是为了应付检查。

2. 多数学校开设了心理健康教育课程，但课时有限且不覆盖所有年级，如高中学校只在高一开设心理健康教育课程，也没有统一的教材，课程内容和质量无法有效保障，无法对学生很好地普及心理健康知识。

3. 心理健康服务不够专业和规范，随机性和随意性较大，服务形式单一，量表使用不规范，更像是思想政治教育。心理健康教育教师自身也因为缺乏专业培训，同时没有专业督导，通常不知道自己的服务和干预是否合适。

4. 心理健康教育以事后干预为主，缺乏预防性和发展性的心理健康教育措施，往往是学生出现了明显的心理问题后才开始重视。

5. 学校内部资源无法协调整合。心理健康教育教师在开展大型心理健康教育活动时常常孤立无援，各学科教师和班主任参与较少。也就是说，心理健康教育成为一种狭隘化的教育，没有辐射到班主任和各科任课教师。

6. 心理健康教育德育化和学科化倾向严重。心理健康教育德育化和学科化是对学校心理健康教育的误解。有教师反映，学校把心理健康教育等同于思想道德教育，把心理辅导变成了道德教化，走上了歧路。还有教师反映，学校把心理健康教育作为一门考试科目来对待，让学生参加考试，违背了在学校里开展心理健康教育课程的初衷，无形中增加了孩子的负担。

7. 开展心理健康服务的时间和空间不充足。心理健康教育课程进入课堂的时间太少，容易被其他学科课程挤占，没有相关文件政策保障（之前教育部有文件要求心理课每周2课时，后来又没有要求）。学校心理健康教育的时间得不到保证。此外，学校不能保证心育活动室或心理咨询室被正常使用，经常出现心育活动室或者心理咨询室被挤占的情况。

（三）经费投入方面

心理健康教育专项经费普遍不足，导致心理健康教育老师参加专业培训和心理督导、购买专业书籍和仪器设备及开展大型心理健康教育活动没有经费保障。当然，这种状况也存在很明显的地区差异，在一些经济基础较好的大城市学校相对较好，但在一些经济落后的小城市和农村学校情况较差。生物反馈仪、音乐放松椅等心理健康设备和仪器，可以很好地辅助心理教师开展心理健康教育活动，而经费的缺乏让大多数学校无法配备，心理健康教育活动因此受到很大限制。经费缺乏，也极大地限制了心理健康教育教师的继续学习和业务能力提升。当然，也存在一些特殊情况，在有些地方的学校，经费投入总量并不少，但大多投在了硬件设施上，没有或很少配备心理健康教育教师专项培训经费。参加专业心理培训和督导，是心理健康教育教师专业发展和业务能力提升的至关重要的渠道，但这些培训的费用往往较高，很多老师因为向学校申请这方面的经费被拒而放弃了参加培训的机会。

（四）工作机制方面

1. 学校心理健康教育发展水平在很大程度上取决于学校相关领导是否重视，是否制定了相对完善的工作机制。然而，学校分管心理健康教育的领导往往缺乏心理健康教育的受训经历，对心理健康教育工作不懂行也不支持，致使心理健康教育工作缺乏科学有效的全局性运行工作机制。

2. 学校心理健康教育目前基本上仅局限于学校系统内部，没有与所在地区的心理健康辅导站以及学生家长很好地协同开展工作，未能很好地整合校内外心理健康教育资源。校外心理健康辅导站的优势在于跨学校的资源整合，如果能整合本地区心理健康方面的专家资源，就可以对各个学校的心理健康教育进行系统的指导，分配相关的专业资源来协助学校解决专业发展问题，但目前除省会城市站点能发挥此功能外，大部分的站点都不能对本地区的学校提供专业指导。家庭是导致中小学生心理健康问题的重要根源，也是解决学生心理健康问题的重要资源，目前学校心理健康教育工作虽试图通过讲座、家长系列课程等方式将家长纳入工作体系，以期达到家校合作、促进学生心理健康的目的，但在实施过程中仍有很大阻碍。

3. 教育行政部门未设置专职的心理教研员岗位，不能对片区内的心理健康教育教师进行系统的培训和指导。

4. 学校缺乏治未病的预警机制。学校心理健康教育多是在学生出了问题后才去干预，没有在问题出现的萌芽阶段进行预防性矫正。

5. 少数学校有较为完善的心理健康教育工作机制，由分管德育的校长牵头，其他部门和班主任、心理健康教育教师共同协作。多数学校缺乏科学有效的心理健康教育工作机制，基本上是心理健康教育教师单打独斗，教务部门、班主任及学科教师都没有积极参与进来。心理健康教育是一项系统工程，需要学校全员参与。目前看来，心理健康教育和常规教育工作的融合度不够是学校教育的共性问题，心理健康教育工作需要德育部门和教务部门、班主任等全部参加。

三 心理健康教育教师对学校和政府的意见或建议

（一）对学校的意见或建议

1. 学校要像重视其他学科教学一样切实加强和支持心理健康教育工作，将心理健康教育工作置于硬性量化标准之下进行工作绩效考核，制定科学有效的政策，整合学校、家庭、社区、社会等校内外资源，促进孩子心理健康成长。

2. 学校要成立心理健康委员会，专门协调和统合教务部门、班主任和各科任教老师积极参与、支持和配合心理老师工作，建立校内联动合作机制，将各种资源统合到心理健康教育工作体系中。

3. 学校要设置专业心理健康教育教师专职岗，根据班额或在校生人数按照师生比配备专职心理健康教育教师，做到专人专用。在配备专职人员时，要提高心理健康教育教师的招聘门槛，制定严格的招聘要求和入职标准，宁缺毋滥。

4. 学校要增加心理健康教育专项经费，制定心理健康教育专项经费拨付和使用制度，配备专业设备和场地，支持心理健康教育教师开展心理健康教育工作，鼓励他们接受专业培训和督导，促进他们的专业成长和发展。

5. 学校要加大心理健康教育教师的专业培训力度，重视心理健康教育教师的心理健康，建立教师心理健康预警和干预机制，保证从事和参与心理健康教育工作的心理教师、班主任等定期接受心理健康教育培训和督导。心理健康教育教师长期面对负面心理问题，自身的心理健康要得到重视。一方面，学校要提供时间和资金让心理健康教育教师参加高质量的专业培训，在提升其专业能力的同时也能缓解工作压力。另一方面，当心理健康教育教师处理完危机个案或出现职业耗竭时，学校应邀请督导专家来帮助心理健康教育教师缓解压力，促进其个人成长。

6. 学校要规范开设心理健康教育课程。心理健康课程安排要具有合理性和科学性，要像其他课程一样有严格的课时分配和课程计划，保障心理健康课程能够有足够的课时。

7. 学校要提升心理健康教育教师在学校的地位，让大家充分认可心理健康教育工作的重要性。要制定并落实有效的人事政策，合理计算和公平认定心理健康教育教师工作量，如将个案辅导折算成工作量，提高心理健康教育教师的工资待遇和工作补贴，打通心理健康教育教师职称晋升通道和发展渠道。

8. 学校要建立严重心理问题的应急预案和转介机制。要与当地未成年人心理健康服务站点以及精神医疗机构建立合作机制，当学生出现严重心理问题或精神疾病时，可以第一时间转介到相关医疗机构就诊，避免校园出现更大的心理危机事件。

9. 为了全方位地为学生提供心理健康服务，初、高中学校可以实行人生成长导师制，一个导师帮助数个学生，并定期对人生成长导师进行培训。

10. 学校可以订阅心理健康教育方面的专业书籍和科普类报刊，免费供学生和教师阅读与学习。

11. 学校要从关注孩子成长的角度来看待孩子成绩，而不宜仅从成绩角度来关注孩子成长，只有心理成长了成绩才具有实际意义，要多给孩子关爱和包容、赞扬和鼓励，让孩子快乐、健康地成长。

12. 学校应组建学生发展中心，研究并实施一系列学生发展计划，建立"学校—中心—班级"工作机制，把传统的德育处的功能纳入学生发展中心这个范畴当中。例如，高中阶段可以通过生涯教育统领高中德育和心理健康教育，系统构建活动体系，引导学生发展。

（二）对政府的意见或建议

1. 政府要制定科学合理的政策，规范、监督和推进中小学心理健康教育发展。例如，建立一个有效的监督管理机制，根据学校的生源数量配备专兼职心理健康教育教师数量，根据研究确定的硬性标准定期监督和核查各学校如何开展心理健康教育工作以及开展程度。

2. 政府要为学校的德育副校长提供心理健康教育专业培训，使其能理解和重视心理健康教育工作，更多地支持心理健康教育教师。同时，可以把心理健康教育的专业培训推广到一线教师，让更多的教师有心理健康方面的专业知识，重视学生心理健康，参与到学校心理健康教育工作当中。此外，还可以尝试在小升初、中考和高考中渗透心理健康教育知识，真正让学校和家长重视学生心理健康教育工作。

3. 政府要在社会上普及和宣传心理健康教育理念。可以成立家庭教育中心，为家长及时提供专业的家庭教育服务，引导其转变家庭教育理念和教养方式。还可以通过政府购买服务，让家长得到线上线下的家庭教育辅导，让更多家长参与心理健康教育，为孩子成长提供温暖和爱的保障，从源头上预防未成年人心理问题的形成和发展。鼓励辅导员和班主任积极学习和考取心理咨询等相关证书，持证上岗。建好社区心理健康辅导站，定期举办心理健康教育活动。在整个社会，要全力加强心理健康教育工作的开展，向着"全民健康才能全面小康"的目标看齐。总之，心理健康教育并非只有学校和教师需要抓，而是需要整个社会、社区和家长的协力共谋，政府要做好这方面的理念普及和宣传工作。

4. 政府要根据各学校心理健康教育实际，提供更具针对性和务实性的指导和支持。例如：政府牵头组织和举办心理健康讲堂，聘请高校心理健康专家讲学与培训，切实提高心理健康教育教师的业务能力；设立督学监督机构，为心理健康教育工作成立专门和专业的督导团队；在每个片区评定心理教研员，建立片区的心理健康教研活动机制，为心理健康教育教师的专业培训和督导提供平台。

5. 政府要增加中小学心理健康教育专项经费投入，用于心理健康教育教师专业培训和督导，购买心理健康教育专业设备和书籍，提高心理健康教育教师待遇，像班主任有班主任费一样，由国家来统一规定并补贴。

6. 政府要关注和宣传为心理健康教育事业做出突出贡献的中小学教师典型，鼓励更多的中小学教师参与到心理健康教育中来。

7. 建立一个整合学校－社区－站点－医院等部门的未成年人心理健康服务支持网络。当心理健康教育教师在学校碰到一些难解决的问题的时候，可以向上一级的专家寻求专业的督导。当学生出现严重精神疾病时，通过这一支持网络，可以将学生快速转介到当地精神医疗机构。

8. 政府要专门创建针对农村留守儿童、城市流动儿童及特殊儿童的心理健康服务网络，增加对他们的心灵关爱，为孩子心理的良好发展保驾护航，减少日后社会和谐的隐患。

9. 政府要设置并增加中小学心理健康教育教师专职岗位编制，为每个学校配备足够的专职心理健康教育教师，让专职心理健康教育教师专注于心理健康工作，减轻其工作压力和负担。目前心理健康教育课在学校里仍然属于边缘课程，没有进课表，常常可以被其他课程随意挤占，希望可以通过专属编制来实现心理健康教育师资的到位和课程开设的规范化。

10. 政府要制定中小学心理健康教育教师与其他各科教师平等的职称评审政策，建立公平合理的中小学心理健康教育教师职称评审机制，让心理健康教育教师对本专业更有认同感和归属感，专业发展不受限制。

11. 政府要组织编写和出版统一的、高质量的中小学心理健康教育教材，并建立相应的课程标准，让心理健康课程更加系统和科学。

第四章　未成年人心理健康服务站点状况的调查与分析

第一节　研究设计

一　问题的提出

我国的未成年人心理健康服务工作起步较晚，心理健康服务体系主要由学校、社区和专业心理健康机构来提供。目前未成年人的心理健康服务体系还不够健全，许多准入的规范督导制度都很不完善，尚未有对心理健康从业者的服务情况进行的系统的调查和研究。

本次调查拟选取全国 138 所未成年人心理辅导站点（又称为未成年人心理健康指导中心）作为调查对象，以定量研究和定性研究相结合的方式，对全国未成年人心理健康服务状况进行调研。首先，调查各站点的基本信息、人员信息。其次，调查各站点的服务信息和运营机制。最后，调查各站点的管理机制和应急预案。通过调查这些信息，对全国的未成年人心理辅导站点的机构状况、人才队伍、服务类型和质量、管理机制等有初步的了解，并针对这些信息进行分析研究，发现当前站点服务的优势和不足，并提出相应的改进建议。本次调查探索新时代背景下全国未成年人心理健康辅导站点的服务现状和特点，为进一步促进未成年人心理健康服务体系的发展提供依据。

二　调查对象与内容

（一）调查对象

本次调查采用分层抽样方式选取全国 14 个省、自治区、直辖市，具体为北京、内蒙古、吉林、山东、上海、江苏、江西、湖南、广东、海南、四川、西藏、陕西、新疆。调查对象为 14 个省、自治区、直辖市所选样本地有代表性的未成年人心理健康辅导站的站点负责人。

根据研究方案，在选取的省、自治区、直辖市中，依据经济、文化、教育分别选择一定数量的市级社会片区，其中含省会城市、两个地级市。在每个市级社会片区中，采用随机抽样的方法选择一定数量的县（市、区）作为样本地，每个市在主城区和非主城区分别选择两个县（区）作为样本地，采用随机抽样的方法选择一定数量的县（市、区）未成年人心理健康辅导站作为样本地，对所有抽样的站点站长实施调查。选定每个省两个抽样城市的市级站点和市级所属的 4 个县的县级站点，共约 138 个站点。访谈提纲围绕服务站点的人才队伍、专业服务、经费投入、管理运行机制等维度设置 4~6 个开放性问题，通过面对面交流，获取信息并进行录音，以便访谈后做进一步的质性分析。

（二）问卷内容

未成年人心理健康服务站点调查问卷由站点基本信息、人员信息、专业服务信息、管理运营机制信息四个部分组成。站点基本信息主要包括站点的工作场所、主管单位、挂靠单位等信息，人员信息主要包括人员的性别、年龄、职称、学历、专业、薪资待遇、心理咨询专业资质、受训情况、督导情况等信息，专业服务信息主要包括站点的服务对象、心理服务形式、服务频率、服务对象的心理问题等信息，管理运营机制信息主要包括站点的经费来源、规章制度、志愿者管理、对外宣传等方面的信息。

（三）访谈内容

通过质性分析的方法，自编访谈提纲，包括如下访谈内容。

1. 您认为目前您所在的未成年人心理健康服务站点在人才队伍、专业服务、经费投入、管理运行机制方面有哪些亮点或特色？有哪些不足或问题？主要原因是什么？

2. 您觉得未成年人心理健康服务站点与学校心理健康教育之间的差异是什么？各自的优势是什么？如何融合发展？

3. 您作为站点负责人，在未成年人心理健康服务方面遇到哪些困难？对政府或相关部门有什么意见或建议？

三　调查方法与工具

（一）问卷调查

调查采取随机抽样和分层抽样方式。调查采取问卷调查形式，主要以网上测验为主（具备网络条件的区域），纸笔测验为辅（不具备网络条件的农村地区）。每个省、直辖市选取 12 个站点，每个自治区选取 6 个站点。每个站点选派 1 名了解本站点心理健康服务情况的负责人参加调查培训。

调查抽样选定 138 个未成年人心理健康辅导站站点负责人进行调查。

（二）访谈方法

本研究采用质性研究方法中的访谈法，对 138 个站点的心理服务基本状况进行探索性研究。研究者将访谈录音逐字转录为文本，然后对文本信息进行分析梳理并编码，利用编码提取的关键词进行小结。

四　调查过程与数据处理

本调查的过程分为四个阶段。第一阶段（2017 年 6 月~2018 年 4 月），组建研究团队，制订研究计划，明确任务分工，查阅相关文献并分析综述国内外研究现状，确定研究的对象、内容、方法，并基于相关研究和本研究目的自主设计调查问卷和访谈提纲，请技术部门进行网络平台设计。第二阶段（2018 年 5 月~2018 年 6 月），对选定的 138 个未成年人心理健康服务站点展开问卷调查和现场集体访谈，获取相应调研数据和资料。第三阶段（2018 年 7 月~2018 年 8 月），对问卷调查数据和集体访谈资料进行规范整理和科学分析，并对研究资料做拓展研究。第四阶段（2018 年 9 月 ~ 2018 年 10 月），撰写并形成调查研究报告。

本调查的数据处理遵循心理统计学和质性心理学的基本原理和操作规范，运用 SPSS 19.0 心理统计软件对问卷调查数据进行统计分析，运用 Nvivo 10 质性分析软件对集体访谈资料进行文本分析。

第二节　调查结果与讨论

一　问卷调查结果

（一）总体状况

1. 站点样本信息

本次采用分层抽样方式选取北京、内蒙古、吉林、山东、上海、江苏、江西、湖南、广东、海南、四川、西藏、陕西、新疆为样本调查省份，考虑到区域规模大小，对此次调查的样本情况进行统计，其中四川、江西的站点分别为 21 个和 20 个，北京、海南、西藏的站点较少（见表 4.1）。

表 4.1　全国站点样本组成 （$N = 138$）

省份	站点数量（个）	比例（%）
北京	2	1.45
广东	9	6.52
海南	5	3.62
湖南	12	8.70
吉林	19	13.77
江苏	10	7.25
江西	20	14.49
内蒙古	6	4.35

续表

省份	站点数量（个）	比例（%）
山东	8	5.80
陕西	7	5.07
上海	6	4.35
四川	21	15.22
西藏	5	3.62
新疆	8	5.80

2. 站点隶属层级

我们把站点分成四个层次：国家级站点、省级站点、市级站点、县（区）级站点。如图 4.1 所示，在所有的站点中，国家级站点较少，多数属市、县（区）级站点。

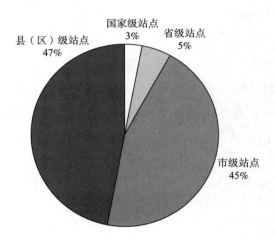

图 4.1　站点层次

（二）站点信息

1. 站点场地面积

如表 4.2 所示，未成年人心理健康服务站点场地总面积总体差异较大，超过四成在 200 平方米及以下。因场地含有办公室、咨询室、团体辅导室以及多项功能室，所以站点面积使用起来远远不够，导致开展心理活动不便。建议在全国范围内规范站点建设，能够在活动场地上有全国性的标准化要求，从而能满足心理健康服务的需要。

表 4.2　站点场地面积

	200 平方米及以下	201~400 平方米	401 平方米及以上	总计
频次（个）	57	45	36	138
比例（%）	41.30	32.61	26.09	100

2. 站点功能室情况

从图 4.2 可以看出，各站点总体使用频率不高。目前，各站点功能室主要把功能放在个体心理咨询、团体辅导、沙盘游戏方面，其他功能室使用频率不高。

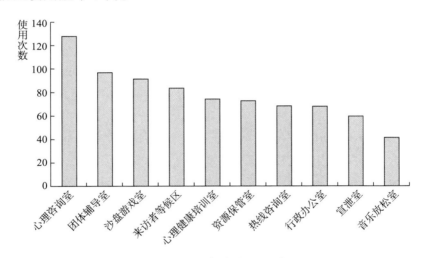

图 4.2　站点功能室分布

目前很多心理健康服务站点因专业人员不足，存在功能室不足、功能使用效率低等情况。建议加强专业指导、站点功能普及和购买渠道指导。

3. 站点主管单位分布情况

从图 4.3 可以看出，国内心理健康专业服务人员所在的专业机构目前主管单位为当地教育局和当地文明办的较普遍，特别是未成年人心理健康辅导工作传统上一直放在中小学，所以教育局一直是主管单位。随着国家卫健委对心理健康服务机构的管理越来越规范，以后站点建设在卫健委和教育局、文明办协同管理之下，它的功能将会越来越完善。

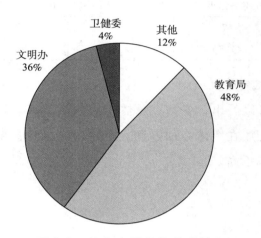

图 4.3　站点主管单位分布情况

4. 站点挂靠单位情况

从站点的运营情况来看，未成年人心理健康服务站点主要挂靠在当地中小学，其次是当地高校和医疗机构。从表 4.3 可以看出，目前独立运营的民间机构越来越普遍，这对我国普及未成年人心理健康教育是利好消息。同时，从发达国家的运营情况来看，如果能发挥当地高校的作用，对普及未成年人心理健康工作具有深远的意义。

表 4.3　站点的挂靠单位

	当地中小学	当地高校	当地医疗机构	独立运营	其他
频次（个）	56	13	7	22	40
比例（%）	40.58	9.42	5.07	15.94	28.99

5. 站点运营时间情况

从图 4.4 可以看出，站点运营时间超过 20 年的很少，多数在 5

年内，这说明与发达国家心理健康服务体系的完善程度相比，我们还是较为滞后。未来，卫健委等部门要逐步搭建平台，整合现有资源，鼓励培育社会化的心理健康服务机构，鼓励心理咨询专业人员创办社会心理健康服务机构。

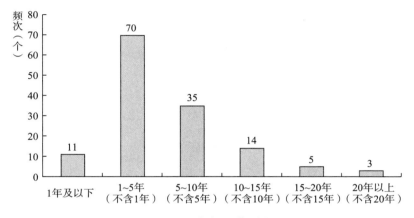

图 4.4　站点运营时间

6. 站点每年拨付经费

从表 4.4 可以看出，站点每年拨付经费在 5 万元及以下的超过一半，超过 100 万元经费投入的只占 5.07%，显然，经费投入严重匮乏。目前，我国各级未成年人心理健康服务站点建设都是按照"政府牵头、社会参与、专业化运作"的模式开展，属于公益性组织。市级未成年人心理健康指导中心每年由市财政拨款，县区镇级未成年人心理健康指导分中心每年由县区镇财政拨款。

表 4.4　站点每年拨付经费

	5 万元及以下	5 万~10 万元（不含5 万元）	10 万~30 万元（不含10 万元）	30 万~60 万元（不含30 万元）	60 万~100 万元（不含60 万元）	100 万元以上（不含100 万元）
频次（个）	76	26	15	8	6	7
比例（%）	55.07	18.84	10.87	5.80	4.35	5.07

7. 站点经费来源

从图4.5可以看出，站点经费来源主要为主管单位和挂靠单位提供，慈善机构捐助微乎其微，经费来源渠道较为狭窄。目前，我国心理健康服务站点建设都是按照政府牵头的模式来开展工作的，未来需要拓宽资金渠道，增加社会组织和相关慈善机构的扶持。

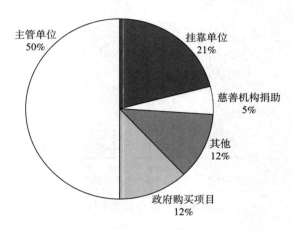

图4.5　站点经费来源

（三）站点人员情况

1. 站点人员构成

从14个省（自治区、直辖市）的站点人员构成情况来看（见表4.5），兼职人员占比为74.53%，专职人员占比为25.47%，专业队伍基本都是由兼职人员构成，说明专业队伍建设迫在眉睫。当前我国中小学心理健康教育教师多以兼职为主，编制有限导致专业人才的流失。心理健康服务站点的工作人员短缺，特别是专职人员奇缺，站点的心理辅导员都是由学校的科任老师兼职，心理健康服务活动形式比较单一，在专业性、专注度上都大打折扣。建议政府加大宣传力度，增设心理健康服务岗位并解决站点专业人员不足问题。

表 4.5　站点人员构成

	专职	兼职
均值（人）	6.39	18.70
比例（%）	25.47	74.53

2. 站点人员资质情况

与心理健康服务相关的专业资质有很多，最常见的有精神科医师、心理治疗师、心理咨询师、社会工作师等。从图 4.6 可以看出站点心理健康专业人员的专业资质情况，社会工作师占有一定的比例，二级心理咨询师和三级心理咨询师显著高于注册心理师和注册助理心理师，大部分为当地心理教师专业资格。可见，在人员资质的要求上和国外还有差距，如在英国，咨询师要获得"注册心理咨询师"资格认证。[1]

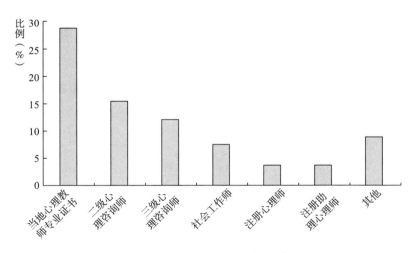

图 4.6　站点人员专业资质情况

3. 站点人员学历结构情况

从表 4.6 来看，在学历分布上，站点专职人员的学历构成集中于

---

① 石国兴. 英国心理咨询的专业化发展及其问题［J］. 心理科学进展. 2004（2）.

本科，占比 56.80%，博士比例很小。这与发达国家相比还有差距，发达国家一般要求心理服务人员具有硕士及以上学历。在美国，对心理咨询师申请人要求的最低进入学历水平是硕士，且必须是临床心理学或咨询心理学专业毕业。[①] 目前我国学校心理健康从业人员准入门槛过低，由此可见，我国心理健康从业人员学历水平门槛有待提高。

表 4.6　站点人员学历结构情况

	大专及以下	大学本科	硕士	博士
均值（人）	4.09	11.52	3.30	1.37
比例（%）	20.17	56.80	16.27	6.76

4. 站点专职人员的专业情况

从站点专职人员的专业分布来看（见图4.7），教育学、心理学、医学、社会工作专业基本均衡，其中以社会工作专业、心理学居多，医学略少。目前，我国心理服务模式主要以教育学、心理学和医学模式为主，[②] 比较适合我国的国情。在专业背景上，希望具有心理学、教育学、医学、监狱学、社会工作专业背景的人能从事心理健康服务工作。

5. 站点专职人员的职称构成情况

站点专职人员的职称构成情况（见表4.7），基本符合正态分布，相比来看，年轻人较多。目前我国未成年心理健康从业人员的职称系列少数走的是心理专业学科系列，多数人职称评审走的是政治、中文、体育、生物学的学科系列。这与我国教育主管部门对心理健康的重视不足有关，这一点还有待于从宏观政策上调控和规范。

---

① 江光荣，夏勉. 美国心理咨询的资格认证制度［J］. 中国临床心理学杂志. 2005（1）：114 - 118.
② 黄希庭，郑涌，毕重增，陈幼贞. 关于中国心理健康服务体系建设的若干问题［J］. 心理科学. 2007（1）：2 - 5.

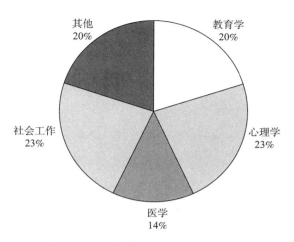

图 4.7　站点专职人员的专业情况

表 4.7　站点专职人员的职称构成情况

	初级职称	中级职称	副高职称	正高职称
均值（人）	5.17	6.62	4.70	2.72
比例（%）	26.91	34.46	24.47	14.16

6. 站点专职人员性别构成情况

从表 4.8 可以看出，女性专职人员占比为 65.74%，显著高于男性，这与前人的研究结果基本一致。[①] 在工作中咨询师要用大量的时间化解求助者的内心情绪，所以在岗位任务上通常要求咨询师感情丰富，情绪稳定，语言表达能力强，且为人随和，有亲和力，懂得如何与当事人进行情感疏通。在这方面女性有天然的优势。

表 4.8　站点专职人员性别构成情况

	男	女
均值（人）	4.81	9.23
比例（%）	34.26	65.74

---

① 秦漠，钱铭怡，陈红.国内心理治疗和咨询专业人员及工作状况调查［J］.心理科学.
2008（5）：1233 – 1237.

7. 站点专职人员的年龄构成情况

调查显示（见图4.8），从业人员的年龄结构分布较为合理，31～40岁的中青年从业人员所占比例最多，20～30岁的人相对较多，这说明从业人员的年轻化。

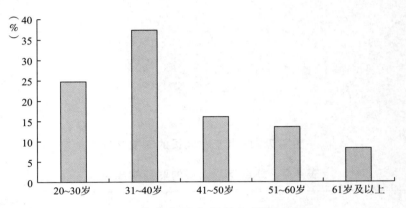

图4.8　站点专职人员的年龄构成情况

8. 站点专职人员月薪情况

站点的专职人员薪资待遇调查显示（见表4.9），1001～3000元/月占比较为突出，占39.69%；其次是3001～5000元/月；1000元/月及以下的人，占比8.94%。从整体上来说，站点从业人员待遇收入不太如意，和付出的劳动相去甚远。成为一名合格的心理咨询师，需要相当长时间的学习、成长和积累，这其中的成本和难度可想而知。

表4.9　站点专职人员月薪待遇情况

	1000元及以下	1001～3000元	3001～5000元	5001～8000元	8001元及以上
均值（人）	2.02	8.97	5.59	3.55	2.47
比例（%）	8.94	39.69	24.73	15.71	10.93

9. 站点兼职人员构成情况

调查显示（见表4.10），站点的兼职人员主要为来自当地中小学的心理教师，占比为 62.32%。其次是有心理咨询师资质的社会人士和有心理咨询师或心理治疗师资质的医务工作人员，他们都是志愿者。目前，对兼职人员的规范化要求较低，原则上为获得国家心理咨询师资格证书，并具有一定职称的心理健康服务人员，在专业上具有心理学（或医学、教育学）专业学位者优先，而兼职人员上岗要求与专业培训还有待进一步规范。目前我国的地区差异和省、市、县区级站点专业队伍规模数量差异较大，特别是西部地区的县区级站点人员，无论是专业背景，还是学历要求都还不能达标。有研究表明，从业机构和人员的数量规模与地区的收入水平有相关性，如北京、上海、广州等城市的机构数量明显多于银川、拉萨等城市。[①]

表 4.10　站点兼职人员构成

	当地中小学心理教师	有心理咨询师或心理治疗师资质的医务工作人员	有心理咨询师资质的社会人士	当地高校教育学、心理学等专业教师	其他
频次（人）	86	20	22	6	3
比例（%）	62.32	14.49	15.94	4.35	2.17

10. 站点兼职人员服务补贴情况

没有专项经费作为支持，许多站点无法开展正常的咨询热线工作。调查显示（见表 4.11），站点兼职人员服务补贴情况并不乐观，其中 62.32% 的人员没有补贴，即使有补贴，基本都在 100 元/小时以下。教育部于 2015 年公布了《中小学心理辅导室建设指南》，明确要求规范建设中小学心理健康教育辅导室，切实落实心理健康教育教师的待遇，心理健康教育教师应享受班主任同等待遇。

---

① 周婧. 社会上的心理咨询服务现状与对策研究 [D]. 重庆：西南大学. 2010：38 - 51.

表 4.11　站点兼职人员服务补贴标准

	不提供补贴	1~50元/小时	51~100元/小时	101~150元/小时	151~200元/小时	201元/小时及以上
频次（个）	86	20	22	6	3	1
比例（%）	62.32	14.49	15.94	4.35	2.17	0.72

11. 站点专业人员采取的咨询方法情况

调查显示（见图4.9），从站点专业人员采取的咨询方法使用情况排序来看，从高到低依次为认知行为治疗、以人为中心治疗、家庭治疗、精神分析、后现代心理咨询，其中以认知行为治疗最为突出，这与国内学者陈静的研究结果基本吻合[1]。认知行为治疗作为传统的咨询技术，在操作实效上优于其他方法。因站点接受咨询的对象多数是中小学生，主要是一般心理问题，集中在学习困难、人际关系、情绪问题上。目前，认知行为治疗以其短程有效、结构化、操作性强等优势深得心理卫生工作者的青睐，已经成为心理咨询师、学校心理健康教育教师必备的技能。

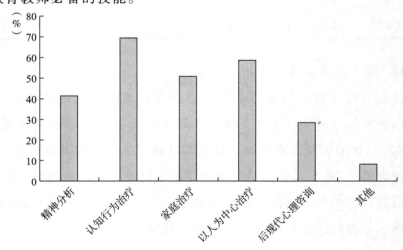

图 4.9　站点专业人员的咨询方法

① 陈静.湖北高校心理咨询现状的调查研究［D］.武汉：华中师范大学.2010.

12. 站点专业人员接受专业培训情况

从站点的专业人员接受的专业培训来看（见表4.12），最突出的是以心理咨询讲座和心理咨询工作坊为主，其次是接受国内心理咨询连续培训项目，而接受国际心理咨询连续培训项目的比例较小。从目前的现实来看，心理咨询师的专业成长困难重重，站点专业人员专业实操技能不足，希望能参加培训，但培训费用昂贵，站点人员难以参加更多专业化的培训。

表 4.12　站点专业人员受训形式

	心理咨询工作坊	心理咨询讲座	国内心理咨询连续培训项目	国际心理咨询连续培训项目	大学心理咨询课程	其他
频次（个）	96	103	58	16	38	14
比例（%）	69.57	74.64	42.03	11.59	27.54	10.14

13. 站点专业人员接受专业培训时长及人数情况

调查显示（见表4.13），有22.96%的站点专业人员接受的心理咨询专业培训总时长为60学时及以下，61～120学时的为29.26%，121～240学时的为27.25%，241学时及以上的为20.54%，总体情况不容乐观。没有工作受训经验的积累，没有接受先进理念的学习，站点人员自身的专业成长路漫漫。

表 4.13　站点专业人员受培训时长

	60学时及以下	61～120学时	121～240学时	241学时及以上
人数（人）	503	641	597	450
比例（%）	22.96	29.26	27.25	20.54

14. 站点专业人员接受专业心理咨询督导时长及人数情况

调查显示（见表4.14），有28.40%的站点专业人员接受专业心理咨询督导总时长为10小时及以下，11～50小时的为22.58%，51～100

小时的为 19.05%，101 小时及以上的仅为 29.98%。总体情况不容乐观，这可能导致站点专业人员在专业性、专注度上大打折扣。目前，国内站点专业督导匮乏，许多服务站成立时间不长，服务站的工作人员短缺，特别是专职人员需要长期稳定的督导。

表 4.14　站点专业人员接受督导时长

	10 小时及以下	11～50 小时	51～100 小时	101 小时及以上
人数（人）	917	729	615	968
比例（%）	28.40	22.58	19.05	29.98

15. 站点是否定期为专业人员提供案例督导情况

从 138 个站点是否定期为专业人员提供心理咨询案例督导的调查来看（见表 4.15），45.65% 的站点选择了"否"，近一半的受访者没有固定时间的督导，这反映当前国内大面积站点缺少督导。通常心理咨询师接受督导的过程和学徒体验一样，当新手咨询师遇到诊断上的问题时，在来访者诉求中遇到困境与盲点时，甚至是想尝试新的方法时，都可以寻求一位经验更加丰富的咨询师的建议。国内的督导师大多数有上千小时的咨询经验，在业内也已经积累出相当的声望，他们通过案例转向督导，能带领更多的新人进入这个行业。

表 4.15　站点专业人员是否定期接受督导情况

	是	否
频次（个）	75	63
比例（%）	54.35	45.65

16. 站点组织心理咨询案例督导情况

督导对于新手咨询师，以及成长中的咨询师来说，非常重要。调查显示（见表 4.16），在已有心理咨询案例督导的站点中，平均每周组织一次督导的占 18.12%，每月组织一次督导的占 12.32%，每季度组织一次督导的占 10.87%，每年组织一次督导的占 7.97%。总体上，接受督导的受益比例很小。同样的心理咨询技术，因为心理咨询师的成长水平不同，导致不同的咨询效果。连续性督导机制建立的重要性不言而喻，经常接受督导可以避免自己的治疗模式绝对化，可以使自我不断成长。

表 4.16　站点组织咨询案例督导情况

	每周一次	每两周一次	每月一次	每季度一次	每年一次
频次（个）	25	10	17	15	11
比例（%）	18.12	7.25	12.32	10.87	7.97

17. 站点心理咨询案例接受专家督导情况

2002 年以来，心理学会等机构，已经展开注册心理督导师的认证，逐步形成了中国职业心理师的评估认证成长体系，注册心理督导师由国家一级心理师、精神科主任医师、心理学教授经过专业机构认证合格产生。国外对心理咨询师胜任特征的评估通常包括督导反馈、资格认证以及对将来胜任能力评估。[①] 调查显示（见图 4.10），站点的心理咨询案例督导专家来自站点内部的资深心理咨询师最多，受益人数最多；其下依次是当地高校的资深心理专家、当地医疗机构的资深精神卫生专家和国内知名的心理咨询专家。总体来看，国内的督导专家都经过规范的训练，通过督导获得反馈，提高咨询的成功率。

18. 站点提供心理咨询案例的督导形式情况

接受督导为心理咨询师提供了定期得到评估和反馈的机会，帮助心理咨询师精进技能，促进职业成长。在内容上，督导包括伦理督导、咨询流程督导、个案过程督导、个案概念化督导、咨询理念督

---

① 向慧，张亚林，陶嵘. 国外临床心理学家胜任特征研究概况［J］. 中国临床心理学杂志. 2006（3）：328 - 330.

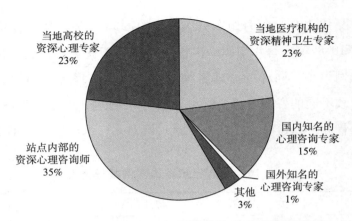

图 4.10　站点的心理咨询案例接受专家督导来源

导、个人成长督导等一系列督导类型。调查显示（见表 4.17），站点提供的心理咨询案例督导形式多为专家集体督导和专家一对一个体督导形式，形式单一，同侪督导和专家网络督导的比例和人次较少。督导通过心理咨询师提交文字个案资料，经过筛选典型个案、探讨交流，从中学习个案的咨询方法、思路、关键点、成功点、不足点，让每一个心理咨询师在个案中成长、收获。

表 4.17　站点心理咨询案例督导形式情况

	专家一对一个体督导	专家集体督导	同侪督导	专家网络督导
频次（个）	31	35	10	3
比例（%）	39.24	44.30	12.66	3.80

19. 站点为专业人员提供伦理培训情况

随着中国心理咨询与心理治疗行业的快速发展和日益规范，尤其是《中华人民共和国精神卫生法》的颁布与实施，心理咨询伦理问题越来越受到重视。在心理咨询行业较发达的美国，有严格的伦理守则[1]。作为专

---

[1] 杨凡，钱铭怡. 美国心理咨询和治疗中的保密：保密的局限及相关研究［J］. 中国心理卫生杂志. 2009（8）：543-548.

业人员除了具备专业技巧，还必须学习伦理规范，这是心理助人工作者的两个翅膀。调查显示（见表4.18），在已有伦理培训督导的站点中，平均每月组织一次伦理培训督导的占24.64%，每季度组织一次伦理培训督导的占13.77%，每半年组织一次伦理培训督导的占15.94%，每年组织一次伦理培训督导的占20.29%。总体上，接受伦理督导的受益比例很小。目前，需要建立统一的站点人员伦理培训制度，每人每年有一定额度的固定的培训费。

表4.18　站点专业人员伦理培训情况

	每月一次	每季度一次	每半年一次	每年一次	其他
频次（个）	34	19	22	28	35
比例（%）	24.64	13.77	15.94	20.29	25.36

（四）专业服务

1. 站点服务的对象

从表4.19来看，在138个受调查的站点中，为6岁以下幼儿提供心理健康服务的站点有52个，占37.68%；为小学生提供心理健康服务的站点有113个，占81.88%；为中学生提供心理健康服务的站点有115个，占83.33%；为中职学生提供心理健康服务的站点有68个，占49.28%；为中小学教师提供心理健康服务的站点有68个，占49.28%；为学生家长提供心理健康服务的站点有86个，占62.32%。从以上数据可以看出，大部分站点的服务对象主要以中学生和小学生为主，有超过三分之一的站点为幼儿开展了心理健康服务，有近一半的站点为中职学生提供了心理健康服务。有近三分之二的站点提供了家长心理健康服务。更难得的是，有近一半的站点还为中小学教师提供了心理健康服务。这些调查结果说明，站点的服务对象有了很大的拓展和延伸。首先，为6岁以下幼儿提供心理健康服务，这是在年龄上的延伸。从场所上看，应该是为幼儿园提供了心理健康服务。其次，在九年制义务教育之外，又针对中职学生提供心理健康服务。这些拓展服务，让站点的服务对象几乎涵盖了大部分未成年人，很好地弥补了在义务教育范围内开展未成年人心理健康服务的不足。最后，针对与未成年人身心健康成长有密切关系的教师和家长人群，一半以上的站点已经为其提供心理健康服务。这说明站点的心理健康服务已经开始具备生态化、系统化的趋势。为学生、教师和家长都提供心理健康服务，既可以从个体的角度改善未成年人的心理健康状况，又可以从师生关系和家庭关系等角度改善未成年人的成长环境，创设有助于未成年人身心健康成长的良好班级环境和家庭环境。这些服务对象上的拓展和延伸，值得在更多的站点中推广。

表 4.19　站点的服务对象状况调查

	6 岁以下幼儿	小学生	中学生	中职学生	中小学教师	学生家长	其他
频次（个）	52	113	115	68	68	86	0
比例（%）	37.68	81.88	83.33	49.28	49.28	62.32	0

2. 站点服务的主要心理问题

对 138 个站点服务的未成年人主要心理问题的调查显示（见表 4.20），情绪问题出现的频次是 121，占 20.68%；学习问题出现的频次是 115，占 19.66%；学校人际关系问题出现的频次是 109，占 18.63%；家庭问题出现的频次是 108，占 18.46%；性心理问题出现的频次是 65，占 11.11%；智力及心理发展问题出现的频次是 67，占 11.45%。从以上数据可以看出，情绪问题、学习问题、学校人际关系问题和家庭问题是未成年人前往站点求助的主要问题。性心理问题和智力及心理发展问题，相对这四大问题，出现的频率更小一些。

表4.20　站点服务的主要心理问题

	情绪问题	学习问题	学校人际关系问题	家庭问题	性心理问题	智力及心理发展问题	其他
频次（个）	121	115	109	108	65	67	0
比例（%）	20.68	19.66	18.63	18.46	11.11	11.45	0

对这些问题，我们也做了进一步的调查，数据如下。

（1）情绪问题

在站点服务的未成年人情绪问题状况调查中（见表4.21），抑郁情绪出现的频次是116人次，占35.26%；焦虑情绪出现的频次是120人次，占36.47%；恐惧情绪出现的频次是77人次，占23.40%；其他情绪问题出现的频次是16人次，占4.86%。从以上数据能够看出，未成年人的情绪问题主要表现为抑郁情绪和焦虑情绪。这两大情绪问题与未成年人的自杀、厌学、考试焦虑等问题联系密切，值得引起各站点专业人员的重视。

表4.21　站点服务的未成年人情绪问题状况

	抑郁情绪	焦虑情绪	恐惧情绪	其他
频次（人次）	116	120	77	16
比例（%）	35.26	36.47	23.40	4.86

（2）学习问题

在站点服务的未成年人学习问题状况调查中（见表4.22），厌学出现的频次是119人次，占22.80%；拒绝上学出现的频次是72人次，占13.79%；学习困难出现的频次是102人次，占19.54%；辍学出现的频次是52人次，占9.96%；学校适应不良出现的频次是88人次，占16.86%；考试焦虑出现的频次是89人次，占17.05%。从以上数据可以看出，在未成年人的学习问题中，厌学和学习困难是首要问题，其次是学校适应不良和考试焦虑，最后才是拒绝上学和辍学。这些数据结果，反映出了学习问题的出现频次随着问题严重程度的增加而逐渐递减。

表 4.22　站点服务的未成年人学习问题状况

	厌学	拒绝上学	学习困难	辍学	学校适应不良	考试焦虑	合计
频次（人次）	119	72	102	52	88	89	522
比例（%）	22.80	13.79	19.54	9.96	16.86	17.05	100

（3）人际关系问题

在站点服务的未成年人人际关系问题状况调查中，同伴欺凌出现的频次是 97 人次，占 27.71%；异性交往困难出现的频次是 84 人次，占 24.00%；社交焦虑出现的频次是 103 人次，占 29.43%；教师言语虐待出现的频次是 47 人次，占 13.43%；教师躯体虐待出现的频次是 19 人次，占 5.43%，参见表 4.23。从以上数据可以看出，社交焦虑、同伴欺凌和异性交往困难是未成年人人际关系中的主要问题，教师言语虐待和躯体虐待占的比例相对较小。在这五大问题中，同伴欺凌、教师言语虐待、教师躯体虐待，对未成年人身心健康的影响相对更大。从数据上看，同伴欺凌这一现象在未成年人人际关系问题中出现的比例较高，说明各地站点都面临着遭受同伴欺凌的未成年人。同伴欺凌问题又可能诱发社交焦虑和厌学等问题，对这一问题的有效干预和预防，值得引起各地站点的重视。虽然比例较小，但在本次调查中还是发现了教师言语虐待和躯体虐待问题，这些虐待问题只要发生，就会对未成年人身心健康造成比较严重的影响。各地站点针对这样的虐待问题，应该与当地教育主管机构、司法机构建立联动合作机制，第一时间保护好未成年人。同时，在教师群体中，要加大教育和宣传力度，让广大教师更清晰地认识到这些做法不仅违法，而且对未成年人身心的负面影响很大，要从源头上预防这些问题的产生。

表 4.23　站点服务的未成年人人际关系问题状况

	同伴欺凌	异性交往困难	社交焦虑	教师言语虐待	教师躯体虐待	合计
频次（人次）	97	84	103	47	19	350
比例（%）	27.71	24.00	29.43	13.43	5.43	100

（4）性心理问题

在站点服务的未成年人性心理问题状况调查中（见表 4.24），早恋出现的频次是 129 人次，占 66.15%；性行为出现的频次是 39 人次，占 20.00%；性侵出现的频次是 21 人次，占 10.77%；性虐待出现的频次是 6 人次，占 3.08%。从以上数据可以看出，早恋是未成年人性心理方面的主要问题。但早恋是否是心理问题，这还有待商榷。很难仅凭早恋这一现象就界定其属于心理问题。但在学校环境中，这一现象是不被老师和家长所允许的，因此可能会引发师生关系问题和家庭问题。未成年人出现性行为是第二大问题，由此可能引发意外怀孕、堕胎等延伸问题，对未成年人身心都会造成严重影响。性侵和性虐待尽管出现的频次少，但这些问题一旦出现，就属于未成年人心理危机事件，严重影响未成年人的心理健康，还可能留下心理创伤。因此，加大对未成年人性心理教育力度，宣传积极正向的性心理知识，可以让未成年人树立健康的性心理观念。同时还要建立有效保护和求助机制，预防性侵和性虐待等危机事件的发生。

表 4.24　站点服务的未成年人性心理问题状况

	早恋	性行为	性侵	性虐待	合计
频次（人次）	129	39	21	6	195
比例（%）	66.15	20.00	10.77	3.08	100

（5）家庭问题

在站点服务的未成年人家庭问题状况调查中（见表4.25），亲子冲突出现的频次是120人次，占30.69%；父母感情不和出现的频次是97人次，占24.81%；父母养育不当出现的频次是92人次，占23.53%；父母言语虐待出现的频次是56人次，占14.32%；父母躯体虐待出现的频次是26人次，占6.65%。从以上数据可以看出，亲子冲突是未成年人家庭中的首要问题。其次是父母感情不和和父母养育不当。这两个问题本身就可能诱发亲子冲突。最后是父母的言语虐待和躯体虐待问题，出现的比例相对较小。结合服务对象调查数据可以看出，针对家长开展心理健康服务是完全有必要的，甚至是迫切需要的。家庭是未成年人生活成长的主要环境，家庭内部出现的问题，对未成年人的情绪、学习和人际交往都会产生不良影响。对家长开展心理健康教育，可以传授正向养育和亲子良性互动的相关知识。针对父母感情不和，可以开展相应的家庭心理辅导。最后还要开展法律知识教育，让父母树立法律意识，避免言语和躯体虐待等严重问题的出现。

表 4.25　站点服务的未成年人家庭问题状况

	亲子冲突	父母感情不和	父母养育不当	父母躯体虐待	父母言语虐待	合计
频次（人次）	120	97	92	26	56	391
比例（%）	30.69	24.81	23.53	6.65	14.32	100

（6）智力和心理发展问题

在站点服务的未成年人智力和心理发展问题状况调查中（见表4.26），智力发育迟滞出现的频次是66人次，占26.40%；人格障碍倾向出现的频次是83人次，占33.20%；神经症倾向出现的频次是66人次，占26.40%；其他精神障碍倾向出现的频次是35人次，占14.00%。

表 4.26 站点服务的未成年人智力和心理发展问题状况

	智力发育迟滞	人格障碍倾向	神经症倾向	其他精神障碍倾向	合计
频次（人次）	66	83	66	35	250
比例（%）	26.40	33.20	26.40	14.00	100

从以上数据可以看出，人格障碍倾向是这类问题的首要问题。其次是智力发育迟滞和神经症倾向。虽然根据《精神卫生法》，这些严重的精神问题主要由当地精神医疗机构诊治，但各地站点的专业人员需要具备基本的识别能力，当服务的未成年人出现疑似有精神障碍的可能性时，应及时转介到当地精神医疗机构就诊，以免耽误病情，引发更严重的危机事件。

3. 站点提供的专业服务及类型

从表 4.27 来看，在 138 个受调查的站点中，提供热线心理咨询服务的站点有 93 个，占 67.39%；提供心理咨询面询服务的站点有 116 个，占 84.06%；提供团体心理咨询的站点有 91 个，占 65.94%；提供网络心理咨询服务的站点有 58 个，占 42.03%；提供心理危机干预服务的站点有 70 个，占 50.72%；开展学校心理健康教育的站点有 100 个，占 72.46%；提供社区心理健康服务的站点有 68 个，占 49.28%；提供其他服务的站点有 7 个，占 5.07%。

表 4.27 站点提供的专业服务类型

	热线心理咨询	心理咨询面询	团体心理咨询	网络心理咨询	心理危机干预	学校心理健康教育	社区心理健康服务	其他
频次（个）	93	116	91	58	70	100	68	7
比例（%）	67.39	84.06	65.94	42.03	50.72	72.46	49.28	5.07

从数据可以看出，心理咨询面询和学校心理健康教育是大部分站

点都能提供的专业服务。其次，约三分之二的站点能提供热线心理咨询、团体心理咨询服务。有约一半的站点能提供心理危机干预服务和社区心理健康服务。有超过五分之二的站点能提供网络心理咨询服务。总结起来，大部分站点能开展的专业服务主要是心理咨询面询和学校心理健康教育这两种形式。我们对各种专业服务做了更进一步的调查，包括热线心理咨询的服务时间、心理咨询面询的服务时间和服务人次、心理健康教育服务形式以及心理危机干预服务状况。

4. 热线心理咨询服务时间

从表4.28来看，在138个受调查的站点中，提供全年无休的24小时热线心理咨询服务的站点有24个，占17.39%；提供工作日24小时热线心理咨询服务的站点有12个，占8.70%；提供工作日8小时热线心理咨询服务的站点有73个，占52.90%；提供工作日4小时及以内的热线心理咨询服务的站点有14个，占10.14%；无热线服务的站点有14个，占10.14%。

表4.28　站点提供的热线心理咨询服务时间

	24 小时，全年无休	工作日 24 小时	工作日 8 小时	工作日 4 小时及以内	无热线服务
频次（个）	24	12	73	14	14
比例（%）	17.39	8.70	52.90	10.14	10.14

从以上数据可以看出，工作日8小时及以内是各站点开展热线心理咨询服务的主要时间设置，占63.04%，近三分之二。由于未成年人在工作日时间都要上课和完成作业，因此，这8小时如何安排就非常重要。如果是常规的工作时间作为热线服务时间，那么大部分未成年人都不大可能在这个时间段求助。这样的时间设置可能会导致热线接线率低，学生无法获取专业服务。比较可行的做法是把值班时间的一部分放到晚上。这样未成年人可以在下午放学后拨打热线求助，也

便于家长在下班后寻求热线咨询。从这些数据也可以看出，各地在热线心理咨询服务上能参与的专业人员以及能提供的专业服务时间，都有很大的局限。

5. 心理咨询面询服务时间及服务人次

在心理咨询面询服务时间的状况调查中（见表4.29），工作日白天心理咨询面询服务出现的频次是108人次，占48.65%；工作日晚上心理咨询面询服务的频次是27人次，占12.16%；周末白天心理咨询面询服务的频次是59人次，占26.58%；周末晚上心理咨询面询服务出现的频次是16人次，占7.21%；其他时间的频次是12人次，占5.41%。

表4.29 站点提供的心理咨询面询服务时间

	工作日白天	工作日晚上	周末白天	周末晚上	其他
频次（人次）	108	27	59	16	12
比例（%）	48.65	12.16	26.58	7.21	5.41

从以上数据可以看出，工作日白天提供心理咨询面询服务，是各地站点最常见的形式。其次是周末白天提供心理咨询面询。工作日晚上和周末晚上提供心理咨询面询的情况最少。但从实际需求来看，工作日晚上和周末白天及晚上，是未成年人最有可能接受心理咨询面询服务的时间，而在这三个时间段提供面询服务的比例都不高。这说明各地站点的心理咨询面询服务时间设置还不够科学，不能与未成年人的实际生活作息相协调。

在心理咨询面询每周服务人次的状况调查中（见表4.30），每周服务人次在10人次及以下的站点有94个，占68.12%；每周服务人次在11~30人次的站点有26个，占18.84%；每周服务人次在31~50人次的站点有10个，占7.25%；每周服务人次在51人次及以上的站点有1个，占0.72%；选择其他的站点是7个，占5.07%。

表 4.30 站点提供的心理咨询面询服务人次状况

	每周 10 人次及以下	每周 11～30 人次	每周 31～50 人次	每周 51 人次及以上	其他
频次（个）	94	26	10	1	7
比例（%）	68.12	18.84	7.25	0.72	5.07

从以上数据可以看出，超过三分之二的站点每周心理咨询面询服务的人次在 10 人次及以内，这么低的服务人次正好与心理咨询面询时间的调查结果吻合。正是因为咨询时间安排以工作日白天为主，才导致服务的实际人次数不多。同时，这也反映出各地站点缺乏专业人员、民众知晓度不高等问题。

6. 站点的心理健康教育服务形式

表 4.31 站点提供的心理健康教育服务形式状况

	专题讲座	家长沙龙	成长小组	网络平台讲座	网络平台心理文章推送	其他
频次（次）	117	69	75	31	46	20
比例（%）	32.68	19.27	20.95	8.66	12.85	5.59

在心理健康教育服务形式的状况调查中（见表 4.31），专题讲座出现的频次是 117 次，占 32.68%；家长沙龙出现的频次是 69 次，占 19.27%；成长小组出现的频次是 75 次，占 20.95%；网络平台讲座出现的频次是 31 次，占 8.66%；网络平台心理文章推送出现的频次是 46 次，占 12.85%；其他形成的频次是 20 次，占 5.59%。

从以上数据可以看出，专题讲座是心理健康教育服务的首要形式，其次是成长小组和家长沙龙。通过网络开展心理健康服务的状况还比较少。从开展服务的难度来看，专题讲座的开展难度最低，而成长小组和家长沙龙的服务形式需要更多的专业知识和技能。

7. 站点的心理危机干预服务状况

在心理危机干预服务的状况调查中（见表4.32），热线危机干预出现的频次是75次，占31.78%；危机事件现场干预出现的频次是68次，占28.81%；危机事件事后干预出现的频次是77次，占32.63%；其他形式的频次是16次，占6.78%。

表4.32　站点提供的心理危机干预服务状况

	热线危机干预	危机事件现场干预	危机事件事后干预	其他
频次（次）	75	68	77	16
比例（%）	31.78	28.81	32.63	6.78

从数据上看，这三种服务形式之间的比例相差不大，热线危机干预和危机事件事后干预略高于危机事件现场干预。但从出现的频次看，这三者出现的频次都不高，说明还有许多站点未开展心理危机干预服务，这与站点缺乏专业人员和专业资源的现状有关。从现场访谈中，我们也发现许多经济不发达地区的站点都反映开展心理危机干预工作存在困难，这些站点没有专业人员和专家指导，很难及时有效地进行危机干预，迫切希望得到中央和省级站点的专业培训和支持。

（五）管理运营机制

从本次调查的相关数据中可以看出，未成年人心理健康服务站点的上级主管单位主要是当地教育局和文明办，挂靠单位以当地中小学为主。

1. 站点制订年度工作计划的主要依据的调查结果与分析

从表4.33来看，在参与调研的138个站点中，根据上级主管单位的指示来制订年度工作计划的站点有62个，约占45%；根据挂靠单位工作指示来制订年度工作计划的站点有14个，约占10%；根据站点的自我规划来制订年度工作计划的站点有59个，约占43%；另有3个站点选择了其他选项，约占2%。

表 4.33　站点年度工作计划的依据

	上级主管单位工作指示	挂靠单位的工作指示	站点的自我规划	其他
频次（个）	62	14	59	3
比例（%）	44.93	10.14	42.75	2.18

　　从数据中可以看出，上级主管单位或挂靠单位的工作指示和站点的自我规划，是站点制订年度工作计划的主要依据。这反映出了各地站点上下级管理的两种模式。一种模式是由上级单位指示站点工作的主要内容和方向，站点以此为基础来制订计划和开展工作。另一种模式是上级主管单位放权让站点自我规划和管理。这两种模式各有利弊，上级主管单位从全局出发，根据当地的未成年人心理健康的问题和状况，有针对性地指导站点制订相应的工作计划，可以使站点的工作与当地的实际状况充分契合。但这一模式的弊端是限制了站点自身的创造性和能动性。而站点自我规划和管理这一模式可以充分发挥站点的专业性和自主权，激发站点的创新性和能动性，但弊端在于站点的工作计划可能与当地的实际需求脱节。因此，更有效的方式是将这两种管理模式有机结合。上级主管单位根据当地实际状况，邀请站点负责人和相关专家一同构建当地未成年人心理健康工作的总体规划，让站点充分参与到整体规划中。同时，在站点的具体工作计划和实施上，上级单位又要做到充分信任和放权，激活站点的创造性和能动性。

　　2. 站点与当地中小学协同合作机制的调查结果与分析

　　从表 4.34 来看，在参与调研的 138 个站点中，与当地中小学有协同合作机制，且联系非常紧密的站点有 53 个，占 38.41%；与当地中小学有协同合作机制，且联系比较紧密的站点有 33 个，占 23.91%；与当地中小学偶尔有协同合作机制，只是根据学校的服务请求来开展工作的站点有 43 个，占 31. 16%；与当地中小学没有协同合作机制，双方各自为政，缺乏交流的站点有 9 个，占 6. 52%。从数据结果可以看出，约三分之二的站点与中小学有协同合作机制，且联系紧密，这与未成年人心理健康工作的特点相符。学校是未成年人的重要成长环境，也是开展未成年人心理健康工作的重要机构之一。站点的工作如果完全脱离学校，各自为政，就会受到很大的局限。学校的优势是可以集中高效地开展未成年人心理健康工作，站点的优势是可以跨学校整合和调配专业资源。双方如果优势互补，工作就会更有成效。学校可以及时监测学生的心理健康状况，提出心理健康服务的需求；站点可以有针对性地提供专家和专业服务。双方的合作可以使彼此的工作都更有针对性和实效性。与学校的合作，可以让站点摆脱矫治性为主的咨询模式，立足于学生的特点和现状，有针对性地开展发展性和预防性的心理健康教育活动。以发展性和预防性的心理健康活动为主要模式应该成为站点未来的重点发展方向。

表 4. 34　站点与当地中小学的协同合作机制

	有，双方联系非常紧密	有，双方联系比较紧密	偶尔有，只是根据学校的服务请求来开展工作	没有，双方各自为政，缺乏交流
频次（个）	53	33	43	9
比例（%）	38. 41	23. 91	31. 16	6. 52

3. 站点对外宣传平台的调查结果与分析

从表 4. 35 来看，在 138 个受调查的站点中，有独立网站的站点有 52 个，占 37. 68%；有微博或微信公众号的站点有 53 个，占 38. 41%；有机构专属手机 App 的站点有 18 个，占 13. 04%；有自制报纸和杂志的站点有 17 个，占 12. 32%；没有独立对外宣传平台的站点有 52 个，占 37. 68%。

表 4.35　站点对外宣传平台调查数据

	有独立的网站	有机构专属的手机 App	有自制的报纸、杂志	有微博或微信公众号	无独立的对外宣传平台
频次（个）	52	18	17	53	52
比例（%）	37.68	13.04	12.32	38.41	37.68

从数据可以看出，有约三分之二的站点开设了对外宣传平台，除了自制报纸、杂志这样的传统宣传方式外，网站、微博或微信公众号、机构专属手机 App 等网络宣传平台成了机构对外宣传平台的主流。尤其是机构专属的手机 App，这种符合时代潮流的心理健康教育工具，已成为学者研究的热点。孙晨哲认为心理健康教育手机 App 具有三大优势，首先是完善的心理教育数字化系统，手机作为系统的终端，可以第一时间将心理健康教育的知识和服务传递给学生，心理健康教育的效率和及时性都得以提升；其次是扩大的信息交流平台，学生既可以在 App 上寻求帮助，也可以向他人提供建议和经验分享，具备了社交和互助的功能；最后是有利于线下心理健康教育活动的开展。通过心理健康教育 App 可以第一时间大范围宣传线下的心理健康教育活动，让学生能第一时间知晓和参与，也因此促进了线下心理健康教育活动的开展。

4. 站点专家队伍及规模

从表 4.36 来看，在 138 个受调查的站点中，有来自全国各地的专家组成的队伍的站点有 21 个，占 15.22%；有来自全省各地专家组成的队伍的站点有 24 个，占 17.39%；有来自当地专家组成的队伍的站点有 63 个，占 45.65%；没有专家队伍的站点有 43 个，占 31.16%。从数据可以看出站点的专家队伍主要以当地专家为主，同时有近三分之一的站点没有专家队伍。进一步对站点的专家队伍规模进行调查发现（见表 4.37），专家队伍的规模在 10 人及以下的站点有 102 个，占

73.91%；专家队伍规模在 11~20 人的站点有 21 个，占 15.22%；专家队伍规模在 21~30 人的站点有 6 个，占 4.35%；专家队伍规模在 31 人及以上的站点有 9 个，占 6.52%。从数据可以看出大部分站点的专家队伍规模在 10 人及以下。但该数据与表 4.36 中的数据有所冲突，因为表 4.36 中的数据显示有 43 个站点没有专家队伍。但 10 人及以下的专家队伍规模的站点有 102 个，这两个数据显然是相矛盾的。原因可能在于部分没有专家队伍的站点，答题时理解有误。从以上数据大致可以看出，站点的专家队伍来源以当地专家为主，有近三分之一的站点没有专家队伍。这反映出站点的专业资源比较匮乏的现状，尤其是偏远地区和县一级的站点，在调研访谈中，这些站点普遍反映缺乏专业资源和专业指导，站点一方面缺乏专业人员，另一方面当地又缺乏专家和专业培训，导致开展的心理健康教育活动专业程度不够深，效果也不明显。在遭遇未成年人心理危机干预事件时，缺乏专家的指导，也让心理危机干预工作存在很大的风险和局限。在站点的调查访谈中，广东省有一套培训督导机制值得借鉴。省级站点因为在省会城市，有更多的专业资源和专家队伍。因此省级站点可以对区级站点提供专业培训和督导服务，为区级站点培养业务骨干，培养当地的专家人才队伍。这种站点内部的资源共享和人才培养机制，值得其他地区的站点学习和借鉴。

表 4.36　站点的专家队伍来源

	有来自全国各地的专家组成的队伍	有来自全省各地专家组成的队伍	有来自当地专家组成的队伍	没有专家队伍
频次（个）	21	24	63	43
比例（%）	15.22	17.39	45.65	31.16

表 4.37　站点的专家队伍规模调查

	10 人及以下	11～20 人	21～30 人	31 人及以上
频次（个）	102	21	6	9
比例（%）	73.91	15.22	4.35	6.52

5. 站点的心理档案制度和伦理规定

从表 4.38 来看，在 138 个受调查站点中，为服务过的未成年人建立心理档案的站点有 109 个，占 78.99%；没有为服务过的未成年人建立心理档案的站点有 29 个，占 21.01%。从表 4.39 来看，建立了心理档案的保存与管理制度的站点有 113 个，占 81.88%；没有建立心理档案的保存与管理制度的站点有 25 个，占 18.12%。从表 4.40 来看，建立了心理服务伦理规定的站点有 112 个，占 81.16%；没有建立心理服务伦理规定的站点有 26 个，占 18.84%。

表 4.38　站点建立心理档案的状况

	是	否
频次（个）	109	29
比例（%）	78.99	21.01

表 4.39　站点是否建立心理档案保存与管理制度

	是	否
频次（个）	113	25
比例（%）	81.88	18.12

表 4.40　站点是否建立心理服务伦理规定

	是	否
频次（个）	112	26
比例（%）	81.16	18.84

从上述调查结果数据可以看出，约五分之四的站点建立了心理档案，并制定了心理档案的相关制度和心理服务伦理规定。心理档案的建立和使用，实际上就是心理服务伦理的一部分。伦理规范在未成年人心理健康服务中占据着非常重要的地位，英国的《关于咨询和治疗的伦理规范和执业完善框架》对心理咨询师有明确的个人特质要求[①]，包括共情、诚实、正直、达观、尊重、谦虚等。林洁瀛等认为在青少年心理辅导中，心理咨询师有义务保护来访者的个人隐私和自主权，并指出青少年心理辅导与成人心理辅导最大的不同是对未成年人进行辅导时牵涉到其家长的知情权和监护权。如果心理咨询师未经青少年的同意，擅自将会谈信息分享给父母，就会失去青少年的信任，破坏咨询关系。因此站点应建立严格的心理档案存放和使用制度，制定清晰具体的伦理规定，规范心理咨询师的专业实践，最大限度地保护来访者的隐私和自主权。心理档案制度和伦理规定应该覆盖到每一个站点，把这些制度和规定作为对站点的基本考核标准。每一个新站点建立时，都必须要求建立相关制度和规定，这样才能确保站点在开展未成年人心理健康服务时有清晰的界限和准则，最大限度地保护未成年人的相关权益。

6. 站点的心理危机干预服务状况调查

从表4.41来看，在138个受调查的站点中，有66个站点建立了心理危机干预应急预案及三级值班制度，占47.83%；有72个站点没有建立心理危机干预应急预案及三级值班制度，占52.17%。从表4.42来看，建立了心理危机干预专业工作小组的站点有96个，占69.57%，其中心理危机干预专业工作小组人数在5人及以内的站点有57个，占41.30%；小组人数在6～10人的站点有30个，占21.74%；小组人数在11～20人的站点有4个，占2.9%；小组人数

---

① 石国兴. 英国心理咨询的专业化发展及其问题［J］. 心理科学进展. 2004（2）：311.

在 21 人及以上的站点有 5 个，占 3.62%；没有建立心理危机干预专业工作小组的站点有 42 个，占 30.43%。

表 4.41　站点建立应急预案及值班制度状况

	是	否
频次（个）	66	72
比例（%）	47.83	52.17

表 4.42　站点建立危机干预工作小组状况

	是，小组人数为 5 人及以内	是，小组人数为 6~10 人	是，小组人数为 11~20 人	是，小组人数为 21 人及以上	否
频次（个）	57	30	4	5	42
比例（%）	41.30	21.74	2.9	3.62	30.43

　　从上述调查数据可以看出，站点的心理危机干预制度建设有待提高，有超过一半的站点没有建立心理危机干预应急预案及三级值班制度。这意味着如果当地发生未成年人心理危机事件，站点并没有清晰的预案和值班的专业队伍来应对危机。这就让心理危机干预服务的质量和效果都面临诸多的不确定性，也增加了心理危机事件的风险程度。比这一状况略微好一点的是，近 70% 的站点建立了心理危机干预专业工作小组，只有约 30% 的站点没有建立心理危机干预专业工作小组。其中有心理危机干预专业工作小组的站点中，小组人数在 5 人及以下的站点占了约六成，6~10 人的站点约占三成。这意味着大多数有心理危机干预专业工作小组的站点心理危机干预专业人数在 10 人以内。这些数据说明了站点在心理危机干预服务上制度不够完善，人才比较紧缺。心理危机事件对于许多未成年人来说，是成长经历中难以避免的困难。诸如自然灾害、集体暴力事件、恐怖主义袭击等群体性突发事件，都会对未成年人的身心健康造成严重和持续的影响。伍

新春等研究了汶川地震 1 年后当地青少年 PTSD（创伤后应激障碍）和抑郁的发生率，结果发现，震后 1 年时，青少年的 PTSD 发生率为 8.6%，抑郁的发生率为 42.5%。随后开展的追踪研究显示，震后随着时间推移，PTSD 的发生率呈现下降的趋势，但抑郁的发生率反而在上升。从这一研究可以看出，如果心理危机事件得不到有效的处理和干预，对未成年人的身心发展将产生长期的负面影响。因此，每一个站点都应该整合当地的专业资源，建立起心理危机干预专业工作小组，与心理危机干预专家、相关部门一同研讨制定当地的心理危机干预应急预案和三级值班制度，使站点面对未成年人心理危机事件时，有清晰的预案可以参考，有值班的各层级专业人员可以调动来形成心理危机干预团队，尽最大努力减少心理危机事件对未成年人的影响，避免心理危机事件的升级恶化。

二　问卷调查的讨论与分析

（一）基本状况

调查发现，在所有 138 个站点中，国家级站点较少，只有 4 个，多数属市、县区级站点。

从站点场地面积来看，未成年人指导中心站点场地总面积总体差异较大，多数在 200 平方米及以下。因场地含有办公室、咨询室、团体辅导室以及功能室，所以站点面积使用起来远远不够，导致开展心理活动不便。

从站点功能室使用情况来看，各站点功能室主要把功能放在个体心理咨询、团体辅导、沙盘游戏方面，总体上功能室使用频率不高。

从站点的运营情况来看，未成年人心理健康服务的运营工作主要挂靠在当地中小学，当地高校和医疗机构参与度不够。站点运营时间超过 20 年的只有 2.17%，多数在 5 年内。

从站点运营经费来看，站点每年拨付经费在 5 万元及以下的超过一半，超过 100 万元经费投入的只占 5.07%。显然，经费投入严重匮乏。站点经费来源主要为主管单位（69 家）和挂靠单位（29 家），慈善机构捐助微乎其微，经费来源渠道较为狭窄。

（二）站点队伍状况

从 14 个省份的站点人员构成情况来看，兼职人员占比 74.53%，专职人员占比 25.47%，专业化队伍基本都是由兼职人员构成。站点人员多以兼职为主，站点的兼职人员主要是来自当地中小学的心理教师，占比为 62.32%。从站点人员资质情况来看，具备专业资质的只占 28.70%，其中，二级心理咨询师和三级心理咨询师分别占比 15.38% 和 12.09%，显著高于注册心理师和注册助理心理师的 4.11% 和 4.11%，通过国家资格认证的心理资质认证的人数极少。

专业队伍建设迫在眉睫，站点专业编制严重缺乏。当前我国中小学心理健康教育教师多以兼职为主，建议政府加大宣传力度，增设心理健康服务岗位并解决站点专业性人员不足问题。目前，我国城乡在心理健康专业人员队伍规模上差异很大，特别是农村地区还存在无专业人员的境况，另外，对站点兼职人员的上岗要求与专业培训还有待规范。

目前我国对心理咨询的资质认定还比较混乱，存在着很多问题，与我国庞大的人口基数相比，心理专业从业人员还远远不够。呼吁政府主管部门尽快出台专业资格审查的各项政策、法规文件，在学历体系中增设心理咨询专业。

在学历分布上，站点专职人员的学历构成集中在本科，占比 56.80%，博士比例很小。在专业分布上，教育学、心理学、医学、社会工作专业人员基本均衡，其中社会工作专业、心理学居多，医学略少。

目前我国学校心理健康从业人员准入门槛过低，由此可见，我国心理健康人员学历水平门槛有待提高。目前，我国心理服务模式主要以教育学、心理学和医学模式为主，在专业背景上，希望心理学、教育学、医学、社会工作专业能相互整合，提倡复合型专业背景的人能从事心理健康服务工作。

在职称分布上，站点专职人员的职称构成基本符合正态分布。相比来看，年轻人较多。目前站点人员的职称系列有少数是归属于心理专业学科系列，多数人职称评审是按照政治、中文、体育、生物学的学科系列。目前站点人员的职称系列很多不是心理专业系列，职称系列没有得到规范，这与我国教育主管部门对心理健康的重视不够有关，这一点还有待于从宏观政策上调控和规范。

在性别构成上，女性专职人员占比 65.74%，显著高于男性。从心理咨询师的胜任力特征来看，对心理咨询师通常有情感沟通、亲和力的要求，而情感方面女性比男性有天然的优势。但目前有很多站点基本没有男性，心理咨询业的性别基本处于失衡状态。从心理咨询师的职业发展趋势来看，男女应该保持一定的比例。

在年龄结构分布上较为合理，20～40 岁中青年站点从业人员所占比例较高，这说明从业人员的年轻化。

在薪资待遇上，站点专职人员月收入 1001～3000 元的占比较为突出，占 39.69%。从整体上来说，站点从业人员待遇收入不太如人意。站点兼职人员服务补贴情况并不乐观，其中 62.32% 的人员没有补贴，即使有补贴，基本都在 100 元/小时以下。专项经费不足，特别是西部地区和县区站点的经费不足，严重困扰着站点工作人员。站点从业专职人员和兼职人员待遇偏低，和他们付出的劳动相去甚远。呼吁部门设立财政专项预算，尽快改变待遇差的窘况，提高站点专业人员的待遇，适当增加兼职心理老师补贴，使其能够享受班主任同等待遇。

从站点专业人员采取的咨询方法使用情况排序来看，从高到低依次为认知行为治疗、以人为中心治疗、家庭治疗、精神分析、后现代心理咨询，其中以认知行为治疗最为突出。认知行为治疗以其短程有效、结构化、操作性强等优势深得心理卫生工作者的青睐。

从站点接受的专业培训来看，最突出的以心理咨询讲座和心理咨询工作坊为主，接受心理咨询连续培训项目比例较小。有 22.96% 的站点专业人员接受的心理咨询专业培训总时长为 60 学时及以下。从 138 个站点是否定期为专业人员提供心理咨询案例督导的调查来看，45.65% 的站点没有实施督导，有 28.40% 的站点专业人员接受专业心理咨询督导总时长为 10 小时及以下，有 22.58% 的站点专业人员接受专业心理咨询督导总时长为 11～50 小时，国内站点专业督导匮乏。在已有伦理培训督导的站点中，平均每月组织一次伦理培训督导的有 24.64%。李晓红等人认为[①]，国内心理服务行业还缺乏连续性的培训，整体专业水平有待提高。站点人员专业实操技能不足，培训费用昂贵，站点人员渴望得到专业化的培训。许多服务站成立时间不长，服务站的工作人员缺乏督导，特别是专职人员需要长期稳定的督导，需要建立连续性的督导机制。同时，站点人员需要建立统一的伦理培训制度，希望能多参加培训，保证每人每年有一定额度的培训费。

（三）专业服务

兼职人员的服务难以稳定。站点的兼职咨询师大多是学校的心理健康教育教师，他们本身工作就比较繁忙，只能在休息日和寒暑假来值班服务。同时兼职人员存在很大的流动性和不稳定性，这带来的影响是兼职咨询师很难针对个案提供长期稳定的咨询服务。建议增加经费投入，扩充专职专业人员的比例。

缺乏专业技能培养机制。心理咨询和心理健康教育都是专业性很强的服务。站点由于经费不足、资源有限等诸多原因，大多缺乏针对专业人员的技能培养机制。心理咨询在城市和农村开展很不平衡，在

---

① 李晓红，杨蕴萍. 心理治疗与心理咨询的职业化发展及现状 ［J］. 国外医学精神病学分册. 2005（2）：193－196.

农村地区，人们的心理知识极其缺乏。①专业人员在站点得不到有效的培训和督导，就会导致其专业服务水平有限，不能更好地为未成年人及其家长服务。受访者期待每个城市的相关主管部门协调当地专业资源，建立本地区专业人员的培训和督导机制，并给予相关经费和制度保障。

运行经费不足和场地不足。除市级站点外，大部分的区级站点都存在经费不足的问题。而对于处于经济落后地区的站点，这个问题更加严重。经费不足常常导致人员的不稳定，以及无法提供优质的培训和督导服务。某些站点的场地较小，开展心理健康活动也受到限制。受访者期待上级部门制定统一的经费标准和场地标准，使心理健康工作得到经费和场地的双重保障；在全国范围内规范站点面积和功能室建设，活动场地应该有全国标准化要求，这样能满足心理健康服务的需要。

缺乏跨部门联动合作机制和专门的未成年人保护机构。在遇到一些家庭暴力等极端、严重的个案时，通常需要多个部门的协调合作。由于没有专门的未成年人保护机构作为中间方来协调，通常的处理方式只能是报警。但警察也缺乏联动合作机制，因此并不能给这些极端个案的孩子提供有效的保护和后续的干预。受访者期待政府在资源整合上扮演更主动的角色，协调妇联、团委、关心下一代工作委员会、慈善基金会等机构的力量和资源，建立多部门的联动合作机制，让站点和学校获得更多的支持资源；同时也期待站点适当布控在高校科研机构，如果能发挥当地高校的作用，对推广普及未成年人心理健康工作更有深远的意义；也期待卫健委等部门逐步搭建平台，鼓励普及培育社会化的心理健康服务机构。

缺乏文件支持。站点的工作常常缺乏明确的文件支持，带来的影

---

① 朱亮，刘晓艳. 我国心理咨询的现状与对策探析［J］. 合肥工业大学学报（社会科学版）. 2007（1）：146－149.

响是其他机构对站点工作缺乏认同和配合，认为其工作没有上级文件的授权。受访者特别期待上级部门制定相关文件，充分授权站点开展心理健康工作。

（四）运营机制

中小学主要是面对本校的学生和家长，站点的服务对象更广，通常是服务于该区域的所有未成年人和家长，可以充分利用站点的优势。未成年人服务站点服务范围广，社会效应和影响力容易得到发挥，自由度大，工作的开展空间更大，而学校则容易受到机制的制约。站点可以调配专业资源，在该区域各个学校之间发挥整体协调的作用。同时还可以协调沟通上下级，在学校和上一级总站之间发挥桥梁作用。

学校心理健康教育更多是以班集体等团体的方式出现，通过心理健康课程、团体活动课、心理班会、心理健康教育节等活动普及心理健康知识，引导学生重视自己的心理健康状况，学会与同学进行正向的人际互动，建立良好的人际关系；引导班集体形成凝聚力和归属感；促进学生知识经验的分享和互助互利。站点服务多以心理咨询服务的形式出现，通过个体心理辅导、热线心理辅导和网络心理辅导等形式，让学生在专业私密的环境中更容易打开心扉，倾诉自己遇到的困难和问题。相比于学校，站点服务的私密性更强，学生在求助时的顾虑更少。

目前的心理健康服务体系主要以问题导向为主，如果没有预防发展导向的服务体系，势必会导致心理问题怪圈，即儿童滋生出来的心理问题会在成年后爆发出来[①]。站点需要建立心理健康教育－心理咨询－心理危机干预三级防控体系，未成年人心理健康服务要以预防发展功能为主，通过公益心理健康的普及，营造良好的心理生态环境；同时可以跨学校整合专业资源来应对突发的未成年人心理危机事件，提高应对危机的效率。

---

① 李小鲁，宋翎. 学校心理健康教育工作应面向全体学生的发展 [J]. 高教探索. 2010 (2)：107 – 111.

学校心理健康教育更贴近学生的日常生活，常态化的教育可以发挥近距离优势，观察和服务的对象相对稳定和直接。未成年人心理健康服务站点平台更高，有集聚优质资源、开展深度服务的优势。站点与学校可以融合发展，学校心理教师可以走进站点，接受站点提供的专业培训和督导服务；站点调配本地区的专业资源，有针对性地分配给各个学校，协助学校建立心理健康人才培养、专业服务和心理健康课程体系；针对危机个案，站点可以作为联动合作的平台，调动各方人员和资源，协助学校处理学生的心理危机。

第三节　访谈结果与讨论

一　人才队伍建设状况

（一）每个地方都在加强专业队伍建设

广东省广州市未成年人心理咨询与援助中心拥有专家团队、兼职心理咨询师和热线咨询师三个等级的人才队伍。其中，专家团队包括22名来自高校、医院和社会咨询机构的专家。在这些专家中，还有常驻专家，为学校、社区提供心理健康教育讲座、家长课堂、家长沙龙等服务。兼职心理咨询师团队有31人，其中博士2名、硕士19名。兼职心理咨询师主要提供心理咨询面询服务，每个月都要接受专家的小组督导。热线咨询师团队有44人，主要是广州当地高校的心理学专业的硕士和博士，热线服务的时间是9：00～21：30。

上海市杨浦区未成年人心理健康辅导站聘请了上海市高校和专业机构的10位专家作为站点的专家顾问团队。

海南省海口市未成年人心理健康辅导站依托天一心理咨询公司，共有112名经过专业培训的心理老师，其中3名是专职心理老师，多数都拥有各种资质证书。

吉林省长春市的一个站点拥有专业教师5名，3名毕业于东北师大心理学专业，2 名是心理学的研究生，获得二级心理咨询师证书；同时，配有 20 多名全市各中小学的骨干教师作为站点的志愿者。

江苏省南京市"陶老师"工作站秦淮分站依托秦淮区教师发展中心，人才队伍建设卓有成效。目前全区 55 所学校都有心理健康教育教师，其中，44 所学校拥有通过南京市教育局培训认证的学校心理咨询员资质。

南通市未成年人成长指导中心是 2010 年建成的，中心目前是以"童老师"志愿服务队这个名义在开展工作，人员有 65 名。

淮安市未成年人成长指导中心设立在淮安市教育研究室，由专职的心理教研员负责组织运营。目前以"安老师"志愿团队开展工作，"安老师"团队有首席心理咨询师 18 人和特聘心理咨询师 30 多人。

（二）专业队伍呈现多样化趋势

从访谈结果来看，省会城市专业队伍能力较强。很多站点会集了来自各行各业的专业人才。上海市长宁站点，会集了如心理咨询师、社会工作者、教师、精神科医生、少管所教员、律师等专业人才，不一样的专业背景为站点心理工作提供了不同层面的支持。以广东省东莞市为例，东莞市未成年人心理援助中心建立了四支人才队伍，第一是德育干事队伍，主要是指导学校的心理健康教育活动；第二是区组长队伍，主要在片区定期组织心理教研活动，为片区的心理健康教育教师提供培训和督导；第三是生命教育队伍，在全市开展生命教育进校园活动；第四是团体心理辅导队伍。

省会城市站点地处发达城市，享有的资源比较丰富全面，专业教师配备较强。

县区级人才队伍差异大，江苏省金湖县未成年人成长指导中心是一家县级未成年人成长指导中心，有一个"金老师"志愿者团队，包含 64 名中小学教师、14 名社会工作者，其中 15 名有国家二级心理咨询师证书。

（三）兼职人员的服务难以稳定

目前，各未成年人心理健康辅导站点专业人员严重不足，即便是省会站点也存在不足，编制内岗位缺乏，人员多为兼职，属于编外人员。站点的兼职心理咨询师大多是学校的心理健康教育教师，他们本身工作就比较繁忙，流动性大，工作难以稳定开展。某些站点设在学校，学校的心理健康教育教师在教师群体中所占比例极低。如某一学校有5000多名学生、300多名教师，但心理健康教育教师仅有1人。这种心理健康教育教师严重缺少的局面已是常态，使得兼职专业人员很难保证能稳定地为未成年人开展服务。

二　专业服务状况

（一）站点的专业服务呈现多样化的特点

在上海市静安区，站点心理热线咨询一天24小时不间断。受访者说："你只要跟我预约，随时都可以按照你的时间给你安排。"上海市长宁辅导站点推动了"1+4+7+N"的工作模式，值得借鉴。其中的"1"是指辅导站点紧紧围绕着一个理念，即"滋养心灵，陪伴成长，支持发展健康人格"；"4"指四项功能，包括辅导、研究、培训和管理功能；"7"是指七种服务形式，诸如面询、热线、流动服务、讲座等；"N"指在此基础上，搭建了"N"个平台，比如说服务平台、评优平台、网络平台等。

广东省东莞市未成年人心理健康教育指导中心，常年开展校园心理剧大赛、优秀微课评选、生命教育等活动。其中生命教育分为种子计划和守门员计划。"种子计划"是培养校园危机干预骨干、危机干预课程宣讲员，并开发了班主任远程课程教育。"守门员计划"是针对学校领导、班主任和专职心理教师进行培训。在17年里，为7万多学校教师和家长进行了"生命教育进校园"的心理危机干预培训活动。某些区级站点依托少年宫等机构，拥有广泛的群众基础。例如广州市越秀区未成年人心理咨询援助中心，依托区少年宫的资源，建立了有2000多人的家长微信群，可以及时发布服务信息，与家长有更多的交流互动。同时该站点也开发了许多免费的未成年人心理健康公益课程和相关教材，例如注意力训练、心理剧、音乐感统训练、幼小衔接、性教育等，这些课程聚焦孩子的心理发展和家长的需求。这样的课程场场爆满，受到家长的一致好评。市级站点还能发展专业服务支持网络。例如云浮市未成年人心理健康服务站点，就有送课下乡的专业服务。通过派心理健康教育老师到一些贫困乡村学校给留守儿童提供自我保护、性心理健康等课程，让留守儿童也能接受专业的心理健康教育，提升这些儿童的自我保护意识，避免性侵事件的发生。

海南省海口市和三亚市的辅导站提供免费的个别辅导、团体辅导，开设社区辅导站，定期开设各种讲座，也到学校、社区去开设各种讲座。海口辅导站还定期对专业人员提供督导和各种类型的培训。尤其是他们的培训和督导已经非常完善和系统了，并且所有的培训师和督导师现在都不需要外请了。海口辅导站还设立了未成年人"关扶"站，由三个专职心理老师去帮助转化涉嫌犯罪的未成年人。

江西省萍乡市未成年人成长指导中心主要是民非机构和政府合作，通过社工服务、心理服务、社会宣传等方式为当地未成年人开展心理健康服务。

在吉林省四平市，一个市级单位的站点为学生和家长提供免费、专业的服务，每年提供服务达到5000余人次。他们将每年的五月作为"中小学心理健康活动月"，开展黑板报、手抄报、广播等活动；在各个中小学普遍开展心理健康指导活动课，进行角色扮演、课堂游戏、小组讨论、案例分析等活动；开展专业的心理测量工作，从2012年起每隔两年做一次调查，针对调查结果开展专题讲座，如"情绪管理"、"考前辅导"等，听讲座的学生达6万多人次，为3000多名学生建立了心理健康档案；建立心理健康网络，在全市78个社区建立

"社区心理健康咨询室"，部分社区设立"社区心理热线"。

（二）省会站点医教结合模式比较普遍

在多个省会城市站点中，学校和精神卫生中心、儿童医学中心积极配合，形成医教结合的服务模式。医教结合确实比较普遍。如普陀区站点，当地医院的心理科的医生每两周一次到站点给辅导站的志愿者进行督导。每月有一位精神科医生会来站点坐诊，并且已经试行了好多年。这对学校、家长和学生都是很有帮助的。

（三）专业人员的专业督导比较匮乏

由于心理咨询人员的成长不是短时间内就能解决的，况且，专业人员还面临专业成长的问题；所以，许多心理健康辅导站成立时间不长，专职的心理健康老师在辅导站点是比较紧缺的，有经验的督导师更是奇缺。这样，受访者普遍反映，专业人员的专业督导比较匮乏。这也就导致不同地区由于专业人员专业素养和伦理素养的差异而产生了服务效果的差异。地区差别大是我国心理健康服务的问题之一。①专业服务质量分化严重，不同地区心理健康服务状况差别较大。总体来说，大部分地区心理健康服务状况急待改善。

除省级站点有完善的督导和培训机制外，大部分的区级和地市级站点都没有稳定的督导专家队伍和个案督导机制，也缺乏专业的培训。在美国，取得执业执照要求至少 1000 小时，督导差距较大。这带来的影响是一线的心理咨询师在遇到咨询困境时通常得不到有效的支持和引导，很难为未成年人提供优质高效的咨询服务，咨询师的专业成长也会受到很大的限制。

三　经费投入状况

（一）省会城市站点经费投入充足

总体来说，省会地区经费相对富足，农村地区专项经费投入很

---

① 徐大真，徐光兴. 我国心理健康服务体系模式建构［J］. 中国教育学刊. 2007（4）：5 – 9.

少。如海南省海口市和三亚市的心理健康辅导站的经费相对比较充足，辅导站的硬件设施也比较完善。吉林省长春市未成年人心理健康辅导中心的经费主要由市教育局拨款，每年拨款 20 万～50 万元，经费用于日常的培训、人员补贴及心理健康服务设备的引进和维护。江苏省南京市教育局和区教育局每年定期划拨专项经费给"陶老师"工作站分站，一般来说，每个分站总的经费在 10 万～20 万元。从 2015 年以来，用于心理健康服务的经费不断增加，区文明办每年也会提供 8 万～10 万元的经费。广东省广州市未成年人心理咨询与援助中心，每年的经费拨款有 150 万元。

在经费来源上，主要是教育局和文明办，以教育局为主，也有其他多项来源。比如，江苏省南通市未成年人心理健康辅导站，有九家主办单位，包括文明办、教育局、团委、妇联、关心下一代工作委员会、政法委、博物院、南通大学等，主要经费都是由文明办来拨付的，一年大概在 30 万元。江苏省宿迁市未成年人成长指导中心是一个民非机构，一般一年经费在 5 万～10 万元，最高达到 12 万元。

（二）不同地区站点经费差异较大

有些心理健康辅导站点经费不足，资金投入没有保障。县区级站点由区文明办或教育局拨款，相比于市级站点来说，经费通常比较匮乏。

多数站点经费由市教育局拨款，用于日常的培训、人员补贴及心理学设备的引进和维护。大部分站点，能够得到政府政策和资金上的大力支持。但也有部分站点，特别是经济薄弱、位置偏远的站点，资金支持很难得到保障，开展工作所需的各种资源获取也更为困难。经费支持力度的地域差异明显。

（三）县区级心理健康辅导站经费严重不足

县区级站点大多存在经费不足的状况，无法保证站点正常工作的有效运行，也不能保证建立稳定的专业队伍和督导培训机制。由于经费不足，有些未成年人心理健康辅导站的咨询室无法按照心理学的要求进行布置，没有温馨感和安全感。经费不足的另一个表现是专业人员接受培训的经费受到影响，不少站点的专业人员由于没有经费就参加不了相应的专业培训和督导。目前许多心理健康服务的专家讲课费普遍较高，但受制于相关文件规定，未成年人心理健康辅导站点没有足够的经费邀请到相关专家开展专业培训和督导活动。这导致许多站点专业人员的专业成长受到不利影响，也使未成年人心理健康服务的质量受到不利影响。

四　管理运营机制状况

（一）站点架构基本建立

每个未成年人心理健康辅导站都有主管单位，也有挂靠单位，形成了与主管单位、挂靠单位以及中小学的联系。省会城市的未成年人心理健康辅导站点的主管单位是市教育局和文明办，挂靠单位大多是大学、学院、医院等；区县一级辅导站点的主管单位多是区县教育局或文明办，挂靠单位大多是区县教师进修学校、中小学等。市级站点大多建立了完善的培训和督导机制。

（二）功能室设置齐全

很多心理辅导站点宗旨明确，在市、区（县）教育局、文明办以及市、区（县）教师进修学校等各级领导的关心支持下，积极开展未成年人心理健康服务工作。不少辅导站已初步建成超过200平方米的专用场地，设置了比较齐全的功能室，包括个体心理咨询室和团体辅导室，还有接待室、办公室、来访者等候区、心理测评室、心理图书阅读区、学生档案室、沙盘游戏室、宣泄室、音乐放松室等，甚至有的还设有心理剧场。辅导站业务由区教研室负责开展，有专职心理教师负责组织开展相关心理健康服务活动。

（三）工作考核机制不完善

由于心理健康服务的特殊性，需要从业人员具有较高的专业素养、伦理素质和奉献精神，有些工作无法量化。不少受访者反映，主管单位、挂靠单位的领导，看不见工作的艰辛，对专业人员的考核带有很大的随意性。心理健康工作者在工资待遇、绩效考核和职称评审中都没有优势。这在很大程度上无法调动专业人员的工作积极性、主动性和创造性。不少地方的功能室齐备，设备先进，但利用率不高，服务效果不好。这需要进行深刻的反思。

（四）活动场地安排仍有缺陷

少部分省会城市站点有专门的固定服务场地，有较为专业和良好的软硬件配置，如沙盘室、宣泄室、团体辅导室、感统训练设备等。但县区站点因为经费问题，设备和场地均很难得到保障，没有充足的空间，导致开展心理活动多有不便。有的虽然达到了 200 平方米，但辅导站设在中小学内部，外校学生进入不方便。一般来说，心理健康辅导站的楼层安排不要太高，应在 3 层以内，但有些地区的辅导站设在很高的楼层。

第五章　结论与建议

第一节　未成年人心理健康状况调查的结论与建议

一　结论分析

调查结果显示，我国未成年人的心理健康状况总体表现良好，且呈现不少积极心理品质。其心理健康水平随年龄（小学生、初中生、高中生）的增长而呈下降趋势，且性别差异显著，城乡差别明显。在某些和学习能力、人际交往、自我意识等心理状态密切相关的维度上，由于学习生活环境、个体生理状态和心理机制三者发展水平问题，产生一定的心理偏差，导致学习焦虑、自责倾向、过敏倾向和人际焦虑等应当引起社会普遍关注与高度重视的亚健康问题。比如：未成年女生的心理健康水平显著低于未成年男生，城乡差别对未成年人心理健康状况具有显著影响，父母陪伴对未成年人健康成长具有重要意义，家庭经济状况（富裕、一般、困难）与未成年人的心理健康状况之间显著相关，学习成绩直接影响未成年人的心理健康状况。关于积极心理品质，未成年人在超越、节制、人性、智慧与知识、勇敢、公正这六大美德上呈现较积极的心理品质。特别是排在前三位的积极心理品质表明未成年人具有较强的创新能力、实践能力、接受能力、理解能力、学习能力等；可以根据学习要求提高自身学习能力，积极调整自己的学习策略、学习方式、学习进度等；不固执己见，不计较人际关系中的得失，接纳他人的脾气和个性，能够听取和接受他人的意见与建议等。

（一）心理健康总体状况

未成年人心理健康总体状况处于正常范围。单项因子得分由高到低为：学习焦虑、过敏倾向、自责倾向、身体症状、人际焦虑、恐惧倾向、冲动倾向。其中学习焦虑项目平均分最高为 7.98 分，接近 8 分预警线。这些因子得分在性别、城乡差别、家庭氛围等人口学变量上存在不同程度的显著性差异。社会发展环境作为宏观环境之一，对加强心理健康教育这一中心任务起着导向作用，同时对微观环境的氛围营造起着决定性的作用。未成年人处于自责与过敏边缘，而对于人际关系则表现适度焦虑，无明显孤独感、恐惧感和冲动倾向，身体状况良好。

（二）学习焦虑水平

未成年人的学习焦虑水平普遍偏高。在调查总体中，有接近一半的学生呈现较高的学习焦虑水平。素质教育要求学校不仅要培养学生学习知识的能力，还要特别重视学生的心理健康和个性全面发展。社会提出未成年人成长成才的总目标。学校的中心任务是教育学生，提高他们的学习成绩和综合素质。受教育体制的影响，家长和教师对未成年人的学习成绩影响更大。例如，好多学校都以学习成绩来排列班级的座位，优等生有优先选择座位的权力。这导致未成年人对学习轻度焦虑，他们要通过努力学习或者是提高成绩来引起老师的关注。其中，11.64% 的小学生心理健康状况较差；16.00% 的高中生心理健康状况较差；初中生的心理健康水平也不乐观，较差的占 17.51%。应该着重分析该年龄阶段的未成年人心理健康影响因素。造成学习焦虑的因素有很多，但主要还是受学校教育环境的影响。

（三）人际焦虑水平

未成年人的人际焦虑水平普遍偏高。这表明社会中存在的一些负面因素危害着未成年人心理健康，比如社会普遍缺乏道德意识，道德水平下降；社区邻里关系冷漠；生活节奏加快，流行快餐文化。这无疑会增加未成年人在人际关系上的敏感程度。当他们感觉到难以适应社会经济文化快速发展的时候，当代未成年人的人际关系敏感度、焦虑、抑郁等因子就会增加。互联网时代的迅猛发展为未成年人提供了一扇接触外部世界的窗口，但同时也让他们看到了一些不和谐的画面，对于是非观念尚未完全形成的未成年人来说，很难识别或抵制这些不利因素。他们只会极大地增强对网络的利用和依赖，在网络上投入过多的时间与精力，大大减少他们在真实人际交往中的时间与经验，从而增加焦虑、抑郁、强迫的症状。

（四）城乡差别

城市地区未成年人心理健康状况好于农村地区。农村未成年人很多生活在经济发展相对落后、物质基础相对薄弱的地区。家庭经济状况越是困难，学生学习焦虑量表得分越高，平均值为 8.53 分。其次，过敏症状平均值为 6.05 分，身体症状平均值为 5.94 分。家庭经济状况困难导致学生基本的需求无法满足，看着同龄人拥有的玩具和漫画书，不可避免地产生不良情绪，怕其他学生不愿意跟自己玩，对于别人议论自己的话语过于敏感。长期以来，他们的心理困惑堵在心里得不到排解，身体症状也随之出现，又因受家庭经济条件限制而得不到最好的治疗，形成影响未成年人心理健康的因素循环。

城市地区的未成年人在积极心理品质上更具优越性，这表现在智慧与知识、勇敢、人性、超越、公正、节制等方面。他们拥有较好的教育环境和资源，有很多获取知识的途径。由此证明，社会不断发展和充足的家庭收入所创造出的良好物质环境基础是未成年人成人成才和拥有健康心理的重要条件之一。

（五）性别差异

女生各项心理特征值普遍高于男生，说明了女生焦虑问题的严重性。女生相对男生较为文静，几乎没有肢体方面的冲突。而男生童年时较为调皮，少年时期更是表现活跃，比女生更容易出现身体症状。

国内外有很多关于女生比男生更焦虑的原因研究。如国外流行的社会角色期待理论认为，受传统观念的影响，社会对女生的要求更高。女生的一举一动更要符合社会规范和社会道德，因此女生想得较多，人际焦虑的平均值达到 4.39 分，而男生只有 3.93 分；相对来说，社会对男生的要求不高。除了社会角色的期待作用外，中学阶段女生比男生更为焦虑的原因应该与女生的生理和心理发展特点有关。心理问题产生的内在原因是未成年人内在的心理冲突。女生比男生更早进入青春期，但她们还无法完全自然地接受这一切，因此会引起焦虑、自责、恐惧等反应。女生自责倾向的平均值比男生高出 0.47 分，女生恐惧倾向的平均值比男生高出 0.57 分。女生虽然能较细致、全面地观察问题，但也比较斤斤计较，追求完美，并且比较注重他人对自己的评价。相对男性而言，女生更容易表现出"多愁善感"的情绪；易与他人比较，若看到自己某方面不如别人，就易产生自卑心理。此外，女生比男生更具依赖性，更不独立，这可能会使女生比男生更焦虑。

二　对策建议

（一）针对小学生的对策建议

心理健康教育发展的基本趋势是："心理健康教育从消极、被动、补救向积极、主动、预防和发展的方向转型；从面向个别学生和学生的问题向面向全体学生和全面开发心理潜能、提高心理素质方向转型；从专职教师的专业服务向全员参与的全过程、全方位服务方向转型。"[①]

第一，树立积极心理健康教育的理念。对于小学生的心理健康教育不能仅停留在以往的"心理问题"视角，不能仅仅提供针对有心理问题的学生进行咨询等心理健康服务，更需要着眼于学生的发展，从培养小学生的积极心理品质入手开展心理健康教育工作。例如，当前

---

① 官群，孟万金，Keller, J. 中国中小学生积极心理品质量表编制报告 [J]. 中国特殊教育，2009，106（4）：70-76.

许多学校都非常关注学生的心理健康问题，设有心理咨询室。可以扩大心理咨询室原有的仅针对有心理问题的学生而开放的职能，将"积极心理品质培养"的兴趣教室、游戏教室功能纳入其中，开设以积极心理品质为主题的团体心理辅导等，让学生通过心理游戏，更好地了解自己的心理状况，关注自身积极心理品质的培养。

第二，构建积极心理健康教育的实践体系。小学生的积极心理品质和心理健康都与学生所处的环境，包括校园环境和家庭氛围息息相关。在校园中形成"全员德育、全科育人"的氛围，在各学科的教学中关注"宽容、谦虚、审慎和自制"、"审美、感恩、希望、幽默和信念"、"人际力量"等维度和积极特质的培养。例如，学生对写作文的焦虑可以通过培养学生审美等品质进行克服。这也要求学校加强对全员教师的培训，引导教师关注学生积极心理品质与其心理健康的关系。此外，小学生在成长过程中也离不开家长与学校双方的积极参与。因此，应构建一个"个人—家庭—学校"的立体化心理健康教育体系，开展家校合作，定期与家长进行沟通，与家长共同探讨如何看待学生成长过程中的错误、如何促进学生良好行为的养成等问题，共同促进学生积极心理品质的养成。

第三，有针对性地培养学生的积极心理品质。学校可以有针对性地设置主题明确的积极心理健康教育课程，例如针对学生在性别、年龄、家庭、是否担任班干部等变量上可能存在的积极心理品质差异，设置各类同质团体，举办相应主题的团体作坊，以丰富多彩的教育形式带给学生积极的情感体验，形成积极认知，从而有效地促进小学生相关积极心理品质的发展。

（二）针对初中生的对策建议

1. 生理因素对初中生心理健康状况的影响

青春期个体的生理变化比较明显，个体的自我意识、独立意识等也逐渐增强，他们渴望独立的心理与还处于被父母保护的状态形成矛盾，这给处于青春期的初中生带来不少心理健康问题。此外，男女生发育速度的差异，也给他们带来不一样的内心体验，这种发育的不平衡性给初中女生带来的烦恼远远多于男生，从而导致了男女生心理健康状况的差异。

因此，初中生应正视成长中的一些生理及其他方面的变化，树立较好的自尊与自信，提高自己各方面的抗压能力，遇到问题及时与父母或其他人交流，同时也应该合理安排生活节奏，积极参加有益的课外活动，增加与他人的沟通与互动。

2. 家庭环境对初中生心理健康状况的影响

不同家庭环境的学生的居住环境、活动范围和交往圈子也不一样。生活在城市的学生，由于城市的居住环境较狭窄且所熟悉的人有限，所以他们与他人接触、交流的机会可能较少，从而影响了他们的人际交往。另外，家庭里孩子的个数也对初中生的心理健康状况有一定的影响，非独生子女的初中生可能在家里得到父母不太多或不平等的爱，也可能在帮忙照顾弟弟妹妹时受到一些责备，或者在与兄弟姐妹相处时受到欺负。在成长中得不到充足的爱给他们的心灵和信心造成了一些影响。

家长应积极参与孩子的心理健康教育，应尽可能多地给孩子提供与他人交流的机会，在与人交往中给孩子多做些榜样；另外，在孩子成长过程中也要给予孩子足够和平等的爱，并且也要注重对孩子自尊心和自信心的培养。

3. 留守时间对初中生心理健康状况的影响

留守时间对初中生的心理健康是有影响的。留守时间越长，个体与父母的直接交流时间越少，内心的孤独感也就越强。因此，父母应尽可能和孩子生活在一起，经常与孩子沟通，为孩子健康发展创造良好的家庭环境，培养孩子形成正确的自我认识。

（三）针对高中生的对策建议

第一，学生在这一阶段需要做到的首先就是树立正确的三观，提高心理免疫力，同时应该学会与人沟通，确立良好的人际关系，形成适当的成就动机并找到合理的宣泄方式。同时，青少年的不理智行为往往带有冲动性，因此要着重培养学生的耐挫力和情绪调节能力，掌握面对挫折的恰当应对方式、问题解决策略和认知调节技术，可以减少不理智行为的产生。

第二，学校等教育机构要重视心理健康教育，开设心理咨询室，改进落后的传统教育观念和教育方式。教师在课堂教学中要注意渗透情感教学的心理学原则，优化教学效果，将"强制性"的教学活动变成主动参与的教学活动，从而发挥情感动力的功能，真正调动学生内在的积极性。这样有助于缓解或者消除学生在学习压力上面的焦虑状态。

第三，家长既要配合学校的教育，也要注意自身言行，减少对孩子成绩的过度关注与苛求，应该积极鼓励孩子。更有多项研究表明：父母对孩子的学业、未来职业、个性的期望以及父母自身的受教育水平严重影响着高中生的焦虑状况，父母应该学会如何传递自己的期望以及在子女没有到达家长要求时采取正确的教育方式。因此，父母应该对孩子有合理的期望。父母要充分了解孩子当前处于什么发展阶段、个性如何、兴趣所在以及能力高低，在此基础上提出适当的期望和要求；同时要允许孩子有成长的过程，不要因为失望而放弃期望，要对孩子保持充分的信任和信心，给予孩子更多的表扬和鼓励。

（四）针对城市流动儿童的对策建议

1. 改革创新人口管理制度。不难发现，户籍制度是影响流动儿童心理发展的一个重要因素。彻底打破"城乡二元"结构的制度壁垒、落实农民工的城市居民待遇是消除引发流动儿童心理问题诸多因素的关键。政府要尽可能向流动儿童提供与城市儿童相同的教育资源，尽早将流动儿童教育并入现有的教育政策。另外，要加强办学监管，提高流动儿童学校的办学质量。

2. 构建家庭、学校和社会"三位一体"心理健康服务体系。对处于不利处境的流动儿童来说，建立一套完整的家庭、学校和社会"三位一体"的心理健康服务体系至关重要。在这个三位一体的体系中，占主导地位的是学校，学校和教师应从实际出发，创造性地采取各种有成效的方式，把经常与家庭、社会联系列入学校的工作计划，不断总结经验，使家庭教育和社会教育为学校教育服务，共同发挥学校教育的作用。

3. 加强学校心理健康教育。在课程中渗透心理健康教育，给予流动儿童无条件的爱。教师平时多观察积累，及时了解流动儿童的心理状况。只有当流动儿童体验到老师的无条件关爱的时候，他们才能够有足够的安全感，敞开心扉地与老师和同学建立起亲密的关系。同时，在各科教学中渗透心理健康教育，能够有效提高心理健康教育的整体效果，各科课程本身都蕴含着十分丰富的心理健康教育资源。因此，教师要充分发掘本学科中的心理健康教育素材，有意识地结合课程进行心理健康教育。

4. 加强家庭心理健康教育。学校通过办讲座和开讨论会、建立规范性家访、设立家长学校等方式，帮助家长掌握家庭心理健康教育的方法。一是与孩子有效沟通与交流的方法，即体现尊重，学会表达对孩子的爱。二是增强孩子自信心的方法，即坚持积极的鼓励和反馈，使流动儿童获得安全感与稳定感。三是培养流动儿童健康情绪与情感的方法，即从负面情绪中转移注意力，正确表达自己的情绪。四是提高流动儿童承受挫折能力的方法，即引导孩子正确认识挫折，树立积极乐观的生活态度。

5. 提高流动儿童的学业成就水平。一是培养他们浓厚的学习兴趣，端正学习态度，明确学习动机，扩大知识广度。二是培养良好的学习习惯，要养成按时完成作业、预习、复习的习惯，在学习上不懂就问。三是使他们掌握有效的学习方法和策略，合理安排时间，循序渐进，善于总结，持之以恒。塑造流动儿童良好的个性，正确认识自我，培养自信、自尊、自强的个性，学会战胜挫折。

6. 加大师资力量配备。为了提高流动儿童的身心健康水平，应为流动儿童增加一些优秀的师资，尤其是应当配备一定数量的心理辅导教师。学校应当争取让每个学生都能感受到老师的关怀，他们从外地来到城市时，父母工作忙碌，自己又没有伙伴，这时老师将是他们最好的引导人，特别是应配置具有心理学背景的教师，要懂得如何去开导他们。

7. 创造闲暇场所，丰富他们的课外生活。学生时期是求知欲最为旺盛的时期，图书馆和书店是学生首要的闲暇场所。为了充实他们的内心，应丰富中小学生的闲暇生活，加强文化和教育设施建设以满足他们求知的愿望。另外，社会各个部门还要重视增加和改善城乡接合部地区和社会弱势群体居住地区的闲暇场所和设施，让农村学生和家庭经济条件差的学生能有更多的选择机会，不要让他们幼小的心灵只是拘束在自己的圈子里，这样才能使他们更加健康地成长。

（五）针对农村留守儿童的对策建议

1. 关注留守儿童的主体性。积极心理学干预的方式是让留守儿童在生活中有一个正向的、成长性的生活环境，帮助他们实现个体的心理健康发展。在这一过程中，积极心理学关注留守儿童的自主性，坚持需求导向，要求组织开展留守儿童活动前，要开展需求调查和评估，广泛听取留守儿童的参与意愿、喜爱方式和活动内容等。在积极心理学的指导下，应坚持自主设计，在"留守儿童之家"负责人、专业社工和志愿者的带领下，充分依靠留守儿童自主设计活动形式、内容和方案，提高留守儿童参与的自主性、体验性、主动性；坚持小组互助，充分发挥"小伙伴"的作用，引导留守儿童挖掘和运用自己的积极心理品质去实现留守儿童的互助。

2. 将劣势转为优势。要避免过度的关爱和包办替代，注重家园归属，依靠留守儿童自己维护留守儿童之家，让他们自主设计和布置自己的活动场所。让儿童投入时间和精力，可以增加他们对"留守儿童之家"的认同感和归属感。通过培养留守儿童的自主性，可以挖掘他们的内部动力，使其能够学会利用身边的资源，发挥自身的能动性，将劣势转化为优势，实现自身的成长。

3. 注重留守儿童人际关系的培养。对留守儿童人际关系的培养应给予"亲子关系"，在此基础上从正面教育入手，教会他们真诚地对待他人，形成良好的人际关系。培养和发掘他们"爱和友善"等积极心理品质。学校可通过组织丰富多彩的教育教学活动，引导他们体验愉快的情绪，增进相互之间的亲密感和依赖感，提高相互信任度。教师要切实承担"主要监护人"的角色。留守儿童在学校食宿，和他们接触最多的长辈就是教师，教师应加强对他们的教育，引导他们积极适应、主动学习，树立正确的人生发展观。家长不能因为不在孩子身边就忽略孩子，应该经常给孩子打电话，嘘寒问暖，鼓励他们自强自立自信等，从而促进留守儿童身心健康发展。

4. 注重留守儿童亲社会行为的培养。亲社会行为是人与人之间在交往过程中维护良好关系的重要基础，对个体一生的发展意义重大。促使留守儿童亲社会行为的发展，培养留守儿童真诚、宽容、心灵触动（感恩）等积极心理品质，将有助于留守儿童更好地适应社会，为留守儿童的终身发展奠定扎实的基础，也有利于学校素质教育实践的深入发展。主要监护人在日常生活中应当注意规范留守儿童的行为，教会他们与周围的人和睦相处、积极合作、热心为他人排忧解难等，优化留守儿童的生活环境。对孩子的利他行为进行及时有效的鼓励，强化类似的行为。只要孩子出现了亲社会行为，监护人要及时强化，使留守儿童获得积极反馈，达到逐渐巩固的目的。

5. 努力完善社会支持系统。首先，政府要加大对农村经济发展的扶持力度，促进农村经济的发展。农村"留守儿童"产生的根本原因就是农村经济过于落后，政府应加大对农村经济发展的扶持力度，这样既发展了农村经济，又解决了农民的就业问题，农村"留守儿童"也将不再留守，从而在根本上解决了他们的心理问题。其次，加快户籍制度改革，解决农村"留守儿童"随父母进城的入学问题。如果加快进行户籍制度改革，消除城乡户口的差异，农村"留守儿童"就可以随父母进城，享受和城市孩子一样的教育条件和待遇，即不再留守了。最后，动员社会各界力量，营造农村"留守儿童"成长的良好社会环境。一是要建立农村社区"留守儿童"教育和监护体系。二是引导"留守儿童"参加社会实践活动，使"留守儿童"身心得到健康成长。三是应加强农村乡镇文化建设，及时清理、整顿、净化学校周边环境。

在留守儿童的教育方式上，第一，建立"留守儿童"专项档案，并重视心理健康教育课的开展。学校要建立"留守儿童"档案，把留守儿童的基本情况以及各阶段变化情况记录下来，关注留守儿童心理、生理的细微变化。另外，学校开设心理健康教育课，开展心理辅导，使"留守儿童"的心理障碍能够得到及时疏通引导。第二，改变现有的以分数为主的教育观念。教师应该对农村"留守儿童"加强人文关怀和心理疏导，引导学生正确对待自己、他人和社会，正确对待困难、挫折和荣誉，塑造他们良好的心理健康状态。第三，开展各种班集体活动，使"留守儿童"融入班集体这个大家庭。通过开展各种班集体活动，"留守儿童"和其他学生一起参与、一起合作，使他们感受到自己也是班集体的一员，从而使他们在心理上有所归属。第四，加强农村寄宿制学校建设。加强农村寄宿制学校的建设，留守儿童就可以在教师的专业管理下，在集体生活中健康成长，这是对严重缺失的家庭教育的有力补偿。

在改善亲子关系方面，父母应尽量多地与自己的孩子进行沟通，最好做到每个星期交流联系至少一次，这样可以在一定程度上弥补他们的亲情缺失。在沟通方式上，不仅要打电话，还要多用写信的方式，书信可以加强父母与"留守儿童"的心灵交流。在沟通内容上，父母不能只局限于关心"留守儿童"的学习和生活，还应重视儿童的全面健康发展，多关注"留守儿童"的心理问题。父母应和照看人及学校保持密切联系，及时了解"留守儿童"生活、学习、心理等各方面情况，及时发现孩子的心理问题并一起寻找解决问题的措施，从而帮助"留守儿童"成为一个身心健康的人。

三 总结与展望

1. 进一步推行素质教育。应试教育提供了一种以分数来选拔人才的教育机制，以成绩为中心，以分数为目标。大量作业的高负荷运作，严重影响了学生的健康，特别是他们的心理健康。因此，我们应该进一步推行素质教育，从思想理念上扭转学校及教师过分关注学生成绩而忽视其他方面的现状，深切关注学生的心理发展。对成绩相对较差的学生给予更多的关注，多了解他们各种生活与学习情况，避免阻碍学习进步的情况发生，促进积极心理品质的养成。同时，应试教育决定其教学内容必定是单一的、抽象的、缺少实践性的，教学方法机械而呆板。而素质教育教学内容出于培养个人能力的需要而丰富多彩，特别是在教学方式上提倡启发式，提倡发展学生动手能力，提倡合作、自主、探究的学习风格，把人的全面发展作为教育的基本观点，把尊重人、关心人贯穿在教育的全过程。发展素质教育首先就是要把素质教育付诸实践，而不仅仅是一句口号。其次，应该系统地对教师进行定期培训。最后是坚持这种活动的长期性。只有这样，素质教育才会成为中央教育和全民教育，从只以成绩为价值衡量标准转变为评估学生综合素质。如果学校真正实施素质教育，注重培养与提高学生综合素质，那么，从压力角度来看，学生可以分散学习压力，增加排解压力途径，从个体心理调适能力的角度来看，学生在素质教育下的心理调适能力会更强，适应环境变化能力、抗击压力和挫折的能力也会更强。

2. 对部分特殊学生重点关照。据调查，家庭结构不健全、家庭经济困难的学生群体，是心理问题频发的群体。学校应该响应政策并给予他们一定的物质支持，以便他们改善生活质量。此外，应有专门的老师对其进行实时关注，及时掌握他们的心理动态，以对其进行心理辅导和鼓励。

许多教师忽视了女生的心理发展规律。女生往往比男生更早熟，心思也更为细腻，这也是女生比男生更为焦虑的原因之一。女生依赖性较强，她们的大部分时间都是在学校度过的，所以她们需要教师更多的关爱，以观察到她们内心细微的变化和规律，并给予她们坚实的力量来面对生理和心理上的不平衡。

3. 改善家庭对未成年人心理健康教育的途径和方法。家庭作为未成年人步入校园前的第一个课堂，对未成年人心理健康有着非常重要的影响。家长是学生的第一任教师。家长的品德修养、文化水平、教育方法，家庭结构以及家庭环境状况等对学生品德和心理成长有直接而显著的影响。有相当一部分学生只跟随父母一方生活或是与祖父母同住，这种家庭结构不利于学生心理健康成长。应尽可能让学生成长在一个完整的家庭里，感受到父爱和母爱。父母也要时刻关注孩子心理健康成长。如果缺乏感情交流，在孩子遇到困难与挫折时得不到来自父母的帮助与鼓励，会使孩子产生"压抑感"和"委屈感"。有些父母因感情破裂而离异，严重摧残了孩子的心灵。更有些"问题家庭"家长本身在思想和作风上就存在一定问题，可以想像他们对孩子的伤害。所以不当的家庭教育是孩子出现心理问题的重要原因之一。家庭应该营造轻松愉悦的家庭氛围，多与孩子沟通，让孩子敞开心扉，同时家长应以身作则，对孩子多进行正强化，鼓励和支持孩子，帮助未成年人树立信心，保持积极乐观的心理状态。

4. 未成年人自身应做好情绪调节。学生时期是未成年人身心发展的关键时期。在此期间，未成年人的身体发育尚未成熟，心理也极不稳定，对社会事物的反应也最为敏感。未成年人的突出特点是他们的性生理在经历萌发阶段，并从心理发展的角度逐渐进入活跃状态。学生在这一阶段学会自我调节和合理疏导不良情绪极其重要。

未成年人应该学会怎样排解自己的不良情绪，比如通过找他人倾诉或咨询心理辅导教师释放不良情绪。良好沟通是走向心理健康的主要途径，要努力平衡学习和生活，做到严于律己、诚信友善。要培养多项兴趣爱好，积极参与各类团体活动，通过体育实践活动来增强体质，劳逸结合。学会与他人协作，从而促使学生全面发展。未成年人矛盾心理的出现，极易表现出强烈的逆反心理以及孤独、寂寞、空虚、困惑、焦虑、过度自卑等心理。因此，作为未成年人，应当摆正心态，在出现心理问题时及时与他人沟通，加强自我意识，以积极的态度面对学习、生活，处理好与父母、老师和朋友之间的关系。

第二节　中小学心理健康教育师资及服务状况调查的结论与建议

一　结论分析

本研究以定量研究（问卷调查）和定性研究（集体访谈）相结合的方式，对全国中小学心理健康教育师资及服务状况进行了抽样调查，通过对调查结果进行科学分析和深入思考，主要得出以下结论。

1. 中小学心理健康教育教师在基本情况维度优势和劣势均非常明显。他们大多数人所具有的本科学历、心理学或教育学专业基础以及较高的职称和较低的年龄，为他们走向心理健康教育和服务的专业化发展道路奠定了良好基础。例如，抽样学校心理健康教育教师均较为年轻，在专业发展方面可能会具有较高的理想和较强的上进心，易于接受较新的心理健康教育和服务理念，与学生之间的隔阂不会因年龄差距过大而加深。当然，上述职称较高的结论存在一定程度的可疑性，抽样学校和教师有可能经过了当地择优选择，因为根据参加集体访谈的许多教师反映，当前中小学心理健康教育教师在职称评审方面无论在政策上还是在实际运作上均不占优势，甚至处于较严重的劣势地位。

中小学心理健康教育教师也存在着专职师生比较低、地区发展不平衡、性别比例失衡以及从业经历和经验尚浅等问题，难以满足新时代中小学生对心理健康教育教师的数量和质量需求。专职心理健康教育教师普遍缺乏，不利于中小学心理健康教育和服务质量的稳步提升。考虑到抽样学校有可能经过了当地择优选择，专职心理健康教育教师的师生比实际可能会更低，这在集体访谈的过程中已经得到印证。不同省（自治区、直辖市）及所辖地区之间的中小学心理健康教育教师的数量和质量存在较大差距，东部沿海地区比偏远地区具有明显优势。这种发展的不平衡源于各地区的经济、社会和教育发展水平的不平衡。中小学心理健康教育教师女性显著多于男性，这种性别比例失衡给心理健康教育和服务带来了一种天然的不足。教师普遍较年轻，说明中小学心理健康教育教师从业时间较短，从业经历和经验尚浅，短期内可能会限制心理健康教育和服务的质量。此外，中小学心理健康教育教师多数不担任行政职务，这虽然有利于教师们专心从事心理健康教育和服务工作，但在中小学管理依然充满行政化色彩的当代中国，没有行政身份从事心理健康教育这项与"升学"不显著相关的工作，无形当中又存在诸多不便。

2. 中小学心理健康教育教师开展工作的条件保障有了较大改善，许多地区在经费投入、场地面积、功能室设置以及与学校主管部门的隶属关系上都有了较大变化甚至根本改观，但各地区发展不平衡，而且差距较大。就样本所反映的基本情况来看，各地区较为普遍地存在专项经费投入数量不充足、不平衡、不稳定且经费管理和使用不科学的问题，严重限制了中小学心理健康教育教师的专业发展和专业服务能力的提升。经费投入过少且不稳定，有的年份投入多，有的年份投入少，缺乏政策和制度的保障，难以保证中小学心理健康教育教师正常开展心理健康教育活动和专业服务、根据需要参加专业培训和案例督导及心理健康教育相关功能室的建设。这种情况在各地区存在着较大的不平衡，有的地区经费投入较充分，如东部沿海发达城市；而有的地区经费投入严重不足，如经济落后的偏远地区。当然，专项经费投入多少合适，取决于所在地区和所在学校的具体情况，基本标准应该是能满足心理健康教育工作者实际的、合理的需要。

更值得深思的一个问题是经费管理和使用不科学，主要表现在经费的使用限制较多，使用范围不清晰，缺乏在科学合理论证基础上的政策规定。比如，劳务费的合理发放受到限制，教师能否参加专业培训和案例督导取决于领导的主观意愿。这在很大程度上影响了心理健康教育教师的工作和发展积极性，降低了专项经费的使用效果。

此外，心理健康教育归属于学校哪个部门主管，在某种程度上决定了它在学校的地位以及发展模式。若归属于德育处，它往往就会具有一定的道德教育色彩。若归属于政教处，它往往就会具有一定的思想政治教育色彩。就所调查的结果来看，极少有中小学将心理健康教育设为一个独立部门，这在某种程度上便难以保障学校心理健康教育不受德育和政教等工作性质的"感染"。中小学心理健康教育走向专业化任重而道远。

3. 中小学心理健康教育教师在开展教育和服务方面有了明显改善，服务形式趋向多样化，服务内容日益丰富，并且逐步建立相对规范的服务制度和体系，这为心理健康教育和服务走向科学化和专业化提供了重要保障。但就目前的普遍情况而言，仍然存在着服务观念较为落后、服务质量通常不高、课程开设和活动举办受限、资源整合不到位以及形式化严重等问题。服务观念落后主要是指在开展心理健康教育和服务的过程中过于因循守旧，缺乏创新精神，如矫治性倾向较重而发展性倾向较弱，这是心理健康教育和服务质量提升的重要瓶颈。服务质量不高是当前我国中小学心理健康教育和服务普遍存在的状况，这与心理健康教育教师的专业水平有着莫大关系，而背后所反映出的根本问题是经费不足和管理落后。中小学心理健康教育课程开设和活动开展受到很多限制，课时较少，授课方法较为单一，缺乏优秀和统一的教材，活动开展常常因资金不到位和领导重视不够而中断，或从一开始就开展不起来。在中小学，开展心理健康教育和服务往往是心理健康教育教师单打独斗，很难将班主任、学科教师、家长等众多资源有效整合起来，这严重影响了心理健康教育和服务的实际效果。在有些学校，心理健康教育和服务还存在着走过场、当摆设的形式主义问题，很难走向正规化、专业化和科学化的道路。

4. 中小学心理健康教育教师普遍具有符合一定要求的专业资质，而且在个人专业成长和发展方面保持着较高的热情和上进心，积极迈向科研与实务相结合的专业发展道路；但也存在着接受专业培训和心理督导的机会较少、学时严重不足且级别普遍较低的问题。心理健康教育和服务是一项专业性很强的工作，从业者需要达到一定的专业资质和具备一定的工作经验才能胜任，而且定期接受专业培训和心理督导是维持其专业服务水准和推动其专业服务能力不断提升的关键保障。就目前情况而言，中小学心理健康教育教师虽然已经具备了一定的专业资质且具有较高的专业成长热情，但由于受到资金投入、时间安排、管理机制、领导重视程度及所在区域和所在学校具体情况的限制，在专业成长和专业发展方面受到很大的限制，不能按期接受符合一定要求的专业培训和心理督导，继续学习的机会和时间非常有限。例如，在西部偏远地区的有些学校，心理健康教育教师极少有机会接受专业培训和心理督导，更不要说定期接受一定学时和一定级别的专业培训和心理督导。这严重束缚和延迟了心理健康教育教师专业能力的发展，也从根本上不利于中小学心理健康教育和服务质量的稳步提升。当然，这种状况存在着地区差异，经济和教育较为发达的东部沿海城市比经济和教育相对落后的西部偏远城市要好很多。

5. 教育行政部门和中小学校对心理健康教育和服务的重要性的认识逐步加深，但心理健康教育和服务在中小学的实际地位依然普遍较低，"说起来重要，做起来次要，忙起来不要"的现象仍然存在，甚至有些学校在学生发生极端心理和行为事件之后才想起来匆忙补救。政府和学校领导的重视是中小学做好心理健康教育和服务工作的关键保障，因为无论是资金投入、政策制定还是宏观指导、组织协调，都与政府和学校领导对心理健康教育和服务的重视程度密不可分。在当前情况下，中小学心理健康教育教师特别是专职心理健康教育教师普遍严重不足，他们的专业发展、专业成长及职称评审受到很大限制，专业身份和工作绩效得不到公平公正承认，专业服务工作得不到有效开展，经常因为缺乏资金支持或被安排从事许多其他"杂事"而中断，而且他们的工作强度和心理压力过大。尽管这些问题的出现和持续存在原因是多方面的，但很重要的一个原因是相关部门和领导没有给予高度重视，在解决实际问题方面存在畏难和懈怠心理。更有甚者，有些学校将心理健康教育和服务用来充门面、做摆设，应付检查和评比，而实际在心理健康辅导中心建设方面重视度和支持度不够。这都会严重影响中小学心理健康教育和服务的发展，从根本上无法为中小学生身心健康成长保驾护航。

6. 教育行政部门和中小学校在积极探索科学有效的心理健康教育管理、运行和监督机制，但管理、运行和监督机制仍不健全，构建科学专业、品质高端、开放协同、创新高效的中小学心理健康教育和服务体系还有很长的路要走。首先，提高心理健康教育教师工作积极性和工作幸福感的激励机制没有建立起来。心理健康教育教师在编制设定、职称评审和工作量认定方面受到不公平待遇，专业发展和个人成长得不到制度保障，工作负荷和压力过大，无法根据工作实际需要灵活使用专项经费，势必会降低和挫伤他们的工作积极性。其次，协同整合校内和校外各种心理健康教育和服务资源的机制没有建立起来。心理健康教育教师在开展大型心理健康教育活动等专业服务时常常孤立无援，得不到校内教务部门、班主任及各学科老师的有力支持，也难以及时有效地从校外的医院、高校、心理健康辅导站及专业心理咨询机构获取优质资源，这在很大程度上会影响心理健康教育和服务的效率和效果。最后，科学有效地监督心理健康教育和服务质量及规范性的机制没有建立起来。由于心理健康教育和服务专业性较强，服务效果的显现具有迟滞性和隐匿性，政府和学校还没有形成能够科学有效地监督心理健康教育和服务质量及规范性的机制，而规范性不够和监督机制不健全，也是制约中小学心理健康教育和服务真正走向专业化和科学化的关键所在。

二 对策建议

针对本研究所呈现的中小学心理健康教育师资状况、服务状况及存在问题，建议政府、学校和心理健康教育教师都积极作为，在心理健康教育观念普及、政策制定、经费投入、编制设定、专业发展、服务质量、运行机制、资源整合以及管理监督等方面各自做出积极努力。具体建议如下。

1. 政府要发挥统领和枢纽作用，在中小学心理健康教育和服务的政策制定、管理监督和宏观协调方面发挥积极作用。首先，要制定科学合理的政策，在专业人士科学论证的基础上，从制度上保证定期和充足的专项资金投入，保证专业和专职的心理健康教育教师编制配备和岗位设置，保证心理健康教育教师享有与其他学科教师同等的职称评审和工资福利的权利，并赋予学校和心理健康教育教师合理合法地使用专项经费的自主权。其次，要加强对中小学心理健康教育和服务工作的监督和管理，要求学校领导高度重视和切实加强心理健康教育和服务工作，督促各学校建立科学有效的心理健康教育和服务运行机制，对运行过程和效果依据事先确定的科学标准进行评价和核查，将心理健康教育和服务工作纳入对学校的绩效考核范畴，并对存在的困难有针对性地提供精准支持和帮助。最后，从宏观上协调和整合各方面心理健康教育和服务资源，组织编写高水平的中小学心理健康教育教材，组织开发"适合的"中小学生心理健康教育课程，在社会上普及和宣传心理健康教育理念，构建学校、家庭、医院、心理健康辅导站和社区精诚合作的未成年人心理健康服务网络，积极搭建促进中小学心理健康教育教师专业成长的良好平台，并针对农村留守儿童、城市流动儿童及特殊儿童构建专门的心理健康服务网络。

2. 学校是落实政府关于中小学心理健康教育和服务政策，做好心理健康教育和服务工作的主体，要从管理制度和运行机制上科学地发挥作用。首先，学校领导要高度重视心理健康教育和服务工作，提高战略意识和责任意识，切实加强心理健康教育和服务的师资队伍建设、服务能力建设、条件保障建设及管理和运行的体制机制建设，避免搞形象工程。其次，学校在管理上要提高科学性、务实性和灵活性，根据政府制定的人员配备标准和本校实际工作需要，尽可能地配备足够数量的专业和专职心理健康教育教师并且做到专人专用，提高他们的工作地位和工资待遇，完善他们的工作条件、考核机制和职称评审办法，增加心理健康教育专项经费投入并盘活使用机制，从政策和制度上赋予心理健康教育教师合理合法使用经费的自主权，鼓励和支持他们接受专业培训和督导以促进其专业成长。最后，学校要筹划科学、专业、协同、高效的心理健康教育和服务运行机制，建立校内各部门支持和配合心理健康教育和服务的联动合作机制，并积极加强与校外医院、社区、家庭、高校及未成年人心理健康辅导站的密切合作，通过整合校内外学生心理健康教育和服务资源，使各种服务力量整体协调、相互合作及渗透融合，多种服务资源和途径互补互促，促进中小学心理健康教育和服务事业优化发展。

3. 心理健康教育教师是落实中小学心理健康教育和服务工作的直接责任人，他们的心理健康教育观念、工作积极性、专业服务能力及实际工作经验都会对心理健康教育和服务的效果和效率产生重要影响。尽管当下的心理健康教育教师在"负重"中前行，面临着地位和待遇不如其他学科教师、工作量得不到公平认可、职称评审不占优势、专业发展机会受限及工作压力过大等不利局面，但仍应从以下三个方面积极开展工作。一是通过正当途径积极向政府和学校争取公平待遇和发展机会。例如，争取更多的专项资金投入和参加专业培训与督导的机会，充分利用一切可以利用的资源提高自身专业素养。二是更新教育和服务观念，在实际工作中提高专业服务能力。与前些年相比，中小学生心理健康呈现问题数量越发增多、问题类型越发多样、问题程度越发严重的特点，而且心理问题的发生呈现出低龄化趋势，人际关系问题、学习问题、自我价值问题、情绪问题、青春期逆反问题以及网络和游戏成瘾问题等各种各样的心理和行为问题在中小学生身上出现。这就要求心理健康教育教师在服务观念和服务能力上与时俱进，在实践探索和自我反思中不断更新完善和提升，增强心理健康教育工作的科学性和有效性，推动心理健康教育和服务形式多样化，适应新时代中小学生对心理健康教育和服务的需要。三是利用网络平台和媒体途径加强与同行教师关于中小学心理健康教育和服务的交流与联系，通过相互学习和相互督导提升自己的专业能力和素养。

第三节　未成年人心理健康服务站点调查的结论与建议

一　结论分析

（一）专业队伍总体参差不齐，经济落后地区专业人员匮乏

站点没有固定的人员编制，开展工作人手不够，站点的专业人员大多是兼职的心理咨询师，主要是来自当地中小学的心理教师和咨询机构的人员。这些人员都有自己的本职工作，只能在休息日和寒暑假提供服务，使服务的及时性和稳定性都存在许多问题和局限。由于人员队伍多为兼职，专职人员不多，因此队伍的稳定性差。省市级站点专业人员配置、经费、培训督导机制等方面相对完善，偏远地区和县区级站点普遍存在专业人员不足、缺乏培训督导机制等困难。站点心理健康老师待遇低，大部分地区心理健康站点待遇急待改善。

专业队伍规模地域差异大，这样的状况在经济落后的地区比较严重。县区站点没有专职的心理健康教育教师，当地的心理健康师资队伍普遍存在培训经历不足、专业能力有限的问题。因此这些地区的站点在招募兼职咨询师队伍时就面临着较大的困难，能提供的心理咨询服务也非常有限。

（二）场地面积不够，专业功能室数量不足

各站点均有工作场地，而且场地建设注重环境设计，体现未成年人人性化设计和人文关怀的特征。但少数站点场地不稳定，没有固定场所，有的站点设立在青少年宫、工会，经常出现搬迁的问题。

各站点的基本功能室齐全，特别是个体咨询室、团体辅导室、行政办公室和热线面询比较齐全，但还有不少站点专业功能室数量不足，如没有悦纳室、放松室、宣泄室、生物反馈仪等。各站点都有基本的硬件配备，比如沙发、电脑、热线电话、心理专业书籍、心理测

评软件。但目前在更专业的配备上，多数站点可能还需要增加诸如生物反馈仪、感统训练设备、放松椅等设备。

（三）专业服务有待提高，督导和伦理培训次数较少

不同地区心理健康服务专业服务状况差别较大，发达地区的站点建设较为完善。站点的服务对象主要以中小学生为主，省市级站点服务范围能延伸到学校和家庭。站点服务的未成年人的心理问题主要是学习问题、情绪问题、人际关系问题和家庭问题这四类。软硬件设施匮乏为普遍现象，很多功能室因缺乏专业人员而成了摆设。

李华平等人认为，从业人员的能力和学历水平不足，会影响咨询效果。心理咨询和心理健康教育都是专业性很强的服务，从业人员资格亟待认证，以保证心理健康服务事业的专业化和科学化发展。站点由于经费不足、资源有限等诸多原因，大多缺乏针对专业人员的技能培养机制。志愿者队伍多为一线教师，缺乏精神卫生系统、临床系统的支持。专业人员在站点得不到有效的培训和督导，就会导致其专业服务水平有限，不能更好地为未成年人及其家长服务。

（四）站点经费保障力度不够

除省市级站点外，大部分的区级站点都存在经费不足的问题。而处于经济落后地区的站点这个问题更加严重。没有专项的经费，无法提供优质的培训和督导服务。某些站点的场地较小，开展心理健康活动也受到限制。

站点心理工作是一个很专业/高风险的行业，没有经过严格训练，做心理辅导、危机干预是会出问题的，所以站点专业人员需要终身接受培训和督导。站点人员每年如果有一定额度的培训费，他们就可以选择"性价比"最高的、自己最需要的培训去参加，或者将几年的经费凑在一起再去参加，只要是正规发票，就可以按规定额度的培训费予以报销。

（五）管理运营混乱

全国的大多数站点建站时间都比较短，基本都处于起步阶段。在制度建设方面，多数站点有各项规章制度，包括服务伦理、服务时间、服务内容、人员管理。站点多数建立台账和心理档案。在宣传平台建设方面，多数站点尚没有独立的对外宣传平台。有些站点挂靠多家单位，在管理运行上没有一个统领的主管部门。在人员招募方面，各站点招募兼职志愿者都建立了准入机制。目前对各站点的心理健康服务还缺少评价机制。另外，心理健康服务行业收费混乱，没有制定统一标准。

二　对策建议

（一）建议增加专业人员编制，完善资格认证和督导伦理机制

站点的专业人员大多是兼职，应增设心理健康服务岗位并解决心理教师晋升通道问题。希望政府及学校增加专业人员编制、增加财政预算、增加基础设备的投入。中小学要按一定的师生比标准设置心理健康教育教师岗位，根据教育部关于中小学心理健康教育示范学校标准要求和22部委颁布的《关于加强心理健康服务的指导意见》精神，中小学要按师生比1∶500的比例配备专兼职心理健康教育教师，小学、初中每所学校至少配备1人，高中配备的师生比要达到1∶800，乡村中小学师生比可以放宽到1∶1200。

目前全国各站点人员准入门槛低，没有统一的标准资质要求，高资质人员稀少。各站点心理健康专业人员基本上是一线的心理健康教育教师，多数专业人员专业实操技能不足，缺乏精神卫生系统、临床系统的支持，还没有注册心理师或更高的专业资质，连续的系统培训和专业督导比例不高，且专业培训的深度不够。建议主管部门施行从业人员资格认证制，每个城市的主管部门，协调当地专业资源，建立本地区专业人员的培训和督导机制，并给予相关经费和制度保障。目

前我国心理服务产业发展势头较好，学历层次较以前虽有所提高，但和西方发达国家相比，仍有差距。由于历史原因，国家劳动和社会保障部在2006年实行心理咨询师职业资格鉴定考试，学历门槛较低，只要本科学历就可以考证，导致博士学历比例小。在美国，只有心理学的博士才可以做心理咨询，目前我国严重缺乏咨询人才，偏向用教育学和心理学人才来解决咨询人才资源的空缺，临床医学和精神科的人从事心理咨询的也不多，他们大多数认为心理咨询工资待遇不高，不太愿意做心理咨询。建议有关政府部门适当抬高心理健康服务人员的学历门槛，并让更多的具有临床医学知识的人从事心理咨询行业。特别是社会机构的水平远远逊色于医院类专业机构，建议加强社会机构组织的管理。

随着中国心理咨询与心理治疗行业的快速发展和日益规范，心理咨询伦理问题日益受到重视，作为专业人员除了具备专业技巧，还必须学习伦理规范，这是心理助人工作者的两个翅膀。建议各站点建立统一的伦理培训制度，尽快出台伦理守则，规范专业服务人员的行为，特别是隐私权与保密性、职业责任、心理测量与评估、培训和督导方面。

（二）建立完善的心理服务运营体系，拓宽网络咨询平台

目前我国未成年人成长指导中心主要由市文明办、市教育局共管，多数站点挂靠在当地中小学，这在管理上，使得两者有时分工不明确，存在运营混乱的问题。许多站点挂牌只是个仪式，没有很好地运营。因为目前站点的主要服务人员来自中小学心理健康教育教师的较多，站点一般挂靠在当地中小学，当地高校和医疗机构参与度不够。建议大中小学和科研机构合力运作，强化当地高校和医疗机构专业人员的参与。

目前我国未成年人心理健康服务主要以问题导向为主，重在开展对未成年人心理咨询治疗工作。根据国家22部委的《关于加强心理

健康服务的指导意见》，我国心理健康服务工作主要以发展和预防为主，增进未成年人的自我心理调适能力，重视治未病的理念。在服务体系上，建议各站点建立三级心理健康服务系统运行机制：预警机制、心理疏导机制、危机干预机制。

调查显示，目前我国未成年人心理健康指导中心的服务存在着城乡和地区的两极差异，即城镇和农村地区的心理服务水平的差异、发达与欠发达地区的心理服务水平的差异。建议建立县市级、乡镇级、社区或村级社会心理服务三级平台，对经济条件相对落后的地区，可在服务的条件保障上稍微放宽。特别是对村级和县区级站点的标准建设适当放宽，对村（社区）级站点要求不做硬性规定，能有一间不小于 10 平方米的辅导室就可以了。

网络心理服务潜力巨大，建议各站点尽快建设网络咨询平台。随着互联网的普及，网络是一个全新的平台，对咨询和心理健康信息传播具有一定的促进作用。网络咨询可以通过 e-mail、BBS、在线交谈的方式进行。因为网络传播速度快，又有匿名性和时效性，在某种程度上克服了面询的不足。

（三）尽快出台标准化建设与考核措施，倡导多模式运营机制

目前未成年人心理健康站点建设应该按照"政府牵头、社会参与、专业化运作"的模式开展工作。从行业长远管理来看，政府相关部门还需要对各站点的面询、热线的值班费用做出规范化管理。建议在全国范围内规范站点面积和功能室建设，对站点人员的工作量进行定期科学量化考核。很多站点没有系统的管理体制，如功能室的运行时间表、面询值班表、心理档案的管理等。建议主管部门能够在活动场地上和硬件设备上有标准化规范化要求，从而能满足心理健康服务的实际需要。

目前站点的心理健康服务模式主要有医学、教育、社会三种，社会模式起步相对较晚且地区差异很大。目前各站点主要以咨询为主，

建议各站点实行多模式运营机制，既关注预防发展的心理教育模式，又重视症状治疗和人格重建的医学模式。做心理咨询存在一定的风险，解决风险的唯一方法就是接受督导，并完成一定时间的自我体验。目前心理求助热线并不很普及，在做个案心理评估时，经常在碰到自杀和重大创伤应激障碍时，许多人束手无策，处理方式只能选择报警。建议政府部门开设心理危机干预热线服务。在调查中发现，目前我国家源性伤害为心理危机的重要诱因，希望各个服务站点能将学校和家庭的沟通纳入服务系列，增设家庭危机热线。

（四）建议增加专项财政经费预算，鼓励多元化经费支持

培训费用昂贵是不争的事实，站点专业人员需要终身接受培训和督导，站点人员渴望得到专业化的提升。站点心理健康老师待遇低，急待改善。站点软硬件设施匮乏为普遍现象，很多功能室因缺乏专业人员而成了摆设。各项硬件设施需要进一步的提升完善，这就需要政府投入大量的专用经费。如果站点工作人员没有经过严格训练或者站点硬件设施跟不上的话，势必会影响心理辅导、危机干预的效率，所以需要大力增加经费支持。鼓励社会慈善机构捐助和个人捐助，并最终形成政府财政拨款、社会力量投入的多元化经费支持格局。建议增加专项财政经费预算，特别是对偏远地区和县区级站点要加大经费投入。另外，政府与主管部门要制定统一的经费划拨标准和场地标准，使心理健康工作得到经费和场地的双重保障。

（五）发挥社会专业机构的示范中心作用

从调查中发现，未成年人国家级站点和示范中心数量还不够，在当前心理健康服务的规范度不高的情况下，迫切需要国家示范站点引领。建议积极推进示范中心的建设，发挥示范性、标准性的辐射效能。目前，我国像南京陶老师工作站这样的社会公益专业服务机构还很少，从实际服务的角度，建议站点适当布控在高校科研机构，如果能发挥当地高校的作用，对推广普及未成年人心理健康工作具有深远

的意义。调查显示，在一些县区站点，存在心理功能室使用率不高的现象，原因有很多，有的是主管部门领导对心理服务的认知存在落差，重视力度不够，流于形式，致使在有些地方心理功能室成了摆设；有的是因为缺少专业人员，站点没有配备相应的专业服务人员，同时没有相应的待遇；有的站点宣传力度不够，对学生做心理咨询的科普不够，培养学生的求助意识不够。建议提高心理功能室的利用率。

参考文献

［1］曹智荣．中西方青少年心理健康促进模式的比较［D］．郑州：郑州大学．2006.

［2］曹智荣．国外青少年社区心理健康促进及其借鉴意义［J］．中国校外教育（下旬刊）．2009.2.

［3］陈静．湖北高校心理咨询现状的调查研究［D］．武汉：华中师范大学．2010.

［4］陈传峰，武雪婷，严建雯．国外社区心理健康服务研究综述［J］．宁波大学学报（教育科学版）．2007.5.

［5］陈永胜．浙江省中小学心理健康教育现状调查［J］．中国特殊教育．2010.6.

［6］邓林园，马博辉，伍明明，王工斌．不同专业背景的中小学心理健康教育教师工作现状对比研究［J］．教师教育研究．2014.3.

［7］丁睿．我国学校心理健康教育现状及制度建设研究［D］．重庆：重庆师范大学，2008.

［8］范永丽．山西省中小学生心理健康状况调查研究［J］．教育理论与实践．2012.16.

［9］冯铁蕾．高校心理健康教育师资队伍现状及政策建议［J］．湖北大学学报（哲学社会科学版）．2008.6.

［10］傅宏．江苏省青少年心理健康和心理健康教育蓝皮书：2008［M］．南京：南京师范大学出版社．2009.

［11］付艳芬．中国心理健康服务理论现状及对策研究［D］．重庆：西南大学．2011.

[12] 高屹，张瑞凯．北京市不同发育阶段中小学生心理健康状况分析［J］．中国学校卫生．2011.4.

[13] 郭梅华，张灵聪．西方国家社区心理健康服务及其借鉴［J］．牡丹江大学学报．2009.4.

[14] 过韵泽．我国社区心理服务的现状调查［J］．湖北经济学院学报（人文社会科学版）．2016.1.

[15] 黄希庭，郑涌，毕重增，陈幼贞．关于中国心理健康服务体系建设的若干问题［J］．心理科学．2007.1.

[16] 黄辛隐，李智聪．国外未成年人心理健康服务现状分析［J］．外国中小学教育．2009.12.

[17] 江澜，吉华祥，曹荣祥，丁昊骏．扬州市社区心理辅导室现状调查［J］．江苏卫生保健．2013.3.

[18] 江光荣，夏勉．美国心理咨询的资格认证制度［J］．中国临床心理学杂志．2005.1.

[19] 赖长春．四川省中小学心理健康教育师资队伍现状调查报告［J］．教育科学论坛．2010.3.

[20] 李敏．澳大利亚两大心理健康服务组织简介［J］．基础教育参考．2005.2.

[21] 李国强，李凤莲．国外学校心理健康教育政策的特点及启示［J］．湖南人文科技学院学报．2015.1.

[22] 李娜娜．普通高中学校心理辅导工作存在问题及对策研究［D］．重庆：重庆师范大学．2012.

[23] 李士江．学校心理辅导师资的专业化发展研究［D］．上海：华东师范大学．2003.

[24] 李天然．青少年心理健康的新特点与自我抽离的关系［D］．北京：中国人民大学．2016.

[25] 李小鲁，宋翎．学校心理健康教育工作应面向全体学生的发展

[J]. 高教探索 . 2010. 2.

[26] 李智聪 . 未成年人心理健康服务状况调查及体系建构 [D]. 苏州：苏州大学 . 2010.

[27] 廖彩之 . 城市化背景下成都市中小学心理健康教育可持续发展机制研究 [J]. 教育与教学研究 . 2014. 11.

[28] 廖全明，黄希庭 . 中小学生心理健康服务体系模式的构建 [J]. 心理科学 . 2009. 2.

[29] 林敏，王冬榕，黄燕腾 . 我国未成年人社区心理建设的模式探索 [J]. 福建医科大学学报（社会科学版）. 2010. 3.

[30] 林洁瀛，钱铭怡 . 与未成年人相关的心理咨询与治疗的保密原则 [J]. 中国临床心理学杂志 . 2012. 3.

[31] 刘红艳 . 新形势下心理健康教育师资队伍建设研究 [J]. 教学与管理 . 2012. 10.

[32] 刘华山，周宗奎 . 关于中国心理健康服务体系目标的研究 [J]. 教育研究与实验 . 2011. 5.

[33] 刘怀明，伍建清 . 农村地区中小学心理健康教育保障性条件现状调查——以四川省资阳市为例 [J]. 教育科学论坛 . 2014. 12.

[34] 路洁，刘俊娜 . 中小学生心理健康现状调查与教育策略分析 [J]. 人才资源开发 . 2016. 2.

[35] 罗鸣春 . 中国青少年心理健康服务需求现状研究 [D]. 重庆：西南大学 . 2010.

[36] 罗兴奇 . 青少年心理健康的社区支持运行机制研究 [D]. 苏州：苏州大学 . 2008.

[37] 姜峰，王建刚 . 加拿大安大略省 "提高儿童和青少年心理健康服务计划" 述评 [J]. 外国教育研究 . 2013. 7.

[38] 马云荣，王建平 . 美国中小学的心理咨询和社会服务 [J]. 中小学心理健康教育 . 2003. 3.

[39] 潘忠德，沈文龙，张国芳. 社区精神卫生的发展概况与展望 [J]. 中国民康医学. 2005.6.

[40] 裴娜. 浅议中小学心理健康教育教师的专业发展——以吉林省为例 [J]. 吉林省教育学院学报. 2016.8.

[41] 秦漠，钱铭怡，陈红. 国内心理治疗和咨询专业人员及工作状况调查 [J]. 心理科学. 2008.5.

[42] 沈之菲. 上海市中小学心理健康教育师资队伍现状调查与对策研究 [J]. 思想理论教育（下旬刊）. 2013.3.

[43] 石国兴. 英国心理咨询的专业化发展及其问题 [J]. 心理科学进展. 2004.2.

[44] 宋妮妮. 未成年人思想道德建设的社区管理评估体系研究 [D]. 上海：上海交通大学. 2008.

[45] 孙晨哲. 大学生心理健康教育手机 APP 设计初探——郑州铁路职业技术学院"掌心" APP 设计 [J]. 当代教育实践与教学研究. 2016.5.

[46] 孙晓青，王道阳. 美国学校心理健康教育的进展 [J]. 中国卫生事业管理. 2008.11.

[47] 田国强. 未成年人心理健康促进工程建设的探索 [J]. 中国社区医师. 2015.5.

[48] 王莉，于巧锡等. 构建学校、家庭、社会一体化网络体系强化未成年人心理健康教育——以常州市为例 [J]. 江苏技术师范学院学报. 2013.5.

[49] 王建平. 学校教育咨询室：日本实施健康教育的重要场所 [J] 外国教育研究. 2006.3.

[50] 王纬虹，杨军. 中小学生心理健康现状及其教育对策——基于重庆市 4-9 年级学生的调查 [J]. 现代中小学教育. 2016.9.

[51] 汪亚芳. 美国学校心理服务体系对我国学校心理教育的启示

[J]．濮阳职业技术学院学报．2007.4.

[52] 卫萍，许成武，刘燕，郭缨．中小学生心理健康状况的调查分析与教育策略［J］．教育研究与实验．2017.2.

[53] 温小珍．广西农村中小学心理健康教育发展现状及对策研究——基于"国培"中西部骨干教师（心理健康）培训项目的调查与思考［J］．科教导刊（上月刊）．2014.12.

[54] 吴波．我国心理健康服务方法的现状研究［D］．重庆：西南大学．2012.

[55] 伍新春，周宵，林崇德，陈杰灵．青少年创伤后心理反应的影响机制及其干预研究［J］．心理发展与教育．2015.1.

[56] 向慧，张亚林，陶嵘．国外临床心理学家胜任特征研究概况［J］．中国临床心理学杂志．2006.3.

[57] 辛自强，张梅．1992年以来中学生心理健康的变迁：一项横断历史研究［J］．心理学报．2009.1.

[58] 徐大真，徐光兴．我国心理健康服务体系模式建构［J］．中国教育学刊．2007.4.

[59] 徐华春，黄希庭．国外心理健康服务及其启示［J］．心理科学．2007.4.

[60] 杨凡，钱铭怡．美国心理咨询和治疗中的保密：保密的局限及相关研究［J］．中国心理卫生杂志．2009.8.

[61] 杨丽君，严庞．社区心理健康服务模式构建探析［J］．武警医学院学报．2010.2.

[62] 杨韶刚．国外心理教育介入学校德育的现状与启示［J］．中小学德育．2015.4.

[63] 姚坤，施聪莺，邓铸．江苏省中小学校心理健康教育现状调查研究［J］．吉林省教育学院学报．2018.2.

[64] 姚本先．学校心理健康教育新论［M］．高等教育出版社．2010.

[65] 俞国良. 未成年人心理健康教育的探索 ［J］. 北京师范大学学报（社会科学版）.2005.1.

[66] 俞国良. 中等职业学校心理健康教育师资队伍建设：现状、问题及对策 ［J］. 中国职业技术教育.2010.21.

[67] 俞国良，侯瑞鹤. 论学校心理健康服务及其体系建设 ［J］. 教育研究.2015.8.

[68] 俞国良，王勍. 比较视野中青少年心理健康教育与服务的发展路径 ［J］. 中国人民大学教育学刊.2015.2.

[69] 俞国良，李天然，王勍. 中部地区学校心理健康教育状况调查 ［J］. 中国特殊教育.2015.4.

[70] 俞国良. 我国中小学心理健康教育的现状与发展 ［J］. 教育科学研究.2001.7.

[71] 俞国良，董妍. 我国心理健康研究的现状、热点与发展趋势 ［J］. 教育研究.2012.6.

[72] 俞国良，李建良，王勍. 生态系统理论与青少年心理健康教育 ［J］. 教育研究.2018.9.

[73] 张阔，林静，付立菲. 青少年网络成瘾机制的交互系统模型 ［J］. 心理研究.2009.2.

[74] 张雯露. 我国社区心理卫生服务能力研究 ［D］. 武汉：华中科技大学.2012.

[75] 周婧. 社会上的心理咨询服务现状与对策研究 ［D］. 重庆：西南大学.2010.

[76] 赵旭东，丛中，张道龙. 关于心理咨询与治疗的职业化发展中的问题及建议 ［J］. 中国心理卫生杂志.2005.3.

[77] 周红梅. 菏泽市中小学生心理健康状况调查报告 ［J］. 中国健康心理学杂志.2013.7.

[78] 朱亮，刘晓艳. 我国心理咨询的现状与对策探析 ［J］. 合肥工

业大学学报（社会科学版）.2007.1.

[79] 朱丹霞.江西省中小学心理辅导室建设现状调查与分析［D］.
南昌：南昌大学.2015.

[80] 朱仲贤，徐彩萍.健康成长指导中心：心理健康教育的新平台
［J］.素质教育大参考.2013.2.

[81] 〔美〕默里·莱文，道格拉斯·D.珀金斯，戴维·珀金斯著，
杨莉萍译.社区心理学原理：观点与应用（第三版）.上海教育
出版社.2018.

[82] https：//www. nami. org/Learn-More/Mental-Health-By-the-Numbers
Ministry Reports：Open Minds，Healthy Minds. Ontario's Compre-
hensive Mental Health and Addictions Strategy［EB/OL］.

[83] http：//www. health. gov. on. ca/en/public/publications/ministry _ re-
ports/mental_health2011/mental health. aspx，2011 − 06 − 22/2011 −
11 − 02.

[84] Atkins，M. S.，Hoagwood，K. E.，& Kutash，K.，et al. Towardth-
eIntegrationof Educationand Mental Health in Schools［J］. Administra-
tion and Policy in Mental Health and Mental Health Service Research，
2010，37（1 − 2）：40 − 47.

[85] Chapman，R. L.，Buckley，L.，& Sheehan，M.，et al. School-
BasedProgramsforIncreasing Connectedness and Reducing Risk Behav-
ior：A Systematic Review［J］. Educational Psychology Review，2013，
25（1）：95 − 114.

[86] Kenneth W. Merrell，Ruth A. Ervin，& Gretchen Gimpel Pea-
cock. School Psychology for the 21ˢᵗ Century Foundations and Prac-
tices. The Gulfford Press，New York，London，2012：118 − 122.

[87] Kieling，C.，et al. Child and Adolescent Mental Health Worldwide：
Evidence for Action［J］. Lancet，2011，（9801）.

［88］ Lendrum, A., Humphrey, N., & Wigesl worth, M. Social and Emotional Aspects of Learning (SEAL) for Secondary Schools: Implementation Difficulties and Their Implications for School Based Mental Health Promotion ［J］. Child and Adolescent Mental Health, 2013, 18: 158 – 164.

［89］ Puolakka, K., Haapasalo-Pesu, K-M., & Konu, A., et al. Mental Health Promotionina School Community by Using the Results From the Well-Being Profile: An Action Research Project ［J］. Health Promotion Practice, 2014, 15 (1): 44 – 54.

［90］ Rothon, C., et al. Family Support, Community "Social Support" and Adolescents' Mental Health and Educational Outcomes: A Longitudinal Study in England ［J］. Social Psychiatry & Psychiatric Epidemiology, 2012, (5).

［91］ Stormshak, E., et al. An Ecological Approach to Promoting Early Adolescent Mental Health and Social Adaptation: Family-centered Intervention in Public Middle Schools ［J］. Child Development, 2011, (1).

［92］ Stunley B. Baker. School Counseling for the Twenty first Century (2nd ed.) ［M］. Prentice Hall, Inc, 1996: 369 – 371.

附　录

小学生心理健康状况调查

一、基本信息

同学，你好！我们提出了一些问题，很想知道你的想法，你心里是怎么想的，就请在对应的选项上画"√"或填写具体内容，请不要遗漏。你的回答仅供研究使用，我们将严格保密，请放心作答。衷心感谢你的配合！

1. 你的性别是：①男　②女

2. 你目前居住在：＿＿＿＿＿省（自治区、直辖市）＿＿＿＿＿市（区、县）

3. 你的户口所在地是：①农村　②城市

4. 你所在年级是：①小学三年级　②小学四年级　③小学五年级　④小学六年级

5. 你是否是独生子女：①是　②否

6. 你所属民族是：①汉族　②少数民族（请注明＿＿＿＿＿族）

7. 你的家庭经济状况（与当地生活水平相比）是：①富裕　②一般　③困难

8. 你在班内的学习成绩如何：①好　②一般　③差

9. 你长期与谁生活在一起：①父母　②只与父亲　③只与母亲

④外公、外婆　⑤爷爷、奶奶　⑥亲戚朋友　⑦住校

10. 你父母之间的关系如何：①关系融洽　②关系一般　③关系较差　④已离婚

11. 你与父母之间的关系如何：①关系融洽　②关系一般　③关系较差　④没有联系

12. 你现在是随打工父母在外地读书吗：①是　②否

13. 你父亲的职业是：①农民　②企业员工　③教师　④医护人员　⑤个体经商者　⑥军人或警察　⑦政府公务员　⑧其他_____（请注明）

你母亲的职业是：①农民　②企业员工　③教师　④医护人员　⑤个体经商者　⑥军人或警察　⑦政府公务员　⑧其他_____（请注明）

14. 你父亲的文化程度是：①文盲　②小学　③初中　④高中或中专　⑤大学或大专　⑥硕士　⑦博士

你母亲的文化程度是：①文盲　②小学　③初中　④高中或中专　⑤大学或大专　⑥硕士　⑦博士

15. 当你成绩不理想或不听话时，父母通常会如何教育你（可多选）：①责骂　②体罚　③谈心　④找老师　⑤不管不问　⑥其他_____（请注明）

16. 你缓解学习压力的方法是（可多选）：①找人聊天　②听音乐　③看电影　④运动　⑤吃东西　⑥打游戏　⑦购物　⑧睡觉　⑨其他

17. 你每天的睡眠时间大约是：①不足6小时　②6~8小时　③8~10小时（不含8小时）　④多于10小时

18. 你每天上网的时间大约有：①几乎不上网　②偶尔上网　③每天2小时以内（含2小时）　④每天2小时以上

19. 你的上网地点通常是：①家里　②网吧　③学校手机上网　④基本不上网

20. 你上网的时候主要是（可多选）：①查资料　②看新闻　③收

发邮件　④玩 QQ、MSN 或微信等社交软件　⑤打游戏　⑥看电影或听音乐　⑦网上购物　⑧网上学习　⑨网上交友

21. 你玩网络游戏的情况是：①经常玩　②偶尔玩　③从来没玩过

22. 你长大后的理想是什么：①没有　②老师　③医生　④警察　⑤科学家　⑥主持人　⑦航天员　⑧老板　⑨厨师

23. 你最崇拜的偶像是（可多选）：①父母　②电影明星　③体育健将　④科学家　⑤商业奇才　⑥英雄人物　⑦政坛明星　⑧文化名人　⑨其他_____（请注明）

24. 如果遇到心理困惑，你最愿意向谁求助（可多选）：①心理老师　②任课老师　③同学　④父母　⑤网络　⑥外公、外婆　⑦爷爷、奶奶　⑧亲戚朋友　⑨心理服务机构

25. 你觉得父母的哪些做法最有利于你的心理健康成长（可多选，并按重要程度从大到小排序）：

①父母感情良好　②父母经常鼓励我　③父母经常陪伴我　④父母经常和我交流　⑤父母不仅关心我的学习，也关心我的生活和情感需要　⑥其他_____（请注明）

二、心理健康量表（MHT）

本测验主要想了解你的心情和感受，答案没有好坏之分，请如实回答。每一问题都只有"是"和"否"两种可选答案，请根据所选答案在相应的"□"上画"√"。

　　　　　　　　　　　　　　　　　　　　　　　　　　是　　否

1. 你晚上要睡觉时，是否总想着明天的功课？　　　□　　□
2. 老师向全班提问时，你是否会觉得是在问自己而感到不安？　　　□　　□
3. 你是否一听说"要考试"心里就紧张？　　　□　　□

4. 你考试成绩不好时，心里是否感到很不快？　□　□

5. 你学习成绩不好时，是否总是提心吊胆？　□　□

6. 你考试时，想不起原先掌握的知识时，是否会感到紧张不安？

　□　□

7. 你考试后，在没有知道成绩之前，是否总是放心不下？

　□　□

8. 你是否一遇到考试，就担心会考坏？　□　□

9. 你是否希望每次考试都能顺利？　□　□

10. 你在没有完成任务之前，是否总担心完不成任务？　□　□

11. 你当着大家面朗读课文时，是否总是怕读错？　□　□

12. 你是否认为学校里得到的学习成绩总是不大可靠？　□　□

13. 你是否认为你比别人更担心学习？　□　□

14. 你是否做过考试考坏了的梦？　□　□

15. 你是否做过学习成绩不好时，受到爸爸妈妈或老师训斥的梦？

　□　□

16. 你是否经常觉得有同学在背后说你的坏话？　□　□

17. 你受到父母批评后，是否总是想不开，放在心上？　□　□

18. 你在游戏或与别人的竞争中输给了对方，是否就不想再干了？

　□　□

19. 人家在背后议论你，你是否感到讨厌？　□　□

20. 你在大家面前或被老师提问时，是否会脸红？　□　□

21. 你是否很担心叫你担任班级工作？　□　□

22. 你是否总是觉得好像有人在注意你？　□　□

23. 你在工作或学习时，如果有人在注意你，你心里是否会紧张？

　□　□

24. 你受到批评时，心情是否不愉快？　□　□

25. 你受到老师批评时，心里是否总是不安？　□　□

26. 同学们在笑时，你是否也不大会笑？　　　　　□　□

27. 你是否觉得到同学家里去玩时不如在自己家里玩？　□　□

28. 你和大家在一起时，是否也觉得自己是孤单的一个人？

　　　　　　　　　　　　　　　　　　　　　　□　□

29. 你是否觉得和同学一起玩，不如自己一个人玩？　□　□

30. 同学们在交谈时，你是否不想加入？　　　　　□　□

31. 你和大家在一起时，是否觉得自己是多余的人？　□　□

32. 你是否讨厌参加运动会和文艺演出？　　　　　□　□

33. 你的朋友是否很少？　　　　　　　　　　　　□　□

34. 你是否不喜欢同别人谈话？　　　　　　　　　□　□

35. 在人多的地方，你是否觉得很怕？　　　　　　□　□

36. 你在参加排球、篮球等集体比赛输了时，心里
是否一直认为自己没做好？　　　　　　　　　□　□

37. 你受到批评后，是否总认为是自己不好？　　　□　□

38. 别人笑你的时候，你是否会认为是自己做错了什么事？

　　　　　　　　　　　　　　　　　　　　　　□　□

39. 你学习成绩不好时，是否总是认为是自己不用功的缘故？

　　　　　　　　　　　　　　　　　　　　　　□　□

40. 你做事失败的时候，是否总是认为是自己的责任？　□　□

41. 大家受到责备时，你是否认为主要是自己的过错？　□　□

42. 你参加乒乓球、羽毛球、广播操等体育比赛
时，是否一出错就特别留神？　　　　　　　　□　□

43. 碰到为难的事情时，你是否认为自己难以应付？　□　□

44. 你是否有时会后悔："那件事不做就好了？"　　□　□

45. 你和同学吵架以后，是否总是认为是自己的错？　□　□

46. 你心里是否总想为班级做点好事？　　　　　　□　□

47. 你学习的时候，思想是否经常开小差？　　　　□　□

48. 你把东西借给别人时，是否担心别人会把东西弄坏？ □ □

49. 碰到不顺利的事情时，你心里是否很烦躁？ □ □

50. 你是否非常担心家里有人生病或死去？ □ □

51. 你是否在梦里见到过死去的人？ □ □

52. 你对收音机和汽车的声音是否特别敏感？ □ □

53. 你心里是否总觉得好像有什么事没有做好？ □ □

54. 你是否总担心会发生什么意外的事？ □ □

55. 你在决定要做什么事时，是否总是犹豫不决？ □ □

56. 你手上是否经常出汗？ □ □

57. 你害羞时是否会脸红？ □ □

58. 你是否经常头痛？ □ □

59. 你被老师提问时，心里是否总是很紧张？ □ □

60. 你没有参加运动，心脏是否经常扑腾扑腾地跳？ □ □

61. 你是否很容易疲劳？ □ □

62. 你是否很不愿吃药？ □ □

63. 夜里你是否很难入睡？ □ □

64. 你是否总觉得身体好像有什么毛病？ □ □

65. 你是否经常认为自己的体型和面孔比别人难看？ □ □

66. 你是否经常觉得肠胃不好？ □ □

67. 你是否经常咬指甲？ □ □

68. 你是否经常舔手指头？ □ □

69. 你是否经常感到呼吸困难？ □ □

70. 你去厕所的次数是否比别人多？ □ □

71. 你是否很怕到高的地方去？ □ □

72. 你是否害怕很多东西？ □ □

73. 你是否经常做噩梦？ □ □

74. 你胆子是否很小？ □ □

75. 夜里，你是否很怕一个人在房间里睡觉？　□　□

76. 你乘车穿过隧道或路过高桥时，是否很怕？　□　□

77. 你是否喜欢整夜开着灯睡觉？　□　□

78. 你听到打雷声是否非常害怕？　□　□

79. 你是否非常害怕黑暗？　□　□

80. 你是否经常感到后面有人跟着你？　□　□

81. 你是否经常生气？　□　□

82. 你是否不想得到好的成绩？　□　□

83. 你是否经常会突然想哭？　□　□

84. 你以前是否说过谎话？　□　□

85. 你有时是否会觉得，还是死了好？　□　□

86. 你是否一次也没有失约过？　□　□

87. 你是否经常想大声喊叫？　□　□

88. 你是否能保密别人不让说的事？　□　□

89. 你有时是否想过自己一个人到远的地方去？　□　□

90. 你是否总是很有礼貌？　□　□

91. 你被人说了坏话，是否想立即采取报复行动？　□　□

92. 老师或父母说的话，你是否都照办？　□　□

93. 你心里不开心，是否会乱丢、乱砸东西？　□　□

94. 你是否发过怒？　□　□

95. 你想要的东西，是否就一定要拿到手？　□　□

96. 你不喜欢的功课老师提前下课，你是否会感到特别高兴？

　　□　□

97. 你是否经常想从高的地方跳下来？　□　□

98. 你是否无论对谁都很亲热？　□　□

99. 你是否会经常急躁得坐立不安？　□　□

100. 对不认识的人，你是否会都喜欢？　□　□

三、积极心理品质量表

下面量表共 61 题。所有描述没有对错之分，请客观准确地选择符合你实际情况的选项。如果你觉得完全不像你，就勾选 "1"，如果觉得非常像你，就勾选 "5"。符合程度越高数字越大。

	非常不像我	比较不像我	一般	比较像我	非常像我

1. 我经常会提出处理事情的不同方法。 1 2 3 4 5
2. 当学到新的东西时我会感到兴奋。 1 2 3 4 5
3. 在作出最后的决定之前，我会考虑所有的可能性。

    1 2 3 4 5
4. 我总是在提问题。 1 2 3 4 5
5. 我对各类事情都感兴趣。 1 2 3 4 5
6. 人们经常说我所提出的建议很好。 1 2 3 4 5
7. 我总喜欢尝试用不一样的方式来做事情。 1 2 3 4 5
8. 我对不熟悉的人、地方或事物总是感到好奇。 1 2 3 4 5
9. 在我的朋友作出重要决定之前，他们通常会询问我的意见。

    1 2 3 4 5
10. 我对许多事情和事物总能提出许多问题和质疑。

    1 2 3 4 5
11. 为使自己摆脱麻烦，我会说假话。 1 2 3 4 5
12. 我有勇气做正确的事情，即使它还没有被普遍接受。

    1 2 3 4 5
13. 不管我的家人做什么，我都爱他们。 1 2 3 4 5
14. 我对别人总是很和蔼。 1 2 3 4 5

15. 我经常找借口。　　　　　　　　　　　　1　2　3　4　5

16. 即使会感到害怕，我也会支持正确的事情。　1　2　3　4　5

17. 即使当我的家庭成员和我争吵了，我依然爱他们。

　　　　　　　　　　　　　　　　　　　　1　2　3　4　5

18. 当我看到需要帮助的人，我会尽力而为。　1　2　3　4　5

19. 为了得到我想要的，我会去说谎话。　　　1　2　3　4　5

20. 我勇敢地抵制行为卑鄙或不公平的人。　　1　2　3　4　5

21. 我经常告诉我的朋友和家人我爱他们。　　1　2　3　4　5

22. 尽管没有要求，我经常也会为别人做好事。　1　2　3　4　5

23. 无论何时我做事情都会竭尽全力。　　　　1　2　3　4　5

24. 我通常能了解我的感觉怎样，以及为何有这种感觉。

　　　　　　　　　　　　　　　　　　　　1　2　3　4　5

25. 即使失败之后我也会坚持努力。　　　　　1　2　3　4　5

26. 朋友发生争执时，我擅长帮他们和解。　　1　2　3　4　5

27. 我是一个不懈努力的人。　　　　　　　　1　2　3　4　5

28. 每当我遇到问题时，总会有人帮助我。　　1　2　3　4　5

29. 我非常热情。　　　　　　　　　　　　　1　2　3　4　5

30. 我总是很积极主动。　　　　　　　　　　1　2　3　4　5

31. 我认为生活是令人激动的。　　　　　　　1　2　3　4　5

32. 我擅长组织小组活动。　　　　　　　　　1　2　3　4　5

33. 我将每个人的意见视为同等重要。　　　　1　2　3　4　5

34. 伤害我的人如果向我道歉了，我依然能与他们交朋友。

　　　　　　　　　　　　　　　　　　　　1　2　3　4　5

35. 即使当我确实擅长某些东西时，我也不会炫耀。

　　　　　　　　　　　　　　　　　　　　1　2　3　4　5

36. 我无论做什么都很小心谨慎。　　　　　　1　2　3　4　5

37. 当有个项目需要小组去做时，别的同伴想让我负责。

                                                   1　2　3　4　5

38. 即使不同意，我也会尊重团队成员提出的意见。

                                                 1　2　3　4　5

39. 即使有人伤害了我，如果他们向我道歉我会原谅他们。

                                                 1　2　3　4　5

40. 把所有的荣耀仅仅给我自己我会觉得不舒服。　1　2　3　4　5

41. 即使当我真的生气时，我也能控制自己。　　1　2　3　4　5

42. 当我和别的同伴一起玩时，他们都想让我当领导。

                                                 1　2　3　4　5

43. 我擅长鼓励小组中的成员来完成我们的工作。　1　2　3　4　5

44. 我容易原谅别人。　　　　　　　　　　　1　2　3　4　5

45. 我宁愿让别人夸耀他们自己，也不愿意仅仅夸耀我自己。

                                                 1　2　3　4　5

46. 即使我真的立刻想做某件事，我也能等。　　1　2　3　4　5

47. 无论怎样，我对我的小组都很忠诚。　　　1　2　3　4　5

48. 当别人说对不起时，我会再给他们一次机会。　1　2　3　4　5

49. 即使当我的团队面临失败时，我也能公平进行比赛。

                                                 1　2　3　4　5

50. 我要求每个人遵守同样的规则，即使是我的朋友也不例外。

                                                 1　2　3　4　5

51. 每每想起帮助我的人，我总是心怀感激之情。　1　2　3　4　5

52. 当我看到漂亮的风景时，我会停下来欣赏一会儿。

                                                 1　2　3　4　5

53. 看到漂亮的图画或听到优美的音乐，我会感觉更好。

                                                 1　2　3　4　5

54. 我擅长让人们开怀大笑。　　　　　　　　1　2　3　4　5

55. 人们说我富有幽默感。 1 2 3 4 5

56. 我经常会开玩笑以使别人摆脱坏的情绪。 1 2 3 4 5

57. 我将会达到我的目标。 1 2 3 4 5

58. 我是一个有信念的人。 1 2 3 4 5

59. 我自信我能战胜困难。 1 2 3 4 5

60. 我感觉我的生活是有目标的。 1 2 3 4 5

61. 不论事情现在看起来有多困难，我相信它们总会解决。

1 2 3 4 5

中学生心理健康状况调查

一、基本信息

同学，你好！我们提出了一些问题，很想知道你的想法，你心里是怎么想的，就请在对应的选项上画"√"或填写具体内容，请不要遗漏。你的回答仅供研究使用，我们将严格保密，请放心作答。衷心感谢你的配合！

1. 你的性别是：①男 ②女

2. 你目前居住在：_____省（自治区、直辖市）_____市（区、县）

3. 你的户口所在地是：①农村 ②城市

4. 你所在年级是：①初一 ②初二 ③初三 ④高一 ⑤高二 ⑥高三 ⑦中职一年级 ⑧中职二年级 ⑨中职三年级

5. 你是否是独生子女：①是 ②否

6. 你所属民族是：①汉族 ②少数民族（请注明_____族）

7. 你的家庭经济状况（与当地生活水平相比）是：①富裕 ②一般 ③困难

8. 你在班内的学习成绩如何：①好 ②一般 ③差

9. 你长期与谁生活在一起：①父母 ②只与父亲 ③只与母亲 ④外公、外婆 ⑤爷爷、奶奶 ⑥亲戚朋友 ⑦住校

10. 你父母之间的关系如何：①关系融洽 ②关系一般 ③关系较差 ④已离婚

11. 你与父母之间的关系如何：①关系融洽 ②关系一般 ③关系较差 ④没有联系

12. 你现在是随打工父母在外地读书吗：①是 ②否

13. 你父亲的职业是：①农民　②企业员工　③教师　④医护人员　⑤个体经商者　⑥军人或警察　⑦政府公务员　⑧其他_____（请注明）

你母亲的职业是：①农民　②企业员工　③教师　④医护人员　⑤个体经商者　⑥军人或警察　⑦政府公务员　⑧其他_____（请注明）

14. 你父亲的文化程度是：①文盲　②小学　③初中　④高中或中专　⑤大学或大专　⑥硕士　⑦博士

你母亲的文化程度是：①文盲　②小学　③初中　④高中或中专　⑤大学或大专　⑥硕士　⑦博士

15. 当你成绩不理想或不听话时，父母通常会如何教育你（可多选）：①责骂　②体罚　③谈心　④找老师　⑤不管不问　⑥其他_____（请注明）

16. 你缓解学习压力的方法是（可多选）：①找人聊天　②听音乐　③看电影　④运动　⑤吃东西　⑥打游戏　⑦购物　⑧睡觉　⑨其他

17. 你每天的睡眠时间大约是：①不足 6 小时　②6～8 小时　③8～10 小时（不含 8 小时）　④多于 10 小时

18. 你每天上网的时间大约有：①几乎不上网　②偶尔上网　③每天 2 小时以内（含 2 小时）　④每天 2 小时以上

19. 你的上网地点通常是：①家里　②网吧　③学校手机上网　④基本不上网

20. 你上网的时候主要是（可多选）：①查资料　②看新闻　③收发邮件　④玩 QQ、MSN 或微信等社交软件　⑤打游戏　⑥看电影或听音乐　⑦网上购物　⑧网上学习　⑨网上交友

21. 你玩网络游戏的情况是：①经常玩　②偶尔玩　③从来没玩过

22. 你长大后的理想是什么：①没有　②老师　③医生　④警察

⑤科学家　⑥主持人　⑦航天员　⑧老板　⑨厨师

23. 你最崇拜的偶像是（可多选）：①父母　②电影明星　③体育健将　④科学家　⑤商业奇才　⑥英雄人物　⑦政坛明星　⑧文化名人　⑨其他_____（请注明）

24. 如果遇到心理困惑，你最愿意向谁求助（可多选）：①心理老师　②任课老师　③同学　④父母　⑤网络　⑥外公、外婆　⑦爷爷、奶奶　⑧亲戚朋友　⑨心理服务机构

25. 你觉得父母的哪些做法最有利于你的心理健康成长（可多选，并按重要程度从大到小排序）：

①父母感情良好　②父母经常鼓励我　③父母经常陪伴我

④父母经常和我交流　⑤父母不仅关心我的学习，也关心我的生活和情感需要　⑥其他_____（请注明）

二、心理健康量表（MHT）

本测验主要想了解你的心情和感受，答案没有好坏之分，请如实回答。每一问题都只有"是"和"否"两种可选答案，请根据所选答案在相应的"□"上画"√"。

　　　　　　　　　　　　　　　　　　　　　　　　　是　　否

1. 你晚上要睡觉时，是否总想着明天的功课？　　　　　□　　□
2. 老师向全班提问时，你是否会觉得是在问自己而感到不安？

　　　　　　　　　　　　　　　　　　　　　　　　　□　　□

3. 你是否一听说"要考试"心里就紧张？　　　　　　　□　　□
4. 你考试成绩不好时，心里是否感到很不快？　　　　　□　　□
5. 你学习成绩不好时，是否总是提心吊胆？　　　　　　□　　□
6. 你考试时，想不起原先掌握的知识时，是否会感到紧张不安？

　　　　　　　　　　　　　　　　　　　　　　　　　□　　□

7. 你考试后，在没有知道成绩之前，是否总是放心不下？

□ □

8. 你是否一遇到考试，就担心会考坏？

□ □

9. 你是否希望每次考试都能顺利？

□ □

10. 你在没有完成任务之前，是否总担心完不成任务？

□ □

11. 你当着大家面朗读课文时，是否总是怕读错？

□ □

12. 你是否认为学校里得到的学习成绩总是不大可靠？

□ □

13. 你是否认为你比别人更担心学习？

□ □

14. 你是否做过考试考坏了的梦？

□ □

15. 你是否做过学习成绩不好时，受到爸爸妈妈或老师训斥的梦？

□ □

16. 你是否经常觉得有同学在背后说你的坏话？

□ □

17. 你受到父母批评后，是否总是想不开，放在心上？

□ □

18. 你在游戏或与别人的竞争中输给了对方，是否就不想再干了？

□ □

19. 人家在背后议论你，你是否感到讨厌？

□ □

20. 你在大家面前或被老师提问时，是否会脸红？

□ □

21. 你是否很担心叫你担任班级工作？

□ □

22. 你是否总是觉得好像有人在注意你？

□ □

23. 你在工作或学习时，如果有人在注意你，你心里是否会紧张？

□ □

24. 你受到批评时，心情是否不愉快？

□ □

25. 你受到老师批评时，心里是否总是不安？

□ □

26. 同学们在笑时，你是否也不大会笑？

□ □

27. 你是否觉得到同学家里去玩时不如在自己家里玩？

□ □

28. 你和大家在一起时，是否也觉得自己是孤单的一个人？

□ □

29. 你是否觉得和同学一起玩，不如自己一个人玩？ ☐ ☐

30. 同学们在交谈时，你是否不想加入？ ☐ ☐

31. 你和大家在一起时，是否觉得自己是多余的人？ ☐ ☐

32. 你是否讨厌参加运动会和文艺演出？ ☐ ☐

33. 你的朋友是否很少？ ☐ ☐

34. 你是否不喜欢同别人谈话？ ☐ ☐

35. 在人多的地方，你是否觉得很怕？ ☐ ☐

36. 你在参加排球、篮球等集体比赛输了时，心里
是否一直认为自己没做好？ ☐ ☐

37. 你受到批评后，是否总认为是自己不好？ ☐ ☐

38. 别人笑你的时候，你是否会认为是自己做错了什么事？
☐ ☐

39. 你学习成绩不好时，是否总是认为是自己不用功的缘故？
☐ ☐

40. 你做事失败的时候，是否总是认为是自己的责任？ ☐ ☐

41. 大家受到责备时，你是否认为主要是自己的过错？ ☐ ☐

42. 你参加乒乓球、羽毛球、广播操等体育比赛
时，是否一出错就特别留神？ ☐ ☐

43. 碰到为难的事情时，你是否认为自己难以应付？ ☐ ☐

44. 你是否有时会后悔："那件事不做就好了？" ☐ ☐

45. 你和同学吵架以后，是否总是认为是自己的错？ ☐ ☐

46. 你心里是否总想为班级做点好事？ ☐ ☐

47. 你学习的时候，思想是否经常开小差？ ☐ ☐

48. 你把东西借给别人时，是否担心别人会把东西弄坏？ ☐ ☐

49. 碰到不顺利的事情时，你心里是否很烦躁？ ☐ ☐

50. 你是否非常担心家里有人生病或死去？ ☐ ☐

51. 你是否在梦里见到过死去的人？ ☐ ☐

52. 你对收音机和汽车的声音是否特别敏感？ □ □

53. 你心里是否总觉得好像有什么事没有做好？ □ □

54. 你是否总担心会发生什么意外的事？ □ □

55. 你在决定要做什么事时，是否总是犹豫不决？ □ □

56. 你手上是否经常出汗？ □ □

57. 你害羞时是否会脸红？ □ □

58. 你是否经常头痛？ □ □

59. 你被老师提问时，心里是否总是很紧张？ □ □

60. 你没有参加运动，心脏是否经常扑腾扑腾地跳？ □ □

61. 你是否很容易疲劳？ □ □

62. 你是否很不愿吃药？ □ □

63. 夜里你是否很难入睡？ □ □

64. 你是否总觉得身体好像有什么毛病？ □ □

65. 你是否经常认为自己的体型和面孔比别人难看？ □ □

66. 你是否经常觉得肠胃不好？ □ □

67. 你是否经常咬指甲？ □ □

68. 你是否经常舔手指头？ □ □

69. 你是否经常感到呼吸困难？ □ □

70. 你去厕所的次数是否比别人多？ □ □

71. 你是否很怕到高的地方去？ □ □

72. 你是否害怕很多东西？ □ □

73. 你是否经常做噩梦？ □ □

74. 你胆子是否很小？ □ □

75. 夜里，你是否很怕一个人在房间里睡觉？ □ □

76. 你乘车穿过隧道或路过高桥时，是否很怕？ □ □

77. 你是否喜欢整夜开着灯睡觉？ □ □

78. 你听到打雷声是否非常害怕？ □ □

79. 你是否非常害怕黑暗？ ☐ ☐

80. 你是否经常感到后面有人跟着你？ ☐ ☐

81. 你是否经常生气？ ☐ ☐

82. 你是否不想得到好的成绩？ ☐ ☐

83. 你是否经常会突然想哭？ ☐ ☐

84. 你以前是否说过谎话？ ☐ ☐

85. 你有时是否会觉得，还是死了好？ ☐ ☐

86. 你是否一次也没有失约过？ ☐ ☐

87. 你是否经常想大声喊叫？ ☐ ☐

88. 你是否能保密别人不让说的事？ ☐ ☐

89. 你有时是否想过自己一个人到远的地方去？ ☐ ☐

90. 你是否总是很有礼貌？ ☐ ☐

91. 你被人说了坏话，是否想立即采取报复行动？ ☐ ☐

92. 老师或父母说的话，你是否都照办？ ☐ ☐

93. 你心里不开心，是否会乱丢、乱砸东西？ ☐ ☐

94. 你是否发过怒？ ☐ ☐

95. 你想要的东西，是否就一定要拿到手？ ☐ ☐

96. 你不喜欢的功课老师提前下课，你是否会感到特别高兴？

☐ ☐

97. 你是否经常想从高的地方跳下来？ ☐ ☐

98. 你是否无论对谁都很亲热？ ☐ ☐

99. 你是否会经常急躁得坐立不安？ ☐ ☐

100. 对不认识的人，你是否会都喜欢？ ☐ ☐

三、积极心理品质量表

下面量表共 61 题。所有描述没有对错之分，请客观准确地选择符合你实际情况的选项。如果你觉得完全不像你，就勾选"1"，如果觉得非常像你，就勾选"5"。符合程度越高数字越大。

	非常不像我	比较不像我	一般	比较像我	非常像我

1. 我经常会提出处理事情的不同方法。　　　1　2　3　4　5

2. 当学到新的东西时我会感到兴奋。　　　1　2　3　4　5

3. 在作出最后的决定之前，我会考虑所有的可能性。

　　　　　　　　　　　　　　　　　　　1　2　3　4　5

4. 我总是在提问题。　　　　　　　　　　1　2　3　4　5

5. 我对各类事情都感兴趣。　　　　　　　1　2　3　4　5

6. 人们经常说我所提出的建议很好。　　　1　2　3　4　5

7. 我总喜欢尝试用不一样的方式来做事情。　1　2　3　4　5

8. 我对不熟悉的人、地方或事物总是感到好奇。　1　2　3　4　5

9. 在我的朋友作出重要决定之前，他们通常会询问我的意见。

　　　　　　　　　　　　　　　　　　　1　2　3　4　5

10. 我对许多事情和事物总能提出许多问题和质疑。

　　　　　　　　　　　　　　　　　　　1　2　3　4　5

11. 为使自己摆脱麻烦，我会说假话。　　　1　2　3　4　5

12. 我有勇气做正确的事情，即使它还没有被普遍接受。

　　　　　　　　　　　　　　　　　　　1　2　3　4　5

13. 不管我的家人做什么，我都爱他们。　　1　2　3　4　5

14. 我对别人总是很和蔼。　　　　　　　　1　2　3　4　5

15. 我经常找借口。　　　　　　　　　　　1　2　3　4　5

16. 即使会感到害怕，我也会支持正确的事情。　1　2　3　4　5

17. 即使当我的家庭成员和我争吵了，我依然爱他们。

　　　　　　　　　　　　　　　　　　　1　2　3　4　5

18. 当我看到需要帮助的人，我会尽力而为。　　1　2　3　4　5

19. 为了得到我想要的，我会去说谎话。　　1　2　3　4　5

20. 我勇敢地抵制行为卑鄙或不公平的人。　　1　2　3　4　5

21. 我经常告诉我的朋友和家人我爱他们。　　1　2　3　4　5

22. 尽管没有要求，我经常也会为别人做好事。　1　2　3　4　5

23. 无论何时我做事情都会竭尽全力。　　1　2　3　4　5

24. 我通常能了解我的感觉怎样，以及为何有这种感觉。

　　　　　　　　　　　　　　　　　　　1　2　3　4　5

25. 即使失败之后我也会坚持努力。　　1　2　3　4　5

26. 朋友发生争执时，我擅长帮他们和解。　　1　2　3　4　5

27. 我是一个不懈努力的人。　　1　2　3　4　5

28. 每当我遇到问题时，总会有人帮助我。　　1　2　3　4　5

29. 我非常热情。　　1　2　3　4　5

30. 我总是很积极主动。　　1　2　3　4　5

31. 我认为生活是令人激动的。　　1　2　3　4　5

32. 我擅长组织小组活动。　　1　2　3　4　5

33. 我将每个人的意见视为同等重要。　　1　2　3　4　5

34. 伤害我的人如果向我道歉了，我依然能与他们交朋友。

　　　　　　　　　　　　　　　　　　　1　2　3　4　5

35. 即使当我确实擅长某些东西时，我也不会炫耀。

　　　　　　　　　　　　　　　　　　　1　2　3　4　5

36. 我无论做什么都很小心谨慎。　　1　2　3　4　5

37. 当有个项目需要小组去做时，别的同伴想让我负责。

　　　　　　　　　　　　　　　　　　　1　2　3　4　5

38. 即使不同意，我也会尊重团队成员提出的意见。

　　　　　　　　　　　　　　　　　　　1　2　3　4　5

39. 即使有人伤害了我，如果他们向我道歉我会原谅他们。

                                                 1　2　3　4　5

40. 把所有的荣耀仅仅给我自己我会觉得不舒服。1　2　3　4　5

41. 即使当我真的生气时，我也能控制自己。　1　2　3　4　5

42. 当我和别的同伴一起玩时，他们都想让我当领导。

                                                 1　2　3　4　5

43. 我擅长鼓励小组中的成员来完成我们的工作。1　2　3　4　5

44. 我容易原谅别人。　1　2　3　4　5

45. 我宁愿让别人夸耀他们自己，也不愿意仅仅夸耀我自己。

                                                 1　2　3　4　5

46. 即使我真的立刻想做某件事，我也能等。　1　2　3　4　5

47. 无论怎样，我对我的小组都很忠诚。　1　2　3　4　5

48. 当别人说对不起时，我会再给他们一次机会。1　2　3　4　5

49. 即使当我的团队面临失败时，我也能公平进行比赛。

                                                 1　2　3　4　5

50. 我要求每个人遵守同样的规则，即使是我的朋友也不例外。

                                                 1　2　3　4　5

51. 每每想起帮助我的人，我总是心怀感激之情。1　2　3　4　5

52. 当我看到漂亮的风景时，我会停下来欣赏一会儿。

                                                 1　2　3　4　5

53. 看到漂亮的图画或听到优美的音乐，我会感觉更好。

                                                 1　2　3　4　5

54. 我擅长让人们开怀大笑。　1　2　3　4　5

55. 人们说我富有幽默感。　1　2　3　4　5

56. 我经常会开玩笑以使别人摆脱坏的情绪。　1　2　3　4　5

57. 我将会达到我的目标。　1　2　3　4　5

58. 我是一个有信念的人。　1　2　3　4　5

59. 我自信我能战胜困难。　　　　　　　　1　2　3　4　5

60. 我感觉我的生活是有目标的。　　　　　1　2　3　4　5

61. 不论事情现在看起来有多困难，我相信它们总会解决。

　　　　　　　　　　　　　　　　　　　1　2　3　4　5

中小学心理健康教育师资及服务状况调查

　　您好！我们是"未成年人心理健康及服务状况调查研究"课题组，本次调查旨在掌握全国中小学心理健康教育师资及服务状况，更好地推进中小学心理健康服务工作。本问卷采用不记名方式，调查结果将严格保密，不会对您个人造成任何影响。为保证结果真实性，请根据实际情况认真完成全部题目，在最符合您情况的选项后面打"√"或填写具体内容。衷心感谢您的配合！

　　1. 您所在学校位于_____省（自治区、直辖市）_____市（区、县）

　　2. 您所在学校位于：①农村　②乡镇　③城区

　　3. 您所在学校的性质为：①公办　②民办　③外来务工人员子弟学校　④其他_____（请注明）

　　4. 您所在学校的层次为：①小学　②初中　③高中　④中职　⑤其他_____（请注明）

　　5. 您所在学校是：①省重点　②市重点　③县（区）重点　④普通　⑤其他_____（请注明）

　　6. 您所在学校专职心理健康教育教师总人数为____人，男____人，女_____人，平均年龄为_____岁；兼职心理健康教育教师总人数为_____人，男_____人，女_____人，平均年龄为_____岁；学生总数为_____人。

　　7. 您的性别是：①男　②女

　　8. 您所处的年龄段是：①25岁及以下　②26～35岁　③36～45岁　④46～55岁　⑤56岁及以上

　　9. 您的受教育水平是：①中专及以下　②大专　③本科　④硕士　⑥博士

10. 您的最高学历专业是：①心理学　②教育学　③医学　④社会工作　⑤其他_____（请注明）

11. 您的职称是：①未定级　②三级　③二级　④一级　⑤高级　⑥正高级

12. 您从事心理健康教育工作的时间有：①不足 3 年　②3～6 年（含 3 年）　③6～10 年（含 6 年）　④10 年以上（含 10 年）

13. 您是否担任行政职务：①是　②否　③曾经是

14. 您作为心理健康教育教师是：①专职　②兼职。如果是兼职，您的其他身份是_____（比如，语文教师，数学教师，德育教师，等等）

15. 您在学校的月收入水平是：①2000 元及以下　②2001～4000 元　③4001～6000 元　④6001 元及以上

16. 您所在学校每年的心理健康教育专项经费大约是：①没有　②5000 元及以下　③5001～10000 元　④10001～30000 元　⑤30001 元及以上

17. 您所在学校的心理健康教育专项经费主要应用在哪些方面？_____（可多选）

①专业培训　②相关图书购买　③场地建设　④设施建设　⑤心理健康教育活动开展　⑥心理健康教育课程建设　⑦其他_____（请注明）

18. 您觉得学校应该在哪方面加强经费投入以支持心理健康教育？_____（可多选）

①专业培训　②相关图书购买　③场地建设　④设施建设　⑤心理健康教育活动开展　⑥心理健康教育课程建设　⑦其他_____（请注明）

19. 您所在学校心理健康辅导室及相关功能室的总面积是：①没有　②50 平方米及以下　③51～100 平方米　④101～200 平方米　⑤201 平

方米及以上

20. 您所在学校与心理健康教育相关的功能室主要有_____（可多选）

①没有任何功能室　②沙盘游戏室　③团体辅导室　④放松室　⑤宣泄室　⑥个体心理辅导室　⑦心理热线室　⑧其他_____（请注明）

21. 您所在学校的心理健康教育工作归属哪个部门分管？①政教处　②教科室　③德育处　④学生处　⑤其他_____（请注明）

22. 您所在学校开展心理健康教育工作的形式是_____（可多选）

①心理健康课　②心理咨询　③心理健康讲座　④心理健康教育活动（主题班会、主题板报、心理健康节、校园广播等）　⑤团体心理辅导　⑥网络心理健康服务　⑦其他_____（请注明）

23. 您心理咨询的主要取向是：①精神分析　②认知行为　③家庭治疗　④人本主义　⑤后现代　⑥其他_____（请注明）

24. 您所在学校的心理健康课：　①每个年级都开设　②除毕业年级外全部开设　③其他_____（请注明）

25. 您所在学校的心理健康课：①每周一节或更多　②每两周一节　③不定时　④其他_____（请注明）

26. 您所在学校心理健康课程的教材情况是：①省统编教材　②校本教材　③无教材　④其他_____（请注明）

27. 您教授心理健康课的方法通常是_____（可多选）

①知识讲授法　②案例分析法　③体验互动法　④其他_____（请注明）

28. 您每周开展个体心理咨询的人数大约是：①2 人及以下　②3～5人　③6～8 人　④9 人及以上

29. 您每周开展团体心理辅导的次数大约是：①2 次及以下　②3～5

次 ③6~8次 ④9次及以上

30. 您所在学校为学生建立心理档案的情况如何？

①未建任何档案 ②部分年级建有档案 ③全部年级建有跟踪档案

31. 您在心理辅导过程中遇到困难通常会怎么做？

①向本校其他心理健康老师求助 ②向外校心理健康老师求助 ③向有督导资质的心理咨询专家求助 ④自己钻研解决问题 ⑤其他_____（请注明）

32. 您所在学校每学期举办心理健康教育活动的次数是：①5次及以下 ②6~10次 ③11次及以上

33. 您所在学校有关于心理健康的学生社团吗？①有 ②没有

34. 您的专业资质是

①无 ②三级心理咨询师 ③二级心理咨询师 ④注册助理心理师 ⑤注册心理师 ⑥注册督导师 ⑦当地心理教师专业证书 ⑧社会工作师 ⑨其他_____（请注明）

35. 您共计接受心理健康辅导专业培训的情况怎样？_____（接受培训一天，可计为6学时）

①60学时及以下 ②61~120学时 ③121~240学时 ④241学时及以上

36. 您所接受的专业培训是_____（可多选）

①国家级培训 ②省级培训 ③市级培训 ④县区级培训 ⑤校级培训 ⑥其他_____（请注明）

37. 您接受心理咨询督导的总时长为_____

①10小时及以下 ②11~50小时 ③51~100小时 ④101小时及以上

38. 您参加工作以来是否发表过与心理健康或心理学有关的论文？

①从未发表过 ②发表过1~2篇 ③发表过3~5篇 ④发表过

6 篇及以上

39. 您参加工作以来主持或参与过的心理学课题级别怎样？①从未主持或参与过　②国家级　③省部级　④厅局级　⑤县区级　⑥校级　⑦其他 _____ （请注明）

40. 您获得人才称号的情况如何？_____ （可多选）

①从未获得过　②校级教学能手　③县区骨干教师学科带头人④市骨干教师学科带头人　⑤省骨干教师学科带头人　⑥特级教师⑦其他_____ （请注明）

未成年人心理健康服务站点状况调查

您好！我们是中央文明办课题组，本次调查旨在掌握全国未成年人心理健康服务站点的基本信息和服务状况，更好地推进未成年人心理健康服务工作。本问卷采用不记名方式，调查结果将严格保密，不会对您个人造成任何影响。为保证结果真实性，请根据实际情况认真完成全部题目，在最符合您情况的选项后面打"√"或填写具体内容。衷心感谢您的配合！

1. 您所在站点位于_____省（自治区、直辖市）_____市（区、县）

2. 站点属于：①国家级站点　②省级站点　③市级站点　④县（区）级站点

3. 站点场地总面积为：①200平方米及以下　②201~400平方米　③401平方米及以上

4. 站点的功能室包括_____（可多选）

①心理咨询室　②团体辅导室　③心理健康培训室　④行政办公室　⑤来访者等候区　⑥热线咨询室　⑦资料保管室　⑧沙盘游戏室　⑨宣泄室　⑩音乐放松室　⑪其他_____（请注明）

5. 站点的主管单位是：①当地教育局　②当地文明办　③当地卫健委　④其他_____（请注明）

6. 站点的挂靠单位是：①当地中小学　②当地高校　③当地医疗机构　④不挂靠任何单位，独立运营　⑤其他_____（请注明）

7. 站点自成立以来已运营时间为：①1年及以下　②1~5年（不含1年）　③5~10年（不含5年）　④10~15年（不含10年）　⑤15~20年（不含15年）　⑥20年以上（不含20年）

8. 站点每年的经费为：①5万元及以下　②5万~10万元（不含

5 万元）　③10 万 ~ 30 万元（不含 10 万元）　④30 万 ~ 60 万元（不含 30 万元）　⑤60 万 ~ 100 万元（不含 60 万元）　⑥100 万元以上（不含 100 万元）

9. 站点的经费主要来自_____（可多选）

①主管单位　②挂靠单位　③慈善机构捐助　④政府购买项目
⑤其他_____（请注明）

10. 站点的专职、兼职人员构成是：①专职_____人　②兼职_____人

11. 站点心理健康专业人员的最高专业资质情况是：①三级心理咨询师_____人　②二级心理咨询师_____人　③注册助理心理师_____人　④注册心理师_____人　⑤注册督导师_____人　⑥当地心理教师专业证书_____人　⑦社会工作师_____人　⑧其他_____（请注明）

12. 站点专职人员的学历构成情况是：①大专及以下_____人
②大学本科____人　③硕士研究生____人　④博士研究生_____人

13. 站点专职人员的最高学历专业是：①教育学_____人　②心理学_____人　③医学_____人　④社会工作_____人　⑤其他（请注明具体专业及人数）_____专业_____人

14. 站点专职人员的职称构成情况是：①初级职称_____人　②中级职称_____人　③副高级职称_____人　④正高级职称_____人

15. 站点专职人员性别构成情况是：①男____人　②女____人

16. 站点专职人员的年龄构成情况是：①20 ~ 30 岁_____人
②31 ~ 40 岁_____人　③41 ~ 50 岁_____人　④51 ~ 60 岁_____人
⑤61 岁及以上_____人

17. 站点的专职人员每月薪资待遇情况是：①1000 元及以下____人
②1001 ~ 3000 元_____人　③3001 ~ 5000 元_____人　④5001 ~ 8000元_____人　⑤8001 元及以上_____人

18. 站点的兼职人员（志愿者）主要来自于_____（可多选）

①当地中小学心理教师　②有心理咨询师或治疗师资质的医务工作人员　③有心理咨询师资质的社会人士　④当地高校教育学、心理学等专业教师　⑤其他_____（请注明）

19. 站点为兼职人员提供的服务补贴标准是：①不提供补贴　②1～50元/小时　③51～100元/小时　④101～150元/小时　⑤151～200元/小时　⑥201元/小时及以上

20. 站点的专业人员（含专业兼职人员/志愿者）主要采取的咨询方法是：①精神分析　②认知行为治疗　③家庭治疗　④以人为中心治疗　⑤后现代心理咨询　⑥其他_____（请注明）

21. 站点的专业人员接受专业培训的主要形式是_____（可多选）

①心理咨询工作坊　②心理咨询讲座　③国内心理咨询连续培训项目　④国际心理咨询连续培训项目　⑤大学心理咨询课程　⑥其他_____（请注明）

22. 站点的专业人员共计接受的心理咨询专业培训时长及人数是：_____（每天按6学时计）

①60学时及以下（_____人）　②61～120学时（_____人）

③121～240学时（_____人）　④241学时及以上（_____人）

23. 站点的专业人员共计接受的心理咨询督导时长及人数是：_____（每天按6学时计）

①10小时及以下（_____人）　②11～50小时（_____人）

③51～100小时（_____人）　④101小时及以上（_____人）

24. 站点是否定期为专业人员提供心理咨询案例督导：

①是　②否（如果选否，则无须答25～27题）

25. 站点组织的心理咨询案例督导平均是：①每周一次　②每两周一次　③每月一次　④每季度一次　⑤每年一次　⑥其他_____（请注明）

26. 站点的心理咨询案例督导专家主要来自＿＿＿＿＿＿（可多选）

①站点内部的资深心理咨询师　②当地高校的资深心理专家
③当地医疗机构的资深精神卫生专家　④国内知名的心理咨询专家
⑤国外知名的心理咨询专家　⑥其他＿＿＿＿＿＿（请注明）

27. 站点提供的心理咨询案例督导形式为

①专家一对一个体督导（如有，＿＿＿＿＿＿人次/月）　②专家集体
督导（如有，＿＿＿＿＿＿人次/月）　③同侪督导（如有，＿＿＿＿＿＿人次/
月）　④专家网络督导（如有，＿＿＿＿＿＿人次/月）

28. 站点是否为专业人员提供伦理培训

①是，每月一次　②是，每季度一次　③是，每半年一次　④是，
每年一次　⑤其他＿＿＿＿＿＿（请注明）

29. 站点提供的心理健康服务包括＿＿＿＿＿＿（可多选）

①热线心理咨询　②心理咨询面询　③团体心理咨询　④网络心
理咨询　⑤心理危机干预　⑥学校心理健康教育　⑦社区心理健康服
务　⑧其他＿＿＿＿＿＿（请注明）

30. 站点服务对象主要是：＿＿＿＿＿＿（可按照由多到少排序多选）

①6 岁以下幼儿　②小学生　③中学生　④中职学生　⑤中小学
教师　⑥学生家长　⑦其他＿＿＿＿＿＿（请注明）

31. 站点提供的热线心理咨询服务时间是：①24 小时，全年无休
②工作日 24 小时　③工作日 8 小时　④工作日 4 小时及以内
⑤无热线服务

32. 站点提供的心理咨询面询服务时间是：＿＿＿＿＿＿（可多选）

①工作日白天　②工作日晚上　③周末白天　④周末晚上　⑤其
他＿＿＿＿＿＿（请注明）

33. 站点提供的心理咨询面询服务人次为

①每周 10 人次及以下　②每周 11～30 人次　③每周 31～50 人
次　④每周 51 人次及以上　⑤其他＿＿＿＿＿＿（请注明）

34. 站点提供的心理健康教育服务形式为_____（可多选）

①专题讲座　②家长沙龙　③成长小组　④网络平台讲座

⑤网络平台心理文章推送　⑥其他_____（请注明）

35. 站点提供的心理危机干预服务形式为_____（可多选）

①热线危机干预　②危机事件现场干预　③危机事件事后干预

④其他_____（请注明）

36. 站点所服务的未成年人主要心理问题为_____（可按照由多到少排序多选）

①情绪问题　②学习问题　③学校人际关系　④家庭问题

⑤性心理问题　⑥智力及心理发展问题　⑦其他_____（请注明）

37. 站点服务的未成年人的情绪问题主要为（可多选，并按照由多到少排序）

①抑郁情绪　②焦虑情绪　③恐惧情绪　④其他_____（请注明）

38. 站点服务的未成年人的学习问题主要为（可多选，并按照由多到少排序）

①厌学　②拒绝上学　③学习困难　④辍学

⑤学校适应不良　⑥考试焦虑　⑦其他_____（请注明）

39. 站点服务的未成年人的学校人际关系问题主要为（可多选，并按照由多到少排序）

①同伴欺凌　②异性交往困难　③社交焦虑

④教师言语虐待　⑤教师躯体虐待　⑥其他_____（请注明）

40. 站点服务的未成年人的性心理问题主要为（可多选，并按照由多到少排序）

①早恋　②性行为　③性侵　④性虐待　⑤其他_____（请注明）

41. 站点服务的未成年人的家庭问题主要为（可多选，并按照由多到少排序）

①亲子冲突　②父母感情不和　③父母养育不当

④父母躯体虐待　⑤父母言语虐待　⑥其他_____（请注明）

42. 站点服务的未成年人的智力及心理发展问题主要为（可多选，并按照由多到少排序）

①智力发育迟滞　②人格障碍倾向　③神经症倾向

④其他精神障碍倾向　⑤其他_____（请注明）

43. 站点的年度工作计划主要依据：①上级主管单位的工作指示　②挂靠单位的工作指示　③站点的自我规划　④其他_____（请注明）

44. 站点与当地中小学是否有协同合作机制：①有，双方联系非常紧密　②有，双方联系比较紧密　③偶尔有，只是根据学校的服务请求来开展工作　④没有，双方各自为政，缺乏交流

45. 站点是否有独立的对外宣传平台：_____（可多选）

①有独立的网站　②有机构专属的手机 App　③有自制的报纸、杂志　④有微博或微信公众号　⑤无独立的对外宣传平台

46. 站点是否有专家队伍：_____（可多选）

①有来自全国各地的专家组成的队伍　②有来自全省各地的专家组成的队伍　③有来自当地的专家组成的队伍　④没有专家队伍

47. 站点的专家队伍规模是：①10 人及以下　②11 ~ 20 人　③21 ~ 30 人　④31 人及以上

48. 站点是否为服务过的未成年人建立心理档案？①是　②否

49. 站点是否建立了心理档案保存及使用的相关制度：①是　②否

50. 站点是否建立了心理服务伦理规定？　①是　②否

51. 站点是否建立了心理危机干预应急预案及三级值班制度（三级值班制度是由一线干预员，二线支持小组成员和三线值班领导组成）？　①是　②否

52. 站点是否建立了心理危机干预专业工作小组：

①是，小组人数为 5 人及以内　②是，小组人数为 6 ~ 10 人　③是，小组人数为 11 ~ 20 人　④是，小组人数为 21 人及以上　⑤否

中小学心理健康教育师资及服务状况访谈提纲

1. 您认为目前学生的心理健康状况怎么样？主要存在哪些方面的心理健康问题？导致这些状况或问题的原因主要有哪些？

2. 您觉得您学校的心理健康教育工作存在哪些不足或问题？比如师资建设、专业服务、经费投入和工作机制，等等。

3. 您作为一线专业人士，在心理健康教育工作方面，对学校和政府有什么意见或建议？

全国未成年人心理健康服务站点负责人访谈提纲

1. 您认为目前未成年人心理健康服务站点在人才队伍、专业服务、经费投入、管理运行机制方面有哪些亮点或特色？有哪些不足或问题？主要原因是什么？

2. 您觉得未成年人心理健康服务站点与学校心理健康教育之间的差异是什么？各自的优势是什么？如何融合发展？

3. 您作为站点负责人，在未成年人心理健康服务方面存在哪些困难？对政府或相关部门有什么意见或建议？

后　记

　　未成年人处在成长的阶段，他们的心理健康状况将直接影响他们人格的健康和人生的幸福；未成年人是祖国的未来，他们的心理健康状况也将直接影响中华民族伟大复兴的历史进程。走进新时代，我们应该对全国未成年人的心理健康状况有一个较为客观清晰的认识。

　　影响未成年人心理健康成长的因素很多，家庭、学校、社会、自身等因素无疑成为未成年人健康成长必不可缺的重要因素；未成年人心理成长的可塑性很强，有目的、有计划、有组织的心理健康服务工作显得非常重要。走进新时代，我们应该对全国未成年人心理健康服务状况有一个较为客观清晰的认识。

　　南京晓庄学院心理健康研究院任其平教授领衔的科研团队积极参与未成年人心理健康及服务状况的研究，无论在理论研究方面还是社会服务方面，都取得了一定的成绩。2018 年 3 月，经全国哲学社会科学规划领导小组批准，"未成年人心理健康及服务状况调查研究"（批准号：18@ZH004）被确立为 2018 年度国家社科基金特别委托项目。该项目一经批准，课题组立即组织专家进行论证，提出了切实可行的调查方案。调查过程虽然辛苦，但调查结果令人满意，获得了丰富的调查数据和访谈资料。调查报告的撰写于 2018 年 10 月基本完成，并提交中央文明办三局等有关部门。

　　本书是在调查报告的基础上修订而成的，全书共分为五章，包括：第一章，未成年人心理健康及服务状况的研究背景；第二章，未成年人心理健康状况的调查与分析；第三章，中小学心理健康教育师资及服务状况的调查与分析；第四章，未成年人心理健康服务站点状况的调查与分析；第五章，结论与建议。调查报告由项目主持人任其平教授负责统稿和审核。第一章由任其平执笔，第二章由崔诣晨、任其平、范琪执笔，第三章由王申连执笔，第四章由万增奎、赵兆执笔，第五章由任其平、崔诣晨、王申连、万增奎执笔。

从课题论证、调查工作到调查报告的形成和本书的修改，课题组要感谢的人很多。感谢中央文明办三局曹晶处长为调查工作提供的诸多指导协调；感谢十四个省（自治区、直辖市）文明办为调查工作提供的诸多便利安排；感谢被调查和访谈的服务站点、中小学校给予调查工作提供的全方位投入和真诚参与；感谢中国教育科学研究院孟万金教授对本研究使用"中国中小学生积极心理品质量表"的指导与建议；感谢卓顿公司为调查数据的收集与整理提供的技术支持。还要感谢心理健康研究院许红敏副院长积极主动帮助设计调查统计表格和组织协调，感谢心理健康研究院黄亚萍讲师投入大量精力和时间进行沟通协调和组织安排，更要感谢心理健康研究院的各位老师积极参与本课题的实地调查和访谈工作。当然，我们必须要感谢社会科学文献出版社对本书的编辑和出版提供的大力支持和具体指导。

囿于我们的水平，书中难免有不妥之处，真诚希望专家、同行和广大读者批评指正。

任其平

2019 年 8 月

图书在版编目（CIP）数据

未成年人心理健康及服务状况. 2019 / 任其平等著
. -- 北京：社会科学文献出版社，2019.12
　ISBN 978 - 7 - 5201 - 5736 - 0

　Ⅰ.①未…　Ⅱ.①任…　Ⅲ.①青少年 - 心理健康 - 研
究 - 中国　Ⅳ.①G444

　中国版本图书馆 CIP 数据核字（2019）第 229643 号

未成年人心理健康及服务状况（2019）

著　　者／任其平　万增奎　王申连　崔诣晨

出 版 人／谢寿光
责任编辑／隋嘉滨

出　　版／社会科学文献出版社·群学出版分社（010）59366453
　　　　　地址：北京市北三环中路甲 29 号院华龙大厦　邮编：100029
　　　　　网址：www. ssap. com. cn
发　　行／市场营销中心（010）59367081　59367083
印　　装／三河市龙林印务有限公司

规　　格／开　本：787mm × 1092mm　1/16
　　　　　印　张：18.25　字　数：246 千字
版　　次／2019 年 12 月第 1 版　2019 年 12 月第 1 次印刷
书　　号／ISBN 978 - 7 - 5201 - 5736 - 0
定　　价／108.00 元

本书如有印装质量问题，请与读者服务中心（010 - 59367028）联系